弁護士のための
実践
中小企業M&A

支援のあり方・契約書作成・
法務DD・PMIまで

東京弁護士会至誠会〔編〕

ぎょうせい

発刊によせて

　法友会第6部至誠会は、東京弁護士会内の一会派である法友会を構成する会員約220名を擁する組織です。当会は、本年、創立70周年を迎えました。

　当会は、これまで東京弁護士会や日本弁護士連合会の理事者、法友会の幹事長、法友全期会（法友会会員のうち司法研修所修了後15年までの若手の組織）の代表など多くの人材を輩出し、法友会の一会派としての役割を担ってきました。また、会内においては、スポーツイベントを中心とした文化活動や、会員向けの昼食会や実務研究会などの勉強会を活発に行い、会員同士、切磋琢磨しながら楽しく活動しています。

　本書は、こうした日頃の当会の活動の一環として、令和5年9月から11月にかけて実施した「スモールM&A勉強会」の成果を、至誠会70周年記念出版事業として書籍にまとめたものです。

　昨今、大企業のみならず、中小企業においてもM&Aが活発に行われるようになり、それに伴い、M&A仲介のトラブルなどが深刻な問題となっています。こうした問題に対処するため、基本的人権を擁護し、社会正義を実現することを使命とするわれわれ弁護士が、法律の専門家として円滑な中小企業のM&Aの実現に向けて法的助言や支援を行うことは喫緊の課題といえます。

　本書が、このような課題の解決に向けて読者の一助となれば、望外の僥倖です。

令和6（2024）年9月吉日

至誠会70周年記念事業実行委員会

実行委員長　　金 子 正 志

は し が き

本書は、東京弁護士会内の一会派である法友会を構成する6部至誠会において、令和5年度に実施した「スモールM&A勉強会」（全5回）の成果を書籍にしたものです。

近時、中小企業においても事業承継や成長戦略の一環として、M&Aが増加傾向にあります。そのため、これまであまりM&Aに携わってこなかった弁護士においても、中小企業経営者からM&Aの相談を受ける機会があるかもしれません。もっとも、弁護士のM&Aに関する書籍は、大企業を対象とし、しかも、法務デュー・ディリジェンス（DD）や契約書の書き方など法的スキルに関するものが中心であり、それだけではM&A全般に関する助言や支援を求める中小企業経営者のニーズに十分に応えることはできません。

そこで、本書は、こうした中小企業経営者のニーズに応えられるよう、弁護士が中小企業のM&Aを業務として扱う場合に必要となるスキル全般についてカバーすることを目指しました。また、これまであまりM&Aに携わってこなかった弁護士であっても、本書を手がかりにM&Aに関する助言や支援を実践することができるよう、M&Aで必要となる書式のサンプルを多く掲載しました。

そして、その際には、中小企業庁から公表されている「中小M&Aガイドライン（第3版）」「中小PMIガイドライン」などを参照して、内容の信頼性の確保に努めました。

さらに、本書の特色として、M&Aの「売り手」を支援する場合と「買い手」を支援する場合を区別して論じました。具体的には、第1章Ⅲ、第2章において、それぞれの支援について別個に論じ、そのうえで、主に「買い手」への支援として、法務DDや各種契約書作成のポイントを第3章で、M&A実行後におけるPMI（Post-Merger Integration。クロージング後の一定期間内に行う経営統合作業）を第4章で、それぞれ詳しく論じました。

以上の本書の狙いや特色が、どこまで実現し反映されているかは読者の皆様の評価に委ねるほかありませんが、読者の皆様が、中小企業のM&Aを扱う際に、本書が何らかの参考になれば幸いです。

最後になりましたが、「スモールM＆A勉強会」の講師としてご講義いただいた公認会計士の岸田康雄先生、弁護士の皿谷将先生（５部66期）、結城優先生（６部68期・本書第３章担当）には格別の感謝を申し上げます。いずれの講義も大変充実した内容であり、毎回たくさんの学びがあり、本書の土台となっています。また、勉強会に参加していただいた会員の皆様にも謝意を申し上げます。活発な議論により多くの有益な示唆をいただきました。さらに、株式会社ぎょうせい出版事業部の安倍雄一さんには、全５回の勉強会と終了後の懇親会にすべて参加していただき、企画・編集・出版のあらゆる段階で何度も有益なアドバイスをしていただくなど、文字通り"最初から最後まで"サポートしていただき、同氏と同社の皆様には大変感謝しております。

令和６（2024）年９月18日

　　　　執筆者を代表して
　　　　　令和５（2023）年度　至誠会幹事長　上　野　真　裕

凡　例

中小M&Aガイドライン　　中小企業庁「中小M＆Aガイドライン（第3版）
　　　　　　　　　　　　──第三者への円滑な事業引継ぎに向けて──（令
　　　　　　　　　　　　和6年8月）」

中小PMIガイドライン　　中小企業庁「中小PMIガイドライン～中小M&Aを
　　　　　　　　　　　　成功に導くために～（令和4年3月）」

事業承継ガイドライン　　中小企業庁「事業承継ガイドライン（第3版）（令
　　　　　　　　　　　　和4年3月改訂）」

経営者保証ガイドライン　経営者保証に関するガイドライン研究会「経営者保
　　　　　　　　　　　　証に関するガイドライン（平成25年12月）」

中小企業白書　　　　　　中小企業庁「中小企業白書」

目　次

第1章　中小M&Aとは

I　中小M&A総論 …………………………………………………………… 2

1　本書の対象——中小M&A …………………………………………… 2

2　中小M&Aの特徴、規模による分類 ………………………………… 3

〈図表1-1〉　中小M&Aの特徴と弁護士が関与する場合の留意点（まとめ）…… 5

〈図表1-2〉　中小M&Aの規模による分類 ………………………………… 6

3　中小M&Aの現状・実態・取組状況 ………………………………… 6

〈図表1-3〉　M&A件数の推移 ……………………………………………… 7

〈図表1-4〉　事業承継・引継ぎ支援センターの相談社数・成約件数の推移 …… 7

〈図表1-5〉　売り手としてのM&Aを検討したきっかけや目的 ………… 9

〈図表1-6〉　売り手としてM&Aを実施する際に重視する確認事項 …… 9

〈図表1-7〉　M&Aの実施により得られた効果（自社事業の譲渡・売却）…… 10

〈図表1-8〉　買い手としてのM&Aを検討したきっかけや目的 ………… 11

〈図表1-9〉　買い手としてM&Aを実施する際に重視する確認事項 …… 12

〈図表1-10〉　M&Aの実施により得られた効果（他社事業の譲受・買収）…… 13

〈図表1-11〉　M&Aの相手先業種（他社事業の譲受・買収、自社事業の

　　　　　　　譲渡・売却）…………………………………………………… 14

〈図表1-12〉　M&Aの相手先業種（業種別）……………………………… 15

〈図表1-13〉　M&A実施時における業種の組合せ ………………………… 15

〈図表1-14〉　売り手としてM&Aを実施する際の障壁 ………………… 16

〈図表1-15〉　買い手としてM&Aを実施する際の障壁（2021年）……… 17

〈図表1-16〉　買い手としてM&Aを実施する際の障壁（2023年）……… 18

〈図表1-17〉　M&Aの成立前後において、重点的に実施したPMIに係る取

　　　　　　　組み …………………………………………………………… 19

〈図表1-18〉　M&A実施効果についての満足度（相手先の探索意向別）…… 21

i

目　次

〈図表1-19〉　M&Aの実施効果についての満足度（M&A（他社事業の譲
受・買収）の実施回数別） ·· 21

4　弁護士が中小M&Aを支援する必要性 ···································· 22

〈図表1-20〉　M&Aにおいて活用した外部の機関 ························ 23

5　参考――中小M&Aに関する各種ガイドラインの内容・関係 ········· 24

〈図表1-21〉　事業承継・引継ぎに関するガイドラインの関係図 ······· 26

Ⅱ　中小M&Aに用いられるスキーム ··· 27

1　株式譲渡 ··· 27

〈図表1-22〉　株式譲渡 ··· 28

2　事業譲渡 ··· 28

〈図表1-23〉　事業譲渡 ··· 28

3　まとめ――各スキームの比較 ·· 29

〈図表1-24〉　株式譲渡と事業譲渡の違い ·································· 29

Ⅲ　中小M&Aの進め方 ··· 30

1　中小M&Aにおける一般的な手続の流れ ································ 30

〈図表1-25〉　一般的な手続の流れ ··· 30

〈図表1-26〉　仲介者とFAの業務内容 ····································· 35

2　弁護士による支援 ··· 48

3　他の支援機関との連携 ··· 52

第2章　弁護士による中小M&Aの支援

Ⅰ　弁護士による中小M&Aの支援内容 ··· 54

1　売り手側の支援内容 ··· 54

〈図表2-1〉　中小M&Aフロー図 ··· 55

〈図表2-2〉　事業承継に向けたステップ ··································· 57

〈図表2-3〉　株式会社が所在不明株主から非上場株式を買い取る場合 ········· 60

〈図表2-4〉　株式譲渡 ··· 62

〈図表2-5〉　事業譲渡 ··· 63

〈図表2-6〉　仲介契約とFA契約 ··· 64

ii

目 次

〈図表2-7〉 仲介者・FAの比較 ……………………………………… 65

〈図表2-8〉 仲介契約・FA 契約締結時のチェックリスト ……… 66

【書式例2-1】 M&A仲介業務委託契約書 ……………………… 67

【書式例2-2】 秘密保持契約書 ………………………………… 74

【書式例2-3】 基本合意書 ……………………………………… 76

〈図表2-9〉 代表者の交代時における対応 …………………… 81

2 買い手側の支援内容 …………………………………………… 84

Ⅱ 仲介者・FAの活用 ………………………………………………… 89

〈図表2-10〉 事業承継・引継ぎ補助金の専門家活用枠パンフレット … 90

1 仲介者・仲介業務委託契約に関する留意点 ………………… 91

2 仲介業務委託契約・アドバイザリー契約（FA契約）に関する留意
点 …………………………………………………………………… 92

3 弁護士はFA業務を行うことができるか ……………………… 96

Ⅲ クライアントと仲介者・FAとの間のトラブル対応 ……… 97

1 M&A専門業者の行動指針 …………………………………… 97

〈図表2-11〉 説明すべき重要な事項 ………………………… 98

2 仲介者・FAとの間のトラブル対応 ………………………… 99

第3章 法務デュー・ディリジェンス と各種契約書作成のポイント

Ⅰ 法務デュー・ディリジェンスの全体像 ………………………… 102

1 法務デュー・ディリジェンスの目的 ………………………… 102

2 法務DDの流れ ………………………………………………… 103

〈図表3-1〉 法務DDの流れ（全体像） …………………… 103

Ⅱ 法務DDの調査事項 ……………………………………………… 109

1 調査の留意点 …………………………………………………… 109

2 設立・組織 ……………………………………………………… 110

3 株主・株式 ……………………………………………………… 112

4 許認可等 ………………………………………………………… 116

iii

目 次

〈図表3-2〉 業種ごとの許認可等や管理者等の例 ········· 118

5　重要な契約 ·· 118

6　資　産 ·· 121

7　負　債 ·· 124

8　知的財産 ·· 126

9　人事労務 ·· 128

10　コンプライアンス等 ··· 134

11　訴訟その他紛争 ··· 136

Ⅲ　最終契約書（株式譲渡契約書）作成のポイント ········· 137

1　株式の譲渡、譲渡価格およびクロージング ················· 138

2　前提条件 ·· 140

3　表明保証 ·· 141

4　誓約事項 ·· 148

5　解　除 ·· 152

6　補　償 ·· 153

7　一般条項 ·· 154

第4章　クロージング後のPMI

Ⅰ　PMI総論 ··· 160

1　PMIとは ·· 160

2　PMIの重要性 ·· 160

〈図表4-1〉 譲受側等の心配事項（M&Aを実施した企業） ········· 161

〈図表4-2〉 譲渡側の重視事項 ································· 161

〈図表4-3〉 M&Aの満足度が期待を下回った理由 ············· 162

〈図表4-4〉 PMIの検討開始時期とM&A効果／シナジー実現との相関性 ··· 165

3　弁護士業務とPMI ·· 165

4　中小PMIガイドライン ·· 166

〈図表4-5〉 中小PMIガイドラインにおける小規模案件、中規模・大規模

案件 ··· 166

iv

Ⅱ　検討時期別の視点 ……………………………………………… 167

1　中小PMIの全体像 ……………………………………………… 167

〈図表4-6〉　PMIのステップと実施時期 ……………………… 167

2　各検討時期における検討事項 ……………………………… 168

〈図表4-7〉　現状把握のサイクル表 ………………………… 171

3　体制整備 ……………………………………………………… 174

〈図表4-8〉　PMI推進体制 …………………………………… 174

〈図表4-9〉　各分野における具体的な支援機関の例 ……… 177

〈図表4-10〉　経営力再構築伴走支援モデルのフレームワーク … 179

〈図表4-11〉　進捗報告のフォーマット（例） ……………… 180

Ⅲ　検討項目別の視点 ……………………………………………… 181

1　経営統合 ……………………………………………………… 181

〈図表4-12〉　M&Aの目的・戦略の明確化別に見た、M&Aの満足度 ……… 183

〈図表4-13〉　経営の方向性（経営理念・ビジョン・戦略の体系) ………… 184

〈図表4-14〉　経営の方向性の検討プロセス ………………… 185

2　信頼関係の構築 ……………………………………………… 187

〈図表4-15〉　PMIを実施する際の課題 ……………………… 188

3　業務統合①（事業機能・シナジー効果) ………………… 193

〈図表4-16〉　「売上シナジー」と「コストシナジー」 ……… 194

〈図表4-17〉　代表的なシナジー効果 ………………………… 195

〈図表4-18〉　クロスセル ……………………………………… 198

〈図表4-19〉　販売チャネルの拡大 …………………………… 199

〈図表4-20〉　製品・サービスの高付加価値化 …………… 200

〈図表4-21〉　5Sとは ………………………………………… 202

〈図表4-22〉　資材の共同化 ………………………………… 203

4　業務統合②（管理機能) …………………………………… 206

目　次

資　料　編

［資料①］　法務DD資料開示依頼リスト（例）……………………… 222

［資料②］　QA・追加資料依頼シート（例）……………………… 231

［資料③］　法務デュー・ディリジェンス報告書（例）……………… 233

事項別索引 ……………………………………………………… 243

Chapter

1

中小M&Aとは

第1章　中小M&Aとは

Ⅰ　中小M&A総論

1　本書の対象——中小M&A

　中小M&Aとは、後継者不在の中小企業（以下「譲渡側」という。なお、株式譲渡を前提に、株主である経営者等が当事者となる場合もある）の事業を、M&Aの手法により、社外の第三者である後継者（以下「譲受側」という）が引き継ぐ場合をいう[1]。譲渡側が上場株式または店頭登録株式を発行している株式会社に該当しない場合を前提とする。

　M&Aとは、「Mergers（合併）and Acquisitions（買収）」の略称であるが、わが国では広く、会社法の定める組織再編（合併・会社分割）に加え、株式譲渡や事業譲渡を含む、各種手法による事業の引継ぎ（譲渡し・譲受け）をいう[2]。

　大企業と異なり、これまでは多くの中小企業にとってM&Aは馴染みが薄かった。その背景には、M&Aは、譲渡側には「後ろめたい」、「従業員に申し訳ない」などの感覚があり、譲受側には敵対的買収を行う「ハゲタカ」のようなイメージがあったことが考えられる。

　しかし、そのような感覚やイメージは、時代のすう勢に合致したものではない。中小M&Aは、譲渡側の経営者にとっては、それまでの努力によって築き上げてきた事業の価値を、社外の第三者である譲受側が評価して認めることによって実現するものであり、誇らしいものである。他方、譲受側にとっては、他社が時間をかけて築き上げてきた事業を譲り受けることは、事業拡大のための1つの合理的な手法といえる。さらに、中小M&Aは、通常、譲渡側と譲受側との信頼関係に基づいて実現するものであり、友好的な取引といえる。

　以上に加えて、事業を社外の第三者に譲り渡して存続させることにより、従業員の職場を残して雇用の受け皿を守ることができ、仕入先・得意先等との取引関係を継続させることができれば、地域におけるサプライチェーンの維持に

1　中小M&Aガイドライン16頁。
2　中小M&Aガイドライン16頁。

Ⅰ　中小M&A総論

資するといえ、社会的意義も大きい。

近時、このような中小M&Aに対する肯定的な見方が中小企業の間にも徐々に浸透し、中小M&Aは増加傾向にある（後記3参照）。

本書は、以上のような意義を有する中小M&Aについて、弁護士が、譲渡側（売り手）または譲受側（買い手）の支援者として取り組むときに参考となるよう、その具体的な内容・方法、留意点などについて基礎的な事項を解説するものである。また、その前提として、中小M&Aの現状・実態・各企業の取組状況などについてみていく。

2　中小M&Aの特徴、規模による分類

（1）　中小M&Aの特徴

中小M&Aは、上記のとおり後継者不在の中小企業が社外の第三者による事業承継のためにM&Aの手法を用いることを沿革とするものであり、大企業を対象とするM&Aとは、次のような点で異なった特徴を有している。

①　当事者、特に譲渡側は、M&Aが未経験であることがほとんどであり、M&Aに関する経験・知見が乏しい傾向にある。

②　M&Aの対象となる事業が中小企業の経営者個人の信用・人柄その他の属人的な要素に大きく影響される傾向にある。

③　M&Aそのものに多額のコスト（特にM&A専門業者や士業など専門家の手数料や報酬）を掛けられない傾向にある。

したがって、弁護士が中小M&Aに関与する場合には、これらの特徴に留意する必要がある。

具体的には、①については、M&Aに関する経験・知見が乏しい当事者に対し、弁護士は、単に法的観点からの助言や支援を行うにとどまらず、中小M&Aに向けた事前準備や、中小M&Aにおける手続全般についても助言や支援を行い、あるいは必要に応じて他の支援機関を紹介するなどの幅広い関与が求められる。

②については、中小企業にとっての主な事業価値（資産）は、固有の技術力・ノウハウ、従業員、取引先・顧客などであり、それらは経営者個人の属人的要素に影響される場合がある。例えば、オーナー社長が、自ら仕事をとって

3

第1章　中小M&Aとは

くる、技術力・ノウハウ・特殊な技術をもっている、カリスマ性をもっている
などオーナー社長が自ら経営資源の一部として一体化して収益を上げていると
いう中小企業であれば、M&Aによりオーナー社長が会社から抜けると顧客が
途絶え、事業価値がなくなる事態となりかねない。このような事態を避けるた
めには、M&Aを実施するに際して、組織的な経営体制をつくること、具体的
には、積極的に従業員へ権限を委譲して得意先との関係性をつくるようにする
など、オーナー社長が不在でも事業が継続できるようにしておくことなどが必
要である。それゆえ、弁護士として、こうした組織体制をつくることについて
も助言や支援をすることが求められる場合がある。この観点から、近時、
M&A実行後におけるPMI（Post-Merger Integration。クロージング[3]後の一定期間
内に行う経営統合作業のこと）の支援の重要性が指摘されている（詳細は、第4
章を参照）。

　③については、当事者がM&Aの工程の一部を自ら行うことにより（例えば、
譲渡側が自ら譲受側をみつける）、M&A専門業者や士業など専門家の手数料や報
酬を抑えることが考えられる。また、M&Aの過程で行われるデュー・ディリ
ジェンス（Due Diligence。以下、DDという。対象企業である譲渡側における各種
のリスク等を精査するため、主に譲受側がFA（ファイナンシャル・アドバイザー）
や士業等専門家に依頼して実施する調査のことをいう。資産・負債等に関する財務
調査（財務DD）や株式・契約内容等に関する法務調査（法務DD）等がある）を専
門家に依頼する場合でも、限られた予算で効果的に実施することができるよ
う、目的を明確にして調査対象、調査項目、調査期間などのスコープ（作業範
囲）を絞ることが考えられる。さらに、事業承継・引継ぎ補助金[4]の「専門家活
用事業」などの補助金を積極的に活用することにより、費用を抑えることも可

3　クロージングとは、M&Aにおける最終契約の決済のことをいい、株式譲渡、事業譲渡等
　に係る最終契約を締結した後、株式・財産の譲渡や譲渡代金（譲渡対価）の全部または一
　部の支払を行う工程をいう。
4　M&Aによる経営資源の引継ぎを支援するため、M&A支援業者に支払う手数料、セカン
　ドオピニオン等M&Aに係る専門家等の活用費用を補助する制度。補助対象者に交付する
　補助額は、補助対象経費の3分の2以内、補助上限額は600万円（ただし、廃業を伴う場
　合、さらに150万円以内の上乗せがある）。詳細は、事業承継・引継ぎ補助金事務局のウェ
　ブサイト〈https://jsh.go.jp/〉を参照のこと。

Ⅰ　中小M&A総論

能となる。弁護士として、M&Aの実現に向けて、こうしたコスト低減に関する助言や支援をすることも期待される。

〈図表1-1〉　中小M&Aの特徴と弁護士が関与する場合の留意点（まとめ）

特徴	留意点
○　当事者はM&Aに関する経験・知見が乏しい	事前準備、手続全般についても助言や支援を行い、必要に応じて他の支援機関を紹介する。
○　M&Aの対象となる事業が経営者属人的な要素に大きく影響される	技術力・ノウハウ、従業員、取引先・顧客などの事業価値が承継され、譲渡側経営者が不在になっても、事業が継続できるようにする。
○　M&Aに多額のコストを掛けられない	・事業者がM&Aの工程の一部を自ら行う。 ・DDのスコープ（作業範囲）を絞る。 ・事業承継・引継ぎ補助金（「専門家活用事業」）を活用する。

(2)　中小M&Aの規模による分類

　中小M&Aといっても、譲渡側、譲受側それぞれの会社規模やM&Aの目的は様々であり、M&A実行後の経営統合作業であるPMIにかけられる人員や資金等の経営資源にも違いがある。

　そこで、中小企業庁「中小PMIガイドライン～中小M&Aを成功に導くために～（令和4年3月）」（以下本書において「中小PMIガイドライン」という）においては、PMIにかけられる経営資源に応じて、それぞれ必要な取組みを参照できるよう、中小M&Aを小規模案件と中規模・大規模案件に分けている。

　具体的には、案件のイメージとして、小規模案件は、譲渡側の売上高が1億円程度まで（あるいは従業員5名程度まで）、譲受側の売上高が3億円程度までを想定し、PMIにおいては、M&A成立後の事業の円滑な引継ぎに向けて譲受側と譲渡側との間において相互理解を進め、信頼関係を構築することが最も重要であるとしている。

　これに対し、中規模・大規模案件は、譲渡側の売上高が3億円～10億円程度まで（あるいは従業員15名～100名程度まで）、譲受側の売上高が10億円～30億円程度までを想定し、M&A成立後の事業の円滑な引継ぎだけでなく、M&Aを

5

第1章　中小M&Aとは

契機として譲受側・譲渡側が一体となってM&Aの目的や期待するシナジー効果等を実現するための取組みを行うことを求めている[5]。

本書は、おおむね以上のような規模に分類される中小M&Aを対象とする。

〈図表1-2〉　中小M&Aの規模による分類

	1　小規模案件	**2　中規模・大規模案件**
＜想定譲受側売上高＞	～3億円程度	10億～30億円程度
＜想定譲渡側売上高＞	～1億円程度 （～想定従業員5名程度）	3億～10億円程度 （想定従業員15～100名程度）
＜M&A実施の主な目的＞	持続的発展志向　　　　　　　　　　　　成長志向	

（中小PMIガイドライン29頁）

3　中小M&Aの現状・実態・取組状況

（1）　中小M&Aの動向

わが国企業のM&A件数は近年増加傾向で推移しており、2022年は過去最多の4304件であった。2023年は289件減少したが、それでも4015件の高水準である[6]（〈図表1-3〉）。これはあくまで公表されている件数であり、未公表のものも一定数存在することから、実際にはさらに活発化していると思われる。

また、第三者に事業を引き継ぐ意向がある中小企業者と、他社から事業を譲り受けて事業の拡大を目指す中小企業者等からの相談を受け付け、マッチングの支援を行う専門機関として全都道府県に設置されている事業承継・引継ぎ支援センターの相談社数と第三者承継に関する成約件数をみると、いずれも増加傾向にある（2022年度の相談社数1万4414社、成約件数1681件（〈図表1-4〉））。ここから大企業だけでなく、中小企業においてもM&A件数が増加していることがわかる[7]。その要因としては、事業承継の手段として「社外への承継」が増加傾向にあること、M&Aを企業規模拡大や事業多角化といった成長戦略の一環

5　中小PMIガイドライン29頁。
6　中小企業白書（2024）Ⅱ-154頁。
7　中小企業白書（2024）Ⅱ-155頁。

Ⅰ　中小M&A総論

〈図表1-3〉　M&A件数の推移

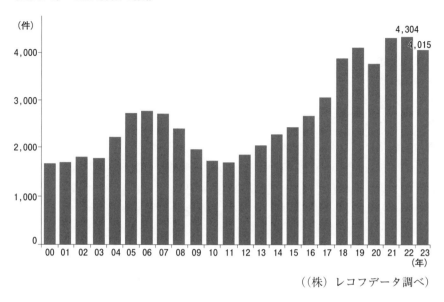

((株) レコフデータ調べ)

〈図表1-4〉　事業承継・引継ぎ支援センターの相談社数・成約件数の推移

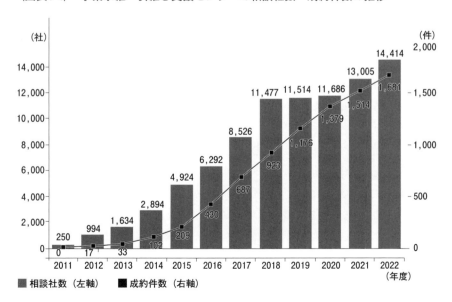

第1章　中小M&Aとは

として捉えている中小企業が多いこと、M&Aを人材獲得の手段として捉えている中小企業も存在することなどが考えられる。

(2)　中小M&Aの意義・目的、効果

　冒頭で述べたとおり、中小M&Aとは、もともと後継者不在の中小企業（譲渡側）の事業を、M&Aの手法により、社外の第三者である後継者（譲受側）が引き継ぐ場合をいい、事業承継の選択肢として広がってきたものであった。ただ、今日では中小M&Aの意義・目的はそれにとどまらず、企業規模拡大や事業の多角化などの成長戦略の手段として広く活用されている。

　このような中小M&Aを行う意義・目的を理解し、M&Aの実施によって得られる効果を把握しておくことは、M&Aの法的なスキームの選択や支援する内容にもかかわり、弁護士として中小M&Aを行う事業者を支援していくうえで、必要なことである。そこで、以下では、売り手（譲渡側）、買い手（譲受側）それぞれについて、この点をみていく。

ア　売り手（譲渡側）にとっての意義・目的、効果

（A）　意義・目的

　売り手としてM&Aを検討したきっかけや目的についてみると、「従業員の雇用の維持」や「後継者不在」など事業承継に関連した目的の割合が高い（〈図表1-5〉）。これは中小M&Aが事業承継の選択肢として広がってきたという沿革に合致している。また、これを反映して、売り手としてM&Aを実施する際に重視する確認事項については、「従業員の雇用維持」が82.7%と突出しており（〈図表1-6〉）、ほとんどの経営者が、売却・譲渡後の雇用維持を重視していることがわかる。

　一方で、売り手としてM&Aを検討したきっかけや目的として、「事業の成長・発展」というのも48.3%と高く（〈図表1-5〉）、売り手側であっても、約半数の企業が成長のためにM&Aを検討していることがわかる。

　弁護士として売り手を支援する場合には、こうした売り手のM&Aの目的を捉えて、その目的を達成することができるよう支援することが求められる。

（B）　効　果

　売り手が「自社事業の譲渡・売却」によって得られた効果としては、上記のM&Aを検討したきっかけや目的を反映して、「事業継続」が最も多く、次い

Ⅰ 中小M&A総論

〈図表1-5〉 売り手としてのM&Aを検討したきっかけや目的

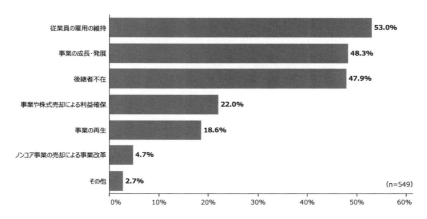

資料：（株）東京商工リサーチ「中小企業の財務・経営及び事業承継に関するアンケート」
(注)1.M&Aの実施意向について「売り手として意向あり」、「買い手・売り手ともに意向あり」と回答した者に対する質問。
2.複数回答のため、合計は必ずしも100％にならない。

（中小企業白書（2021）Ⅱ-390頁）

〈図表1-6〉 売り手としてM&Aを実施する際に重視する確認事項

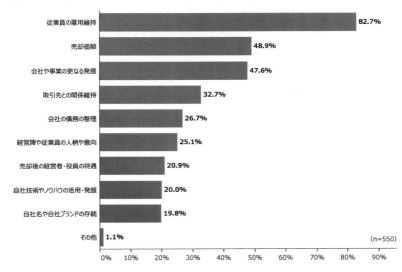

資料：（株）東京商工リサーチ「中小企業の財務・経営及び事業承継に関するアンケート」
(注)1.M&Aの実施意向について「売り手として意向あり」、「買い手・売り手ともに意向あり」と回答した者に対する質問。
2.複数回答のため、合計は必ずしも100％にならない。

（中小企業白書（2021）Ⅱ-392頁）

第1章　中小M&Aとは

〈図表1-7〉　M&Aの実施により得られた効果（自社事業の譲渡・売却）

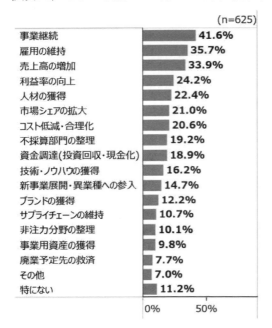

資料：（株）帝国データバンク「中小企業の経営課題とその解決に向けた取組に関する調査」
(注) 1.（1）2023年以前において、「他社事業の譲受・買収」を実施したと回答した企業に聞いたもの。
2.（2）2023年以前において、「自社事業の譲渡・売却」を実施したと回答した企業に聞いたもの。
3. 自社事業に最もプラスの効果を及ぼしたと思うM&Aについて聞いたもの。
4. 複数回答のため、合計は必ずしも100%にならない。

（中小企業白書（2024）Ⅱ-165頁）

で「雇用の維持」、「売上高の増加」となっている。このことから、M&Aの実施による買い手（譲受側）との経営統合により、事業維持に加え、成長を実現している企業が存在することがみてとれる。

それゆえ、売り手側の弁護士としては、M&Aの実施の際や実施後のPMIにおいて、「事業継続」、「雇用の維持」、「売上高の増加」といった観点を意識した法的アドバイスを行うことが求められるといえる。

　　イ　買い手（譲受側）にとっての意義・目的、効果
　　　（A）　意義・目的
　次に、買い手としてM&Aを検討したきっかけや目的についてみると、「売上・市場シェアの拡大」が最も高く、次いで「新事業展開・異業種への参入」

〈図表1-8〉 買い手としてのM&Aを検討したきっかけや目的

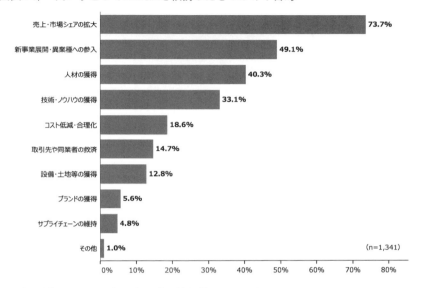

資料:(株)東京商工リサーチ「中小企業の財務・経営及び事業承継に関するアンケート」
(注)1.M&Aの実施意向について、「買い手として意向あり」、「買い手・売り手とともに意向あり」と回答した者に対する質問。
2.複数回答のため、合計は必ずしも100%にならない。

(中小企業白書(2021) Ⅱ-377頁)

となっており、買い手は、M&Aを実施して他社の経営資源を活用して企業規模拡大や事業多角化を目指している様子がうかがえる。また、「人材の獲得」や「技術・ノウハウの獲得」なども上位になっている[8](〈図表1-8〉)。

そして、このような目的を反映して、買い手としてM&Aを実施する際に重視する確認事項については、「事業の成長性や持続性」が最も高く6割を超えており、「直近の売上、利益」、「借入等の負債状況」と続いている(〈図表1-9〉)。

弁護士として買い手を支援する場合には、企業規模拡大や事業多角化といった成長戦略としての買い手のM&Aの目的を捉えて、その目的を達成することができるよう支援することが求められる。

---

[8] 中小企業白書(2023) Ⅱ-176頁では、①「売上・市場シェアの拡大」(74.6%)、②人材の獲得(54.8%)、③「新事業展開・異業種への参入」(46.9%)、④取扱製品・サービスの拡大、⑤「技術・ノウハウの獲得」(31.1%)の順となっており、若干の変動がある。

第1章　中小M&Aとは

〈図表1-9〉　買い手としてM&Aを実施する際に重視する確認事項

項目	割合
事業の成長性や持続性	61.6%
直近の売上、利益	57.6%
借入等の負債状況	56.0%
経営陣や従業員の人柄や意向	54.3%
既存事業とのシナジー	54.2%
技術やノウハウ等の経営資源	45.6%
リスク情報	31.4%
在庫や設備等の資産状況	31.1%
相手先のネームバリューやブランド	10.8%
その他	1.0%

(n=1,338)

資料：（株）東京商工リサーチ「中小企業の財務・経営及び事業承継に関するアンケート」
(注)1.M&Aの実施意向について、「買い手として意向あり」、「買い手・売り手とともに意向あり」と回答した者に対する質問。
2.複数回答のため、合計は必ずしも100%にならない。

（中小企業白書（2021）Ⅱ-379頁）

　（B）　効　果

　買い手が「他社事業の譲受・買収」によって得られた効果としては、上記の買い手がM&Aを検討したきっかけや目的を反映して、「売上高の増加」が最も多く、次いで「市場シェアの拡大」、「人材の獲得」となっており、成長につながる効果を実感している様子がうかがえる（〈図表1-10〉）。

　このことから、買い手側の弁護士としては、買い手企業が、「売上高の増加」、「市場シェアの拡大」、「人材の獲得」といった経営統合によるシナジー効果を発揮できるよう法的アドバイスを行っていくことが求められるといえる。

　（3）　中小M&Aの相手先

　中小M&Aには、売り手（譲渡側）、買い手（譲受側）それぞれにとって、上記のような意義・目的、効果があることが明らかとなった。そこで、次に、これらの目的等を実現するため、M&Aを実施する企業はどのような業種の企業を相手先としているのかについてみていく。弁護士としても、中小M&Aが行

12

Ⅰ　中小M&A総論

〈図表1-10〉　M&Aの実施により得られた効果（他社事業の譲受・買収）

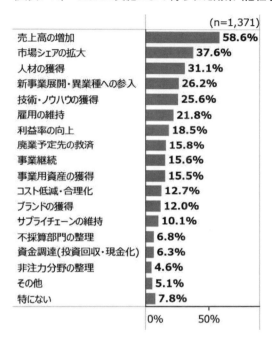

資料：（株）帝国データバンク「中小企業の経営課題とその解決に向けた取組に関する調査」
（注）1．（1）2023年以前において、「他社事業の譲受・買収」を実施したと回答した企業に聞いたもの。
2．（2）2023年以前において、「自社事業の譲渡・売却」を実施したと回答した企業に聞いたもの。
3．自社事業に最もプラスの効果を及ぼしたと思うM＆Aについて聞いたもの。
4．複数回答のため、合計は必ずしも100％にならない。

（中小企業白書（2024）Ⅱ-165頁）

われる場合の売り手と買い手の業種の組合せの傾向について把握しておくことは、法的アドバイスを検討するうえで有益と思われる。

　　ア　同業種か異業種か
　M&A実施時における相手先の業種をみると、「他社事業の譲受・買収」、「自社事業の譲渡・売却」いずれにおいても、「同業種」の割合が高い。「同業種」のほうが、M&Aによるシナジー効果を見込みやすいことが一因であると考えられる。

13

〈図表1-11〉　M&Aの相手先業種（他社事業の譲受・買収、自社事業の譲渡・売却）

（１）他社事業の譲受・買収

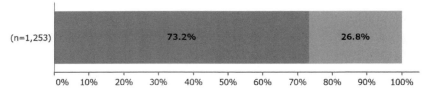

（２）自社事業の譲渡・売却

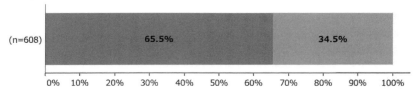

資料：（株）帝国データバンク「中小企業の経営課題とその解決に向けた取組に関する調査」
(注) 1.（１）2023年以前において、「他社事業の譲受・買収」を実施したと回答した企業に聞いたもの。
2.（２）2023年以前において、「自社事業の譲渡・売却」を実施したと回答した企業に聞いたもの。
3.現在の主たる事業分野の業種と、M&Aの相手先の主たる事業分野の業種が一致している場合は「同業種」、そうでない場合は「異業種」として集計している。また、業種区分は、「製造業」、「宿泊業」、「飲食サービス業」、「卸売業」、「小売業」、「運輸業」、「建設業」、「情報通信業」、「その他」の９区分としており、現在の主たる事業分野の業種について、「その他」と回答した企業は、集計対象外としている。
4.自社事業に最もプラスの効果を及ぼしたと思うM&Aについて聞いたもの。

（中小企業白書（2024）II-160頁）

　　イ　主たる事業分野の業種ごとの傾向

　上記アを前提に、主たる事業分野の業種ごとの傾向についてみていくと、「卸売業」を除くすべての業種において、「同業種」の割合が多い。「異業種」と回答した割合が比較的高い業種は、「卸売業」と「宿泊業」である（〈図表1-12〉）。

　　ウ　業種の組合せの詳細

　上記イを踏まえ、さらに詳しくみてみると、自社の主たる事業分野の業種と異なる業種の組合せとしては、「卸売業」と「製造業」（21.5％）、「宿泊業」と「飲食サービス業」（17.1％）の割合が高い（〈図表1-13〉）。前者は、商流の川上または川下の企業とのM&A（垂直型M&A）により、バリューチェーンの強化を図ることが目的と考えられる。後者は、「宿泊業」は宿泊者などに飲食サービスを提供することが一般的であり、サービスの充実や人材の確保などを図ることを目的としていると推察される。

Ⅰ 中小M&A総論

〈図表1-12〉 M&Aの相手先業種（業種別）

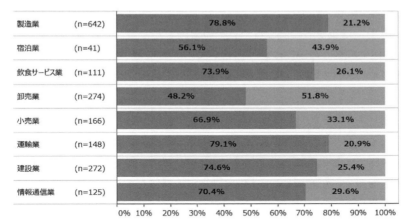

業種	n	同業種	異業種
製造業	n=642	78.8%	21.2%
宿泊業	n=41	56.1%	43.9%
飲食サービス業	n=111	73.9%	26.1%
卸売業	n=274	48.2%	51.8%
小売業	n=166	66.9%	33.1%
運輸業	n=148	79.1%	20.9%
建設業	n=272	74.6%	25.4%
情報通信業	n=125	70.4%	29.6%

資料：（株）帝国データバンク「中小企業の経営課題とその解決に向けた取組に関する調査」
（注）1. 2023年以前において、「他社事業の譲受・買収」又は「自社事業の譲渡・売却」を実施したと回答した企業に聞いたもの。
2. 現在の主たる事業分野の業種と、M&Aの相手先の主たる事業分野の業種が一致している場合は「同業種」、そうでない場合は「異業種」として集計している。また、業種区分は、「製造業」、「宿泊業」、「飲食サービス業」、「卸売業」、「小売業」、「運輸業」、「建設業」、「情報通信業」、「その他」の9区分としており、現在の主たる事業分野の業種について、「その他」と回答した企業は、集計対象外としている。
3. 自社事業に最もプラスの効果を及ぼしたと思うM&Aについて聞いたもの。

（中小企業白書（2024）Ⅱ-161頁）

〈図表1-13〉 M&A実施時における業種の組合せ

		M&Aの相手先の主たる事業分野の業種								
		製造業	宿泊業	飲食サービス業	卸売業	小売業	運輸業	建設業	情報通信業	その他	総計
自社の主たる事業分野の業種	製造業 (n=642)	78.8%	0.2%	1.6%	5.8%	2.0%	1.4%	2.8%	1.1%	6.4%	100.0%
	宿泊業 (n=41)	0.0%	56.1%	17.1%	0.0%	4.9%	2.4%	7.3%	0.0%	12.2%	100.0%
	飲食サービス業 (n=111)	1.8%	2.7%	73.9%	3.6%	3.6%	0.0%	0.0%	0.9%	13.5%	100.0%
	卸売業 (n=274)	21.5%	0.0%	2.6%	48.2%	5.8%	0.7%	8.0%	1.1%	12.0%	100.0%
	小売業 (n=166)	5.4%	1.2%	6.0%	4.8%	66.9%	1.2%	1.2%	1.2%	12.0%	100.0%
	運輸業 (n=148)	7.4%	0.0%	0.7%	1.4%	2.7%	79.1%	0.7%	0.0%	8.1%	100.0%
	建設業 (n=272)	4.4%	1.1%	0.4%	2.2%	2.2%	1.1%	74.6%	1.1%	12.9%	100.0%
	情報通信業 (n=125)	6.4%	0.0%	0.8%	1.6%	0.8%	1.6%	1.6%	70.4%	16.8%	100.0%

資料：（株）帝国データバンク「中小企業の経営課題とその解決に向けた取組に関する調査」
（注）1. 業種区分は、「製造業」、「宿泊業」、「飲食サービス業」、「卸売業」、「小売業」、「運輸業」、「建設業」、「情報通信業」、「その他」の9区分としており、現在の主たる事業分野の業種について、「その他」と回答した企業は、集計対象外としている。
2. 2023年以前において、「他社事業の譲受・買収」又は「自社事業の譲渡・売却」を実施したと回答した企業に聞いたもの。
3. 自社事業に最もプラスの効果を及ぼしたと思うM&Aについて聞いたもの。
4. M&Aの相手先の主たる事業分野の業種で、同業種及び「その他」を除き、最も割合が高い業種について、赤字で表示している。

（中小企業白書（2024）Ⅱ-162頁）

(4) 中小M&Aを実施する際の障壁

（1）でみたとおり、近時は中小M&Aの件数は増加傾向にあるものの、それまでは一般的ではなかった。そこで、その要因として考えられる中小企業がM&Aを実施する際の障壁についてみていく。弁護士が中小M&Aを行う事業者を支援していくうえで、その障壁を取り除くことにより、円滑な中小M&Aを実現することが期待される。

ア 売り手（譲渡側）にとっての障壁

売り手としてM&Aを実施する際の障壁は、「経営者としての責任感や後ろめたさ」が30.5％と最も高い。売り手としてのM&Aに対するイメージは向上しつつあるものの、現在でもM&Aの意思決定の際にこうした心理的側面が大きく影響していることがわかる。上記（2）アでみたとおり、売り手のM&Aの目的として「従業員の雇用の維持」の割合が高いことを考え合わせると、従業員に対する後ろめたさのような感情がM&Aの障壁になっている可能性が考えられる。

〈図表1-14〉 売り手としてM&Aを実施する際の障壁

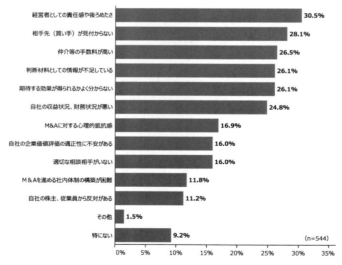

資料：（株）東京商工リサーチ「中小企業の財務・経営及び事業承継に関するアンケート」
(注)1.M&Aの実施意向について「売り手として意向あり」、「買い手・売り手ともに意向あり」と回答した者に対する質問。
2.複数回答のため、合計は必ずしも100％にならない。

（中小企業白書（2021）Ⅱ-394頁）

また、「相手先（買い手）が見付からない」、「仲介等の手数料が高い」といった実務的な障壁の割合も高く、売り手としてのM&Aを支援する仕組みのさらなる充実が必要であることがわかる。

　イ　買い手（譲受側）にとっての障壁

買い手としてM&Aを実施する際の障壁は、『中小企業白書2021』では、①「期待する効果が得られるかよく分からない」（35.5％）、②「判断材料としての情報が不足している」（32.8％）、③「相手先従業員等の理解が得られるか不安がある」（32.3％）が上位3つでほぼ横並びであった（〈図表1-15〉）。

ところが、その後の『中小企業白書2023』では、①「相手先従業員等の理解が得られるか不安である」が51.6％と突出しており、②「判断材料としての情報が不足している」（35.7％）、③「期待する効果が得られるかよく分からない」（34.6％）と続いている（〈図表1-16〉）。

買い手にとって「相手先従業員等からの理解が得られるか不安がある」という障壁の重みが増しているということは、買い手がM&Aを実施するにあたって、M&A成立前の段階から相手先従業員等の人柄・価値観を把握して不安の

〈図表1-15〉　買い手としてM&Aを実施する際の障壁（2021年）

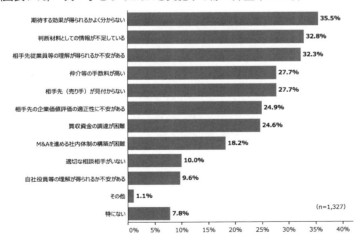

（中小企業白書（2021）Ⅱ-381頁）

第1章　中小M&Aとは

〈図表1-16〉　買い手としてM&Aを実施する際の障壁（2023年）

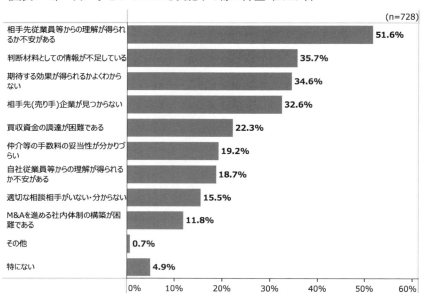

（中小企業白書（2023）Ⅱ-178頁）

解消を図っておくことが、円滑な中小M&Aの実現にとっていかに重要であるかということを示している。

　また、「判断材料としての情報が不足している」、「期待する効果が得られるかよく分からない」という点については、M&Aの過程で行われるデュー・ディリジェンス（DD）によって必要な情報を収集することの重要性を示している。

(5)　中小M&A成立前後の統合作業（PMI）に係る取組み

　上記(4)イでみたとおり、買い手は、M&Aを実施するにあたって、「相手先従業員等の理解が得られるか不安」、「判断材料としての情報不足」、「期待する効果が得られるかよく分からない」などの不安を抱えており、それらが中小M&Aを実施する際の障壁となっている。

　このような障壁を取り除き、M&Aの実行によって期待した効果を得るため

に重要なのが、PMI（Post-Merger Integration）である。PMIは、本来、クロージング後（M&A成立後）の一定期間内に行う経営統合作業のことを指すが、M&Aの目的を実現し、統合の効果を最大化するため、実際にはM&Aの成立前から取組みが行われる場合が多い。

そこで、M&A成立前後において、M&Aの当事者が重点的に実施したPMIに係る取組みについてみていく。

この点、M&A成立前においては、「相手先経営者とのコミュニケーションを通じた相互理解」が最も多く、かつ56.1％と突出している（〈図表1-17（1））〉）。これは、譲渡側（売り手）の経営者と譲受側（買い手）の経営者が、M&Aの成

〈図表1-17〉　M&Aの成立前後において、重点的に実施したPMIに係る取組み

（1）M&A成立前

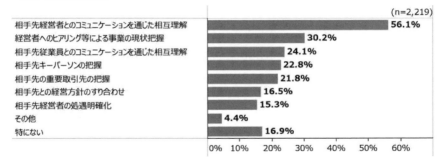

（2）M&A成立後

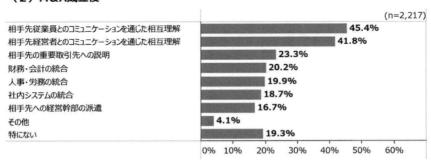

資料：（株）帝国データバンク「中小企業の経営課題とその解決に向けた取組に関する調査」
（注）1.2023年以前において、「他社事業の譲受・買収」又は「自社事業の譲渡・売却」を実施したと回答した企業に聞いたもの。
2.自社事業に最もプラスの効果を及ぼしたと思うM&Aについて聞いたもの。
3.複数回答のため、合計は必ずしも100％にならない。

（中小企業白書（2024）Ⅱ-169頁）

第1章　中小M&Aとは

立に向けてお互いにコミュニケーションをとって理解し合っていなければ、そもそもM&Aの成立自体危ぶまれることから、容易に想定できる。

　他方、M&A成立後においては、「相手方従業員とのコミュニケーションを通じた相互理解」（45.4％）と「相手先経営者とのコミュニケーションを通じた相互理解」（41.8％）が同程度に多く、突出している（〈図表1-17（2）〉）。M&A成立後に「相手方従業員とのコミュニケーションを通じた相互理解」に向けた取組みが重点的に行われるのは、買い手がM&Aを実施する際の障壁として、「相手先従業員等の理解が得られるか不安」が最も多くあげられていたことを如実に反映している。

　M&Aの目的を実現し、統合の効果を最大化するためには、M&A成立前後におけるPMIの取組みとして、〈図表1-17〉にあるような各項目に取り組むことが有益といえる。弁護士がM&A実施企業のPMIを支援する場合、これらの項目を意識して助言することが求められる（詳細は、第4章参照）。

（6）　中小M&Aの実施による満足度を高めるための取組み

　以上みてきたほかに、M&Aの実施による満足度を高めるための取組みとして、相手先を積極的に探索することや、M&Aの実績回数を重ねることでノウハウを蓄積することの重要性が示唆されている。

　弁護士として、M&Aの満足度を高める助言ができれば、より望ましい。

　ア　M&A実施時における相手先の探索と満足度

　「他社事業の譲受・買収」、「自社事業の譲渡・売却」のいずれにおいても、「積極的に探索した」企業が、M&A実施の満足度が高い（〈図表1-18〉）。この結果から一概にはいえないが、M&Aの実施にあたっては、自社の経営戦略や経営状況等を十分に踏まえたうえで、相手先を積極的に探索することが、M&Aを成功に導く可能性を高めることになると思われる。

　イ　M&A（他社事業の譲受け・買収）の実施回数と満足度

　買い手（譲受側）企業としてM&A（他社事業の譲受け・買収）の実施回数が多いほど、M&Aの満足度（「満足」「やや満足」）が高い傾向にある（〈図表1-19〉）。この結果から一概にはいえないが、M&Aの回数を積み重ねることで、相手先の探索やPMIなどのノウハウが蓄積され、よりM&Aが成功する可能性を高めることになると思われる。

20

Ⅰ　中小M&A総論

〈図表1-18〉　M&A実施効果についての満足度（相手先の探索意向別）

（1）他社事業の譲受・買収

		満足	やや満足	どちらともいえない	やや不満	不満
積極的に探索した	(n=589)	26.7%	43.3%	20.7%		
どちらともいえない	(n=627)	20.3%	35.1%	32.4%		
探索には消極的だった	(n=354)	21.5%	35.3%	28.8%	8.8%	

（2）自社事業の譲渡・売却

		満足	やや満足	どちらともいえない	やや不満	不満
積極的に探索した	(n=332)	39.2%	32.5%	19.6%		
どちらともいえない	(n=308)	21.4%	28.2%	41.9%		
探索には消極的だった	(n=91)	16.5%	20.9%	38.5%	19.8%	

■満足　■やや満足　■どちらともいえない　■やや不満　■不満

資料：（株）帝国データバンク「中小企業の経営課題とその解決に向けた取組に関する調査」
（注）1.（1）2023年以前において、「他社事業の譲受・買収」を実施したと回答した企業に聞いたもの。
2.（2）2023年以前において、「自社事業の譲渡・売却」を実施したと回答した企業に聞いたもの。
3.自社事業に最もプラスの効果を及ぼしたと思うM&Aについて聞いたもの。

（中小企業白書（2024）Ⅱ-168頁）

〈図表1-19〉　M&Aの実施効果についての満足度（M&A（他社事業の譲受・買収）の実施回数別）

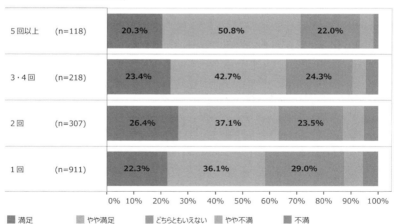

資料：（株）帝国データバンク「中小企業の経営課題とその解決に向けた取組に関する調査」
（注）1.2023年以前において、「他社事業の譲受・買収」を実施したと回答した企業に聞いたもの。
2.「M＆A実施効果についての満足度」は、自社事業に最もプラスの効果を及ぼしたと思うM＆Aについての回答を集計したもの。

（中小企業白書（2024）Ⅱ-176頁）

第1章　中小M&Aとは

（7）　まとめ

　以上のとおり、近年、わが国における中小M&Aの件数は増加傾向にあり、その意義・目的は、当初の社外の第三者へ事業を引き継ぐ事業承継ということから、今日では、企業規模拡大や事業多角化といった成長戦略の手段などに拡大してきている。それに伴い、中小M&Aによって得られる効果も、「事業継続」、「雇用の維持」などの事業承継に関するものだけではなく、「売上高の増加」、「市場シェアの拡大」、「人材の獲得」といった成長戦略に関するものへ広がりをみせている。

　中小M&Aの相手先は、同業種である場合が多いが、「卸売業」や「宿泊業」においては、シナジー効果を発揮する観点から、「卸売業」と「製造業」、「宿泊業」と「飲食サービス業」など異業種の割合が比較的高い。

　一方で、事業者にとって、M&Aには、「経営者としての責任感や後ろめたさ」、「判断材料としての情報が不足している」、「期待する効果が得られるかよく分からない」などの障壁がある。そこで、弁護士は支援者として、円滑な中小M&Aの実現に向けて、これらの障壁を取り除くことが求められる。その観点から、弁護士も、中小M&A成立前後の段階から、M&A成立後の統合作業（PMI）の支援に向けて積極的に関与していくことが望ましい。

　また、M&Aの相手先の探索を積極的に行い、M&Aの実施回数を重ねることも、M&Aの満足度を高める取組みとして有用である。この点も弁護士が関与できれば、より望ましい。

4　弁護士が中小M&Aを支援する必要性

（1）　中小企業によるM&A実施時の外部機関の活用状況

　『中小企業白書2024』Ⅱ-164頁によれば、中小企業がM&Aの実施時に活用した外部機関は、買い手（「他社事業の譲受・買収」）においては、①金融機関、②M&A仲介業者、③税理士・公認会計士の順に多い。他方、売り手（「自社の事業の譲渡・売却」）においては、①M&A仲介業者、②金融機関、③税理士・公認会計士の順に多い。買い手、売り手いずれの場合においても、弁護士の活用は、割合としては少ない。

22

〈図表1-20〉 M&Aにおいて活用した外部の機関

（１）他社事業の譲受・買収

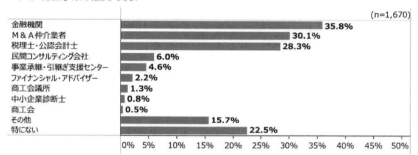

（２）自社事業の譲渡・売却

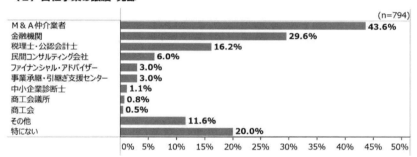

資料：（株）帝国データバンク「中小企業の経営課題とその解決に向けた取組に関する調査」
(注) 1. （１）2023年以前において、「他社事業の譲受・買収」を実施したと回答した企業に聞いたもの。
2. （２）2023年以前において、「自社事業の譲渡・売却」を実施したと回答した企業に聞いたもの。
3. 複数回答のため、合計は必ずしも100%にならない。

（中小企業白書（2024）Ⅱ-164頁）

(2) 弁護士が中小M&Aを支援する必要性

　しかし、弁護士は、「……基本的人権を擁護し、社会正義を実現することを使命」とし（弁護士法１条１項）、この「使命に基づき、誠実にその職務を行い、社会秩序の維持及び法律制度の改善に努力しなければならない。」（同条２項）との職務上の使命の下、法律の専門家として、円滑な中小M&Aの実現に向けて、多くの支援を行い得る立場にある。

　とかくM&A専門業者に関して、契約内容や手数料のわかりにくさ、支援の質が十分とはいえない場合があるといった声が聞かれる中で[9]、中小M&Aの実

9　M&Aの仲介業者が不適切な譲受側企業を譲渡側に紹介してマッチングし、譲渡側の経営

第1章　中小M&Aとは

施において取引の信頼性を高めるため、弁護士が果たす役割は大きい。

　具体的には、①中小M&Aにおいては、譲渡側の株主や経営者の親族、役員・従業員、取引先（仕入先・得意先等）、金融機関など様々な利害関係者に関して、紛争予防等の観点から利害関係の調整に配慮する必要があり、弁護士は、代理人として利害関係者との交渉を行うことが可能である（弁護士法72条参照）。

　また、②中小M&Aにおいては、法的な観点での検討が不可欠であり、弁護士が法律の専門家として、株式譲渡や事業譲渡といった手法の選択、譲渡スキームの検討・策定など全体的な手続進行のコーディネートを行うことが可能である。

　さらに、③弁護士は、契約書等の作成・リーガルチェック、法務DDのほか、中小M&Aに伴う個別の法的な課題やトラブルへの対応など個別の事項について、スポットでの対応を行うことも可能である。法務DDを行った場合に、M&A実施後、法務DDの結果を踏まえたPMIに関する支援を行うことは、弁護士ならではの支援である。

　加えて、④譲渡側の弁護士等の場合には、中小M&Aの意思決定前の段階より関与することにより、継続的にコーポレートガバナンスなどを意識した助言・対応等を行うことも可能である。

　以上のとおり、弁護士は、法務の専門家として①から④のような支援を行い、円滑な中小M&Aの実現に向けてその果たすべき役割は大きい。

5　参考——中小M&Aに関する各種ガイドラインの内容・関係

　第2章以下では、弁護士が、譲渡側（売り手）または譲受側（買い手）の支援者として、中小M&Aを支援する場合の具体的な内容・方法、留意点などについて解説する。その際、本書は、内容の信頼性を担保するため、中小企業庁から公表されている中小企業のための事業承継・引継ぎに関する各種ガイドラインを多く参考にしている。そこで、ここでは中小企業庁から公表されている

者や企業に甚大な被害が及んだものの、仲介業者は何ら責任を負わないケースを詳しく紹介したものとして、朝日新聞DIGITAL「M&A仲介の罠　まやかしの事業承継」第1回（2024年5月7日）〜第6回（同年5月14日）がある。

各種ガイドラインの内容と関係についてみておく。中小企業庁が公表している
ガイドラインは、次の３つである。

(1) 事業承継ガイドライン

「事業承継ガイドライン」は、平成18（2006）年に策定され、平成28（2016）
年と令和４（2022）年に改訂されている。最新版は第３版である。

事業承継ガイドラインは、事業承継の類型として親族内承継、従業員承継、
第三者承継（中小M&A）のいずれをも対象とし、対象者は、先代経営者、後
継者、売り手（譲渡側）、買い手（譲受側）のすべてを含んでいる。さらに、対
象時期は承継の実行前と実行後の双方である。

このように「事業承継ガイドライン」は、幅広い事業承継の全体像を把握す
るのに有益な手引きになっている。

(2) 中小M&Aガイドライン

「中小M&Aガイドライン」は、令和２（2020）年に策定され、令和５（2023）
年に改訂され、令和６（2024）年８月30日に第３版が公表されている。平成27
（2015）年に策定された事業引継ぎガイドラインを前身とする。

「中小M&Aガイドライン」は、「事業承継ガイドライン」と異なり、もっぱ
ら中小M&Aを対象としている。この点は、(3) の「中小PMIガイドライン」
と同様である。

そのうえで、「中小M&Aガイドライン」は、後継者不在の中小企業、すな
わち売り手（譲渡側）をメインターゲットとしている。また、売り手（譲渡側）
がメインターゲットであることから、対象時期は、承継の実行以前（クロージ
ングまで）である。

さらに、「中小M&Aガイドライン」の特色として、「第１章　後継者不在の
中小企業向けの手引き」とは別に「第２章　支援機関向けの基本事項」を設
け、支援機関向けのパートを独立させていることがあげられる。この背景に
は、支援機関、より厳密にいうと両手仲介[10]、片手のFA（ファイナンシャル・ア

10　仲介者とは、譲渡側・譲受側の双方との契約に基づいてマッチング支援等を行う支援機
　　関をいい、一部のM&A専門業者がこれに該当する（業務範囲は支援機関ごとに異なる）。
　　なお、弁護士など士業等専門家が仲介者と同様の業務を行う場合は、業務の性質・内容が
　　共通する限りにおいて、仲介者として「中小M&Aガイドライン」の適用がある。
　　　仲介契約とは、仲介者が譲渡側・譲受側双方との間で結ぶ契約をいい、これに基づく業

第1章　中小M&Aとは

〈図表1-21〉　事業承継・引継ぎに関するガイドラインの関係図

要素	ガイドライン	事業承継	中小M&A	中小PMI
主な対象者 （支援機関を含む）	譲渡側(先代経営者)	○	○	※6
	譲受側(後継者)	○	※3	○
主な対象類型	親族内承継	○		
	従業員承継	○※1	※4	
	M&A	○※2	○	○
主な対象時期	承継の実行以前	○	○	○
	承継の実行後	○	※5	○
構成（支援機関向けパートの独立）			○	

※1　中小PMIガイドライン（特に基礎編）も参考になるものとして紹介しています。
※2　中小M&Aガイドラインに準拠しています。
※3　デュー・ディリジェンス(DD)等、主に譲受側の目線での記載も一部含みます。
※4　共通する部分は、中小M&Aガイドラインの考え方に準拠した対応を期待します。
※5　ポストM&Aに関する記載も一部含みます。
※6　譲渡側経営者の取組例等も一部含みます。

（皿谷将弁護士作成）

ドバイザー）[11]などを対象に、中小M&Aに関する合同指針をつくるという意向があると考えられる。

　第3版は、「……特にM&A専門業者に関して、その契約内容や手数料のわかりにくさ、担当者によっては支援の質が十分と言えない場合があるといった声が聞かれるようになったことを踏まえて、必要な改訂を行った。」と改訂の趣旨が「はじめに（第3版）」に明記されており、仲介者・FAに対して求められる対応が強化されている。

（3）　中小PMIガイドライン

　「中小PMIガイドライン」は、PMIの重要性や取組みについて中小企業の理解が不足しており、支援機関も少ない状況に鑑み、令和4（2022）年に策定さ

務を仲介業務という。
11　FA（ファイナンシャル・アドバイザー）とは、譲渡側または譲受側の一方との契約に基づいてマッチング支援等を行う支援機関をいい、一部のM&A専門業者がこれに該当する（業務範囲は支援機関ごとに異なる）。弁護士など士業等専門家がFAと同様の業務を行う場合は、業務の性質・内容が共通する限りにおいて、FAとして「中小M&Aガイドライン」の適用がある。
　FA契約とは、FAが譲渡側または譲受側の一方との間で結ぶ契約をいい、これに基づく業務をFA業務という。

れた。

「中小PMIガイドライン」は、「中小M&Aガイドライン」と同様、もっぱら中小M&Aを対象としている。

しかし、「中小M&Aガイドライン」と異なり、メインターゲットは、買い手（譲受側）である。PMIは、本来、M&A成立後の統合作業のことをいい、通常、買い手（譲受側）において実施されるからである。

もっとも、PMIに関する取組みは、クロージング前から行うものがあることから、対象時期は、承継の実行前後を問わない。

(4)　まとめ——３つのガイドラインの関係

以上の３つのガイドラインの関係をまとめると〈図表1-21〉のとおりである。これらの関係を念頭において、各ガイドラインをみるとわかりやすい。

Ⅱ　中小M&Aに用いられるスキーム

中小M&Aで用いられる主な手法は、株式譲渡と事業譲渡である[12]。そこで、以下両者について、その内容と特徴をみておく。

1　株式譲渡

株式譲渡とは、譲渡側の株主（中小M&Aでは、オーナー経営者であることが多い）が、保有している発行済株式を譲受側（買い手）に譲渡する手法をいい、譲渡側（対象会社）を譲受側（買い手）の子会社とするイメージである（包括承継）。

株式譲渡の対価は、譲渡側の株主が取得する。

株式譲渡においては、譲渡側の株主が変わるだけで、会社組織は譲受側がそのまま引き継ぐ形となり、会社の資産、負債、従業員や社外の第三者との契約、許認可等は、原則としてそのまま存続する。また、手続も事業譲渡などの他の手法に比べて相対的に簡便である。

注意点としては、未払残業代、貸借対照表上の数字には表れない簿外債務、紛争に関する損害賠償債務など、現時点では未発生だが将来的に発生し得る偶

12　M&Aの手法には、ほかにも合併、会社分割、業務提携・資本提携が採用されることがある（詳細は、中小M&Aガイドラインの「（参考資料１）中小M&Aの主な手法と特徴」を参照）。また、合併、会社分割については、本章Ⅲ１(8)を参照。

27

発債務もそのまま引き継ぐことである。また、オフィスの賃貸借契約等についてチェンジ・オブ・コントロール条項[13]の定めがある場合には、当該契約等の継続のために事前に賃貸人等との協議や交渉が必要になる場合があるため、この点も注意が必要である。

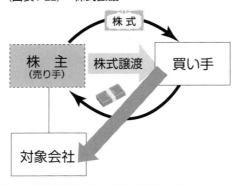

〈図表1-22〉 株式譲渡

2　事業譲渡

事業譲渡とは、譲渡側（対象会社）が、その有する事業の全部または一部（土地、建物、機械設備等の資産や負債に加え、ノウハウや知的財産等も含む）を、

〈図表1-23〉 事業譲渡

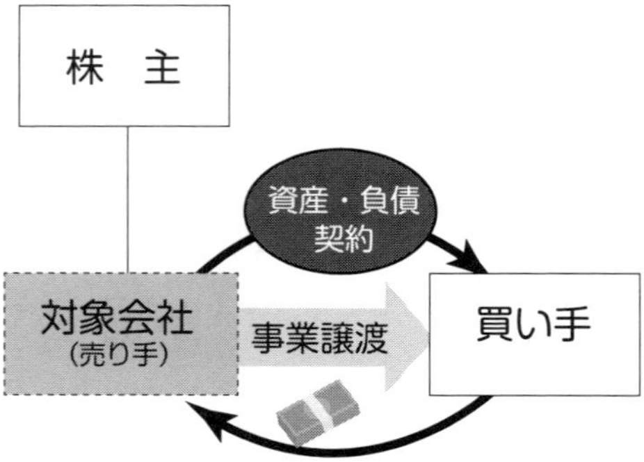

13　チェンジ・オブ・コントロール条項とは、ある企業が締結している契約（例えば、賃貸借契約、取引基本契約、フランチャイズ契約等）について、当該企業の株主の異動や支配権の変動等により当該契約の相手方当事者に解除権が発生すること等を定める条項のことをいう。COC（Change Of Control）条項ともいう。

譲受側（買い手）に譲渡する手法をいう。資産、負債、契約および許認可等の譲渡される事業に属する権利義務を個別に移転させる方法である（特定承継）。

事業譲渡の対価は、譲渡側の対象会社が取得する。

資産、負債、契約および許認可等を個別に移転させるため、債権債務、雇用関係を含む契約関係を一つ一つ、債務者や従業員の同意を取り付けて切り替えていかなければならない。譲渡する資産の中に不動産を含むような場合には、所有権移転等の登記手続も必要となる。また、許認可等は譲受側に承継されないことが多く、その場合には譲受側で許認可等を新規に取得する必要がある。このように事業譲渡は、株式譲渡に比べて手続が煩雑になることが一般的である。

それでも事業譲渡の方法が採用される場合があるのは、個別の事業・財産ごとに譲渡が可能なため、譲渡側（対象会社）にとっては、事業の一部を手元に残しておくなど、株式譲渡では実現できないことが可能となるからである。また、譲受側（買い手）にとっては、特定の事業・財産のみを譲り受けることができるため、簿外債務や偶発債務などを承継するリスクを遮断しやすいというメリットがあるからである。

3 まとめ——各スキームの比較

株式譲渡と事業譲渡は、契約の売り手当事者と、取引の対象が異なる点が大きな違いであり、それらのことから、上記にみたような具体的な違い（メリット、デメリットを含む）が生ずる。

それゆえ、M&Aの当事者がスキームを選択するにあたっては、株式譲渡と

〈図表1-24〉　株式譲渡と事業譲渡の違い

	株主譲渡	事業譲渡
売り手	株主 （中小M&Aでは、オーナー経営者であることが多い）	対象会社
取引の対象	発行済株式 （包括承継・子会社化）	事業の全部または一部 （特定承継）

事業譲渡の違いを踏まえて、当事者にとってM&Aの目的を実現することのできるスキームを選択して採用すべきである。また、弁護士は、依頼者の有しているM&Aの目的を把握したうえで、その目的を実現することができるよう、スキームの選択から、契約書・契約条項の作成、相手方との交渉、最終契約の締結など幅広く支援していくことが求められる。

Ⅲ 中小M&Aの進め方

1 中小M&Aにおける一般的な手続の流れ

個別案件によって実際の手続フローは様々であるが、おおよそ一般的な手続の流れを図示すると〈図表1-25〉のようになる。

〈図表1-25〉 一般的な手続の流れ

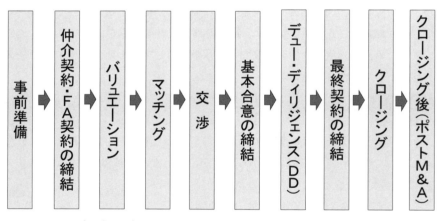

以下では、〈図表1-25〉に示した手続の段階ごとに検討を進めたい。

(1) 事前準備

まだ中小M&Aはスタートしておらず、譲渡側経営者が中小M&Aを実行するべきかどうか、また、そのためにどのようなことが必要か検討している段階である。

ア 相 談

譲渡側経営者が中小M&Aの検討を始めるきっかけや背景は様々であるが、経営者自身が専門知識を有しているような場合を除き、経営者が単独で中小

Ⅲ　中小M&Aの進め方

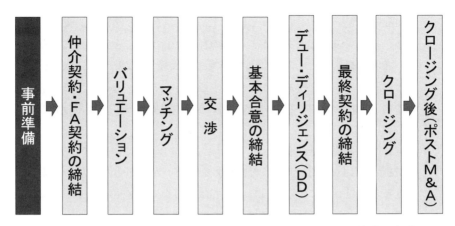

事前準備 → 仲介契約・FA契約の締結 → バリュエーション → マッチング → 交渉 → 基本合意の締結 → デュー・ディリジェンス（DD） → 最終契約の締結 → クロージング → クロージング後（ポストM&A）

　M&Aのタイミングやスキームの選択、そのためのプロセスの策定を行うことは現実には困難である。そのため、顧問弁護士・会計士・税理士や取引金融機関、商工団体、国や自治体の運営する公的な相談機関等が経営者からの相談を受け、これをきっかけに具体的な準備が始まることが多い。

　また、譲受けを希望する第三者から依頼を受けたM&Aの仲介を専門とする業者等からの事業譲渡の打診がきっかけとなることもある。

　中小M&Aに限られないが、M&Aを行うには専門知識はもちろんのこと、スピード感が重要であることも多い。特に、多額の負債を抱えていて経営不振が表面化しているような場合は、中小M&Aが実現する前に会社そのものが倒産するリスクもある。経営者としては、普段から気軽に相談できる専門家等と良好な関係を保っておくことも重要であろう。

　イ　準備すべき事項
　　（A）　希望や条件の整理
　譲渡側の経営者が具体的に中小M&Aを行うことを決断するに際しては、専門家等への相談を活用しつつ、譲渡側としての希望や条件、それらの優先順位を整理しておくことが重要である。もちろん、これらがすべて希望どおりになるわけではないが、譲受側の探索や具体的な候補が現れた際に、交渉を進めていくうえでの重要な指針ないし参考情報となるからである。

　譲渡側の希望や条件としては、おおむね、次のような事項が考えられる。
　①　M&Aの対価

第1章　中小M&Aとは

　　M&Aの代表的なスキームとしては、合併、会社分割、株式交換、事業
譲渡、株式譲渡などがあるが、対価の種類としても、金銭や株式などがあ
る。譲渡側経営者として、譲渡側企業または経営者が、中小M&Aを通じ
てどの程度の利益を得たいかを検討する。もちろん、この段階では事業価
値の精査は行われていないので、あくまで希望であって、精密なものであ
る必要はない。

②　経営への継続関与の有無

　　M&A後も会社に関与する意思があるかないかである。関与の仕方も、
引き続き役員として残る、役員としては残らないがアドバイザー的な役割
で残る、株主として残るなど様々である。

③　従業員の承継

　　M&Aに際しての従業員承継に関することである。具体的には、従業員
全員が承継されるのか、承継後の雇用条件（給与、勤務地、待遇を含む）は
どうなるのかといった点がある。譲受側によっては、譲渡側の資産等にの
み興味があり、従業員の承継は希望しないといった場合もあるので、譲渡
側としても、この点の方針は事前に明確にしておきたい。

④　親族や従業員等への承継可能性

　　中小M&Aは第三者への事業承継を念頭においているが、親族や従業員
等の中で事業承継を希望する者がいる場合、これらの者に対する承継との
比較検討をする。

　　（B）　経理書類の確保と確認

　上記アの相談時を含めて、ほぼすべてのM&A案件で提出を求められるの
が、直近3期分程度の税務申告書・決算書（損益計算書・貸借対照表を含む）と
登記簿謄本（登記事項証明書）である。

　実際に中小M&Aに進む場合には、譲受側によるDDが行われることも多く、
その際にはより詳細な情報が求められるため、総勘定元帳をはじめ、請求書、
受領書など各種帳票の所在を確認しておくべきである（実際に提出するのは要
請があってからでよい）。

　　（C）　資産の整理

　事業価値の算定において、その会社がどのような資産を保有しているのかが

重要であることはいうまでもない。資産としては、自動車や機械備品等の事業継続のうえで重要な動産、不動産に加えて、特許権、実用新案権、商標権、著作権などの知的財産権がある。

中小M&Aにおいては、例えば工場は会社の所有であっても土地は経営者一族の所有であるなど、会社と経営者一族の資産が混在していることも多いが、これは、譲受側にとってM&A後の事業継続を考えるうえで懸念要素となり得る。また、土地であれば境界が不分明であったり、土壌汚染の可能性もあるし、不動産や債権に、第三者が担保権を設定していることもある。

このように、資産に関連して法的なリスクとなり得る情報がある場合には、資産ごとにその具体的内容も整理しておきたい。

また、これらに関連する契約がある場合には、こちらも資産ごとに整理しておくと後のDDがスムーズである。

こうした作業には専門的な知見も必要になることがあり、専門家の助力を得ることも重要である。

(D) 株式（株主）の整理

中小M&Aに限られないが、M&Aを実行する際、株主総会決議が必要になることが多く、また、譲受側の支配権確立の観点からも、株主とその保有株式数について、最新状況を踏まえたものにアップデートしておく必要がある。この点、中小企業においては、そもそも株主名簿が作成されていない、株券が行方不明になっている、過去に株主の変動があったが株主名簿に反映されていないといったことがしばしばみられる。このような事情がある場合、中小M&Aを実行できないリスクにもつながるので、調査・確認には早めにとりかかっておきたい。

(E) その他のリスク情報の整理

上記のほか、訴訟等の紛争、取引先、従業員とのトラブル、消費者からのクレーム、回収不能になっている貸付、公租公課や取引債権の支払滞納など、事業価値に影響を与える情報があれば整理しておきたい（より詳細なものは、DDにおいて開示することになる）。

(2) 仲介契約・FA契約の締結

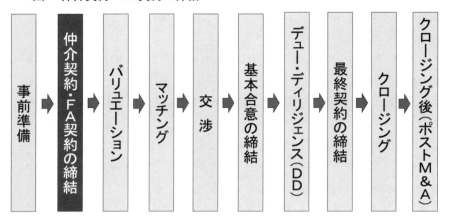

事前準備 → 仲介契約・FA契約の締結 → バリュエーション → マッチング → 交渉 → 基本合意の締結 → デュー・ディリジェンス（DD） → 最終契約の締結 → クロージング → クロージング後（ポストM&A）

　一口に中小M&Aといっても対象業種や事業規模は様々であるので、具体的な状況や費用の観点から、中小M&Aでは、そもそも仲介者やFAを起用しない案件や、いずれか一方のみを起用する案件も多数あるが、ここでは仲介者やFAをともに選定する場合を想定して、仲介者やFAが担当する業務内容や留意点等について記載する。

ア　仲介者とFAの業務内容

　詳細は第2章Ⅱでも触れるが、仲介者とFAにはそれぞれ次のような役割がある。

（A）仲介者

　譲渡側・譲受側双方の間に立って、M&A成立のための候補者探索、スキームを含めた条件等に関する助言・調整を行う。仲介者であるので、譲渡側・譲受側双方と契約を締結し、双方から手数料を得るのが通常である。このため、仲介者は、M&Aの当事者のいずれか一方のみの利益を追求する立場ではなく、いわば「調整役」であることに注意が必要である。

　M&Aにおいて、譲渡側が自力で譲受側候補を探索することは困難なことも多く、また、専門知識に基づく助言が得られる点でも、仲介者を起用するメリットは大きいが、反面、上記のとおり譲渡側・譲受側双方から依頼を受ける関係で、いずれか一方の当事者だけに有利な助言は期待できないこともあるし、仲介者に支払う手数料（報酬）が高額になることもあるので、案件の内

容・規模によって仲介者を起用するか、検討する必要がある。

（B）　FA（financial adviser）

M&AにおけるFA（financial adviser）の役割は、譲渡側・譲受側いずれか一方の依頼により、会計・税務をはじめとするM&A手続に関する助言を行う。仲介者と異なるのは、当事者の一方からしか依頼を受けない点で、したがって、FAは一方当事者の利益を最大化するために行動する。

M&Aにおいては、事業価値や株式価値の算定、M&A後の事業継続可能性検討、DDなどの場面において、FAを起用して専門的見地からの助言を受ける必要性は大きい。ただし、案件の内容・規模によってはFAを起用する金銭的余裕がない場合もあるのは仲介者と同様である。

以上をまとめて図示すると〈図表1-26〉のようになる。

〈図表1-26〉　仲介者とFAの業務内容

	仲介者	FA
依頼者	譲渡側・譲受側双方	譲渡側・譲受側いずれか
手数料（報酬）	譲渡側・譲受側双方	譲渡側・譲受側いずれか
行動原理	「調整役」	一方の利益の最大化

イ　仲介者・FAの選定

（A）　仲介者

M&Aの仲介を手掛ける業者は多数あり、業者によって業務範囲、手数料体系は異なる。また、実績も様々であるので、これから行おうとするM&Aの内容や目的に適合した仲介者を選定したい。

近年では、仲介専業の業者も多いが、金融機関などが仲介者サービスを提供していることもある。仲介者の選定に際しては、インターネット上の情報も参考になるが、顧問弁護士、会計士、税理士や取引先金融機関等が情報をもっていることもあるので、これらに相談することも考えられる。また、各士業・機関とも個性もあり、相性もあるので、複数の仲介者から話を聞くなどして、最も適合すると考えられる先を選ぶことも重要である。

なお、上記ア（A）のとおり、仲介者は譲渡側・譲受側双方と契約し、双方から手数料をもらう関係で、いずれか一方の当事者のため「だけ」に業務を行う

第1章　中小M&Aとは

わけではない。この関係で、仲介者においては一種の利益相反が発生するため、中小M&Aガイドライン[14]においては、こうした利益相反に対する措置について記載されている。当該記載も参考に、仲介者の提供する業務の適切性を検討することも考えられる。

　（B）　FA（financial adviser）

　仲介者と同様、FA業務を手掛ける業者は多数あり、金融機関、会計士事務所、税理士事務所などがある。選定のポイントは仲介者と同様である。

　（C）　契約内容の留意点

　仲介者・FAとの契約に際しては、希望条件を明確に伝え、双方が合意のうえで締結に進むべきことはもちろんであるが、特に次のような事項について、契約書上、希望どおり反映されているか留意したうえで進めることが重要である。

　（ⅰ）　業務範囲および業務期間

　依頼する業務の内容と、M&Aのプロセスを通じてどの段階に関与するかがここで決まる。仲介者・FAの業務が不十分であると感じる場合、それが依頼した業務の範囲内の事項であれば是正を求めることも考えられるが、そうでない場合は是正困難なこともある。

　初期の段階で依頼内容と期間については明確にしておきたい。

　（ⅱ）　手数料の内容および額

　着手時に一定額を徴収する業者、完全成功報酬制を採用する業者など様々であるが、完全成功報酬制の場合、着手時に費用が発生しない点はメリットといえるものの、成功報酬を支払う段階で資金不足になるといったことのないよう、契約締結時に綿密に検討しておくようにしたい。

　（ⅲ）　秘密保持義務

　中小M&Aに限られないが、M&Aに関する情報の漏えい等があると、M&Aそのものが中止されてしまう場合もある。こうしたこともあり、仲介者・FAとの間の契約においても、守秘義務条項を設けることが一般的である[15]。こうした秘密保持義務については、①秘密保持義務の期間（一定年数に限るものか、

14　中小M&Aガイドライン第2章Ⅱ5（98頁）。
15　秘密保持義務のみ秘密保持契約（NDA）の形で別契約とする例もある。

36

無期限であるか、など）、②秘密保持の対象となる情報の範囲（一切の情報か、秘密保持であることを明示した情報に限るといった限定があるか、など）、③秘密保持義務の例外（士業専門家や法令の定めがある場合、グループ会社に情報共有する場合、他の業者にセカンドオピニオンを求める場合等に秘密保持の対象となる情報の提供が可能か）など、単に秘密保持義務が定められているかだけでなく、その期間、範囲、例外についても検討が必要である。例えば、ごく短期間の経過で秘密保持義務がなくなるとすると、理論上、所定の期間さえ経過すれば、すべての情報が公開されても問題ないことになるが、M&Aの経緯によっては関係者間に悪影響があることもある。

　なお、実務上、秘密保持契約（NDA）のみ締結し、具体的な候補がみつかって条件が整った段階でその他の事項に関する契約を締結することもあるが、その場合でも、報酬体系等に関しては事前に確認しておくことがトラブル防止に資する。

　（iv）　専任条項

　仲介者・FAに依頼する際に、特に仲介者への依頼においては、並行して他の業者への依頼を行うことを禁止する条項（専任条項）が契約に入っていることもしばしばみられる。例えば承継先を探す時間的余裕がない場合など複数の業者に対して同時並行的に依頼せざるを得ない場合や、他の業者からセカンドオピニオンをもらうことが有用な場合もあるので、禁止対象となる行為がどの範囲であるのか確認しておくことが望ましい。また、専任条項を入れる場合でも、契約期間が長くなりすぎないようにする（6か月～1年程度）。

　（v）　直接交渉の制限条項

　譲渡側・譲受側双方において、仲介者・FAに依頼している際に、相手方（譲渡側にとっては譲受側）との直接の交渉等を禁止する条項である。このような交渉等があると、仲介者・FAを介さずにM&Aを成立させることが可能となり、仲介者・FAにとって不利益となることから、こうした条項が設けられる例は多く、秘密保持契約の中に同旨の条項がある場合もある。

　こちらについても、具体的にどのような交渉等が禁じられるのか、文言を具体的に検討する必要があり、接触先や接触の目的、交渉が制限される期間が不当に制約的でないか注意したい。

37

第1章　中小M&Aとは

（ⅵ）　解除・解約条項およびテール条項

　仲介者・FAとの契約の解除・解約に関する条項も重要である。当事者間の契約違反や債務不履行による解除の場合はもちろん、特にそのような事由がなくとも、譲渡側ないし譲受側の事情でM&Aを行う必要がなくなり、契約を中途解約する必要が生じることがある。

　このような中途解約の必要がある場合に、そもそも中途解約が可能か、可能として手数料等の支払義務が発生するかについても確認が必要である。

　また、テール条項は、M&Aが成立しないまま仲介者・FA契約が終了した場合であっても、一定期間内に、譲渡側が、その契約期間中に当該仲介者・FAが探索して接触した譲受側候補と、その仲介者・FAを介さずにM&Aを行ったときには、契約期間中にM&Aが成立した場合と同様に手数料の支払義務を定める条項である。上記の一定期間を「テール期間」とよぶ。直接交渉の禁止と同様に、仲介者・FAの利益を保護するための条項であるが、テール期間の長さによっては譲渡側の行動制約にもなるので、M&Aの相手方とすることが禁止される範囲や期間を十分に吟味することが重要である。

（ⅶ）　責任（免責）条項

　仲介者・FAとの契約上の違反や債務不履行に際して発生する損害賠償等の責任に関する条項である。実際にどのような損害が発生するのか事前に予想することは困難な場合もあるが、万が一損害が発生した際の損害額に上限が設定されていたり、賠償の対象となる損害の範囲が限定されていたりすると、譲渡側・譲受側双方にとって被った不利益をカバーできない可能性がある。

　したがって、損害の範囲および額について、よく確認しておくことが望ましい。

（3）　バリュエーション（企業価値評価）

　ここでは概略のみ記載する。

　M&Aを実行する際、事業譲渡や株式の対価を設定するにあたり、譲渡側企業の価値を適切に算定することは極めて重要である。

　ここでは、仲介者・FAや士業専門家等の助力を得て、決算資料その他の経理資料や個々の資産評価、譲渡側経営者との面談、事業所の実査などを経て評価が行われる。評価の手法は様々なものがあるが、

Ⅲ　中小M&Aの進め方

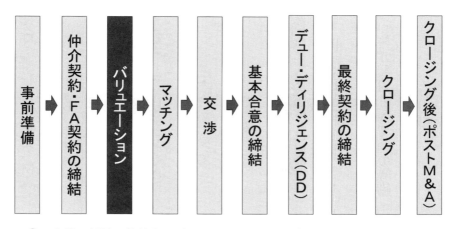

① 企業の収益に着目する（インカム・アプローチ）
　　DCF（ディスカウントキャッシュフロー）法、配当還元法など
② 株式の市場価値に着目する（マーケットアプローチ）
　　類似企業比較法、類似業種比較法など
③ 企業の資産に着目する（コストアプローチ）
　　時価純資産法、簿価純資産法など

がある。

　中小M&Aでは、類似業種比較法や簿価純資産法、時価純資産法といった手法が比較的よくみられる。

　実際の対価決定においては、算定された企業価値がそのまま対価となるわけではなく、ここに一定期間の利益を上乗せするといった調整を経て決定されることが多い。

(4)　マッチング（譲受側候補の探索）

　中小M&Aに限られないが、譲渡側にとって具体的な相手があってのM&Aであり、自社の事業と類似性・適合性・親和性があり、あるいは異業種であってもM&Aによるシナジー効果が見込める候補を探索する必要がある。しかし、現実的には、譲渡側が単独で候補を探し、マッチング作業を行うことは困難であることが多く、ここでは仲介者・FAとの連携が重要である。

　ア　マッチング支援のフロー

　マッチングの進め方は様々であるが、仲介者・FAに依頼する際に比較的多

39

第1章　中小M&Aとは

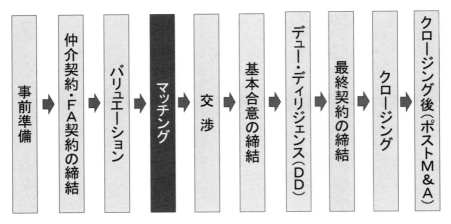

事前準備 → 仲介契約・FA契約の締結 → バリュエーション → マッチング → 交渉 → 基本合意の締結 → デュー・ディリジェンス（DD） → 最終契約の締結 → クロージング → クロージング後（ポストM&A）

くみられるやり方として、まず、候補先をある程度広めに記載したリスト（ロングリストなどとよばれる）を作成し、当該リストに記載された候補先に打診を行う。この際に、譲渡側の企業名等を明らかにするかどうかはケースバイケースである。また、譲渡側においてすでに具体的な譲受側候補（希望も含む）がある場合もあり、その場合はそうした候補にも打診を行う。逆に、譲受側として避けたいところがある場合には、候補から外すことが多い。

候補先の中で関心を示したところをさらに絞り込んでリスト化（ショートリストなどとよばれる）し、残った数社程度と具体的な協議を進める。この際に譲受側となるこれら候補との間で秘密保持契約を締結して、譲渡側の詳細な情報を提供する。また、譲渡側においては、交渉の優先順位を設定して交渉を進める。

　イ　複数の仲介者・FAへの依頼

このような手続を単独の仲介者・FAに依頼するか、複数の仲介者・FAに依頼するかは1つの検討ポイントである（上記(2)(C)(ⅳ)のとおり、専任条項がある場合はその仲介者・FAの承諾を得る必要がある）。それぞれの仲介者・FAの得意とする分野（業種）や人脈、力量は様々であり、また、限られた時間の中で打診等を行う候補先にも限界はあるため、複数の仲介者・FAに依頼するほうが、具体的な譲受側候補が現れる可能性は相対的に高いといってよい。

他方、同一の候補先に複数の仲介者・FAがアクセスするおそれがあり、譲受側候補の心証を害したりするなど混乱が生じる可能性があるので、「交通整

理」が重要である。具体的には、打診前の候補先選定の段階（上記「ロングリスト」の段階）や打診の段階（上記「ショートリスト」の段階）で重複を避けるようにするといった工夫が必要である。

適切な候補先がみつからない場合、他の仲介者・FA等に依頼することも考えられるが、この場合、当初の仲介者・FAとの契約を終了させることが通常であるところ、上記(2)(C)(vi)のテール条項等に留意が必要である。

(5) 交　渉

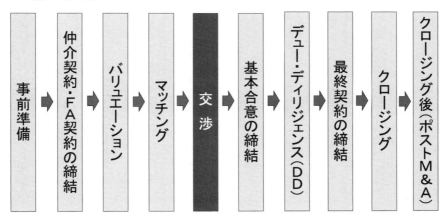

具体的な交渉の進め方は文字どおり千差万別であるが、上記（4）で記載したリスト内の優先順位を参考にしつつ、譲受側候補者の関心度合や客観的な事業の類似性・適合性・整合性、双方の経営者同士のトップ面談のタイミング等により柔軟に進めていく必要がある。

データ上でのマッチングがいくら良好であっても、トップ面談の結果がその後の手続の行方を左右することも多いので、トップ面談は特に重要である。譲渡側にとっては、譲受側の企業文化や経営者の人柄、職場の雰囲気等を直接確認することができ、自分の会社を任せるかどうかの判断において極めて重要な位置づけとなる。他方で、譲受側からしても、譲渡側の会社のことを直接感得できる機会であり、譲渡側の不用意な言動によって不信感をもたれてしまうことのないよう慎重に進めたい。

また、この段階では、事業譲渡、合併、会社分割、株式譲渡といったM&Aの具体的なスキームや、譲渡側役員の残留、従業員の承継など、M&Aに際し

て譲渡側が希望する条件をある程度明確にしておくことが望ましく、譲渡側としても譲れない条件がある場合は、この段階で明確に伝えておくことが肝要である。特に、従業員の承継に関しては、M&A時に全員を承継しないとか、M&A直後に全員を解雇（リストラ）するような事例はまれであるものの、転勤や異動が発生することはよくあり、譲受側候補が中長期的にどのような処遇をイメージしているのかについてはよく確認しておきたい。

(6) 基本合意の締結

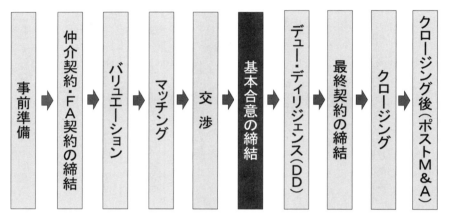

事前準備 → 仲介契約・FA契約の締結 → バリュエーション → マッチング → 交渉 → 基本合意の締結 → デュー・ディリジェンス（DD） → 最終契約の締結 → クロージング → クロージング後（ポストM&A）

交渉を通じて候補先の選定が完了し、当該候補先との間でM&Aのスキームや基本的な条件について合意が整った段階で、候補先との間で、最終的な契約に先立つ基本合意を締結する。ここでは、

・事業譲渡や株式譲渡といったスキーム
・M&Aの対価（この時点での予定でDDにより変動する前提とすることも）
・最終契約ないしクロージング時点までの株主構成、資産の散逸防止・保持や経営における遵守事項
・役員、従業員の処遇および承継
・DD後の経営環境変動に対する対価等の調整方法

などの事項を盛り込むことが多い。基本合意の作成・締結に際しては、合意事項を正確に契約条項として落とし込めているかが重要なので、弁護士等の専門家と十分に協議して進めるようにしたい。

なお、資金繰りがひっ迫している場合など、時間的な制約から基本合意を締

結せずに最終合意に進む場合もあるが、このような進め方をするべきかどうかも含めて、専門家とよく協議することが重要である。

(7) デュー・ディリジェンス（DD）

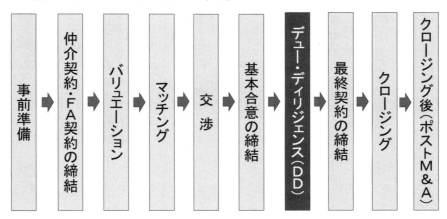

M&Aを進める場合、主として譲受側が、対象となる企業の事業、財務・税務、法務などの観点から調査を行うことが多い。この調査をデュー・ディリジェンス（DD）とよんでいる。詳しくは第3章で述べるので、ここでは概略のみ記載するが、DDで判明した事項は、譲受側が対象会社を承継してからの運営に活かされるほか、大きなリスクが判明した場合には、M&Aそのものが中止されることもある。また、譲渡側としては、DDに協力するために、各種資料の提供を行うが、譲渡側の社内でM&Aを行うことがまだ開示されていない場合には、一般の従業員にM&Aについて知られないよう開示手続の進め方を工夫する必要がある。

DDにはそれなりの時間と費用がかかるため、中小M&Aでは、ごく簡易なDDで済ませたりする場合や、DDそのものを省略するケースもあるが、DDは当事者双方に有益なものであるので、予算等に制約がある場合であっても、対象や範囲を絞るなどの工夫をして、なるべく充実したDDを行うことが望ましい。

(8) 最終契約の締結

DDと並行して、基本契約で未定であった事項など、最終的なM&A条件に関する交渉を継続し、DDで判明した事項で、反映すべきものがあれば反映したうえで、最終的な契約が締結される。

43

第1章　中小M&Aとは

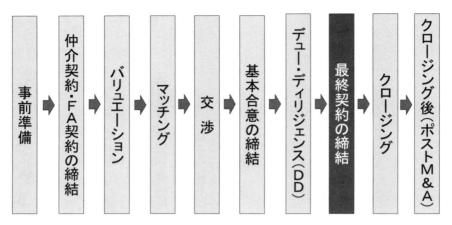

事前準備 → 仲介契約・FA契約の締結 → バリュエーション → マッチング → 交渉 → 基本合意の締結 → デュー・ディリジェンス（DD） → **最終契約の締結** → クロージング → クロージング後（ポストM&A）

　M&Aの全工程を通じて最も重要なものといっても過言ではなく、最終契約のつくり方で双方のメリット・デメリットは大きく変わってくる。合意された事項が契約に落とし込まれているかはもちろんであるが、その他の事項についてもよく吟味し、専門家の助言を受けて最終的に確認してから締結手続（調印など）を行うべきである。必要十分な内容の契約書をスムーズに作成するには、仲介者やFAに対して、問題意識や条件を早めに共有しておくことが望ましい。

　中小M&Aにおいて比較的多くみかけるのが株式譲渡と事業譲渡であるが、M&Aで用いられる代表的な手法の概要を以下に記載する。なお、株式譲渡における契約の具体的な内容については、第3章で詳述するので、そちらも参照されたい。

　　ア　株式譲渡

　譲渡側の株主（経営者等）が、譲渡側に対象会社の株式を譲渡することで経営権の委譲を受ける手法である。譲渡対象となる株式は対象会社が発行する全株式であることも多いが、必ずしもそうである必要はなく、M&Aの目的にあわせて、譲受側が過半数、あるいは3分の2といった議決権割合を保有できるように調整されることもある。

　手続としては当事者間で株式を譲渡（株券が発行されている場合には株券の交付も）するのみであるが、中小企業の場合は株式譲渡に対象会社の承認が必要とされていることが多く、そうした場合には、この承認を得るための手続も必

要となる。

株主が変わっても対象会社そのものには変動はないため、対象会社が抱えていた種々のリスクもすべてそのままである。例えば、未払残業代がある、不正経理が行われている、簿外債務があるといったことである。

このため、対象会社に上記のようなリスクがないか、しっかりとしたDDがなされることが望ましい。

イ　事業譲渡

譲渡側が、譲受側に対し、会社が営む事業の全部または一部を譲渡する手法である。事業全部を引き受けるのではなく、一部のみを譲り受けることも可能である。このため、後述する合併や会社分割とは異なり、「個別承継」とよばれる。

このように、譲渡対象範囲の選定の自由度は比較的高く、承継対象となる資産・債務を選択できることから、譲渡側・譲受側双方の希望に沿った内容にすることが比較的容易である。また、経営不振に陥った会社で継続可能性のある事業のみを切り出して譲り渡し、残った会社を清算する際などに馴染みやすい。

反面、承継対象となる資産を特定・選択する必要があり、かつ、譲渡対象となった資産に係る譲渡について対抗要件の具備（登記など）が必要となる。また、許認可については譲渡側においてあらためて取得する必要がある場合が多く、許認可が事業継続の要となる業種では、再度の取得が可能か、取得に要する時間はどの程度なのかについても注意が必要である。

ウ　合　併

会社法に基づく手続による企業同士の結合である。典型的には、譲渡側と譲受側との合併（どちらがどちらを吸収するかで2つのパターンがある）であるが、新たに新会社を設立し、その新会社が双方を合併する新設合併とよばれる手法もある。

合併は、合併する側が、合併される側のすべてを承継する手続であり、事業譲渡のように一部のみの合併は存在しない（これは後述の会社分割が相当する）。上記イの事業譲渡が「個別承継」とよばれるのに対して、合併は「包括承継（一般承継）」とよばれる。上記アにおいて、株式譲渡に際してのDDの重要性

45

第1章　中小M&Aとは

に触れたが、合併も対象会社のすべてを受け入れるものであり、また、法人自体に影響を与えない株式譲渡と異なり、資産内容や会計、決算にも影響するため、簿外債務などのリスクがあると影響が大きい。このため、合併においてDDは極めて重要である。

事業譲渡の場合、許認可の維持が問題となることは上記イで触れたが、合併の場合、許認可を有する側を存続企業とすることで許認可を維持することができるし、法令によっては合併による許認可の承継を認めるものもある。

他方、上記のとおり合併においては原則として会社法が定める手続に基づく必要があり、株主総会決議、債権者保護手続など厳格な手続を履践する必要がある。

エ　会社分割

合併と同じく、会社法に基づく手続による組織再編であるが、合併と異なるのは会社の一部の承継が可能である点である。ただし、その一部に関する権利義務は基本的に承継されるため、会社分割も「包括承継（一般承継）」である。合併と同様に、当事会社間の会社分割に加えて、新たに設立した会社に承継させる新設分割がある。

合併同様に、分割対象となる権利義務すべてを受け入れるものであり、DDは極めて重要である。

許認可の承継については合併よりも複雑で、各法令の規定や趣旨により決まるので、専門家の助言が必須といえる。

会社法が定める厳格な手続を履践する必要があるのは合併と同様である（会社分割の場合、従業員の承継に特に留意する必要がある）。

(9)　クロージング

最終契約で合意した対価の支払などの手続を行う段階で、中小M&Aはこれで基本的に完結する。最終段階であり、株式等の譲渡や譲渡対価の支払を行う。

譲受側からその時点で入金されるべき譲渡対価が確実に入金されることはもちろんであるが、同時に、承継対象資産の移転等に必要な手続を滞りなく行う必要がある。例えば、不動産であれば所有権移転や担保権設定または解除等の登記を行う必要があるし、自動車、知的財産権などにも登録等の手続が必要と

Ⅲ 中小M&Aの進め方

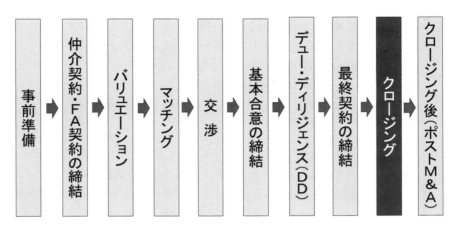

なるものがある。万が一、手続が履践できないと相手方の不信を招くことになるし、場合によって損害賠償など、法的なリスクにもつながる。したがって、クロージング日に向けて、諸手続に必要な資料等の準備を進めておくことが重要である。

(10) クロージング後（ポストM&A）

詳細は第4章で扱うので、ここでは概括的な内容を記載する。

クロージングにより、M&Aにおける「山」を越えたといってよいが、実際には、クロージング後も事業の承継を円滑に終えるための種々の作業がある。採用するスキームにより不要なものもあるが、具体例としては以下のようなものがある。ただし、便宜上ここに記載するものの、実際にはDDの時点から並

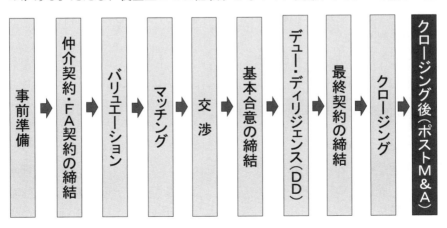

47

第1章　中小M&Aとは

行して調査・調整を行うものや、譲渡契約締結後、クロージング前から進めて
おかないと事業承継に支障を来すものも多いので注意が必要である。

- ・役員、従業員への周知や取引先への連絡
- ・役員変更のための会社法上の手続や登記
- ・リース契約、ライフラインやインターネット等の契約、賃貸借契約の名義
  変更
- ・取引先との各種契約の名義変更や条件変更（売掛金入金口座の変更を含む）
- ・金融機関との金銭消費貸借契約等に関する名義変更や保証人の変更
- ・ライセンス契約等の承継（いわゆるチェンジ・オブ・コントロール条項が多
  い類型の契約で、実際にはもっと前の段階での調整が必要であることが多い）
- ・業務内容の引継ぎまたは譲受側にあわせた変更、これに伴う役員・従業員
  の研修や習熟
- ・勤怠管理、給与体系、人事管理などの統一・調整

特に取引先との関係で、クロージング後も譲受側が一定程度関与せざるを得
ない場合もある。例えば、対象会社に対する取引先からの入金が、取引先の都
合で一定期間変更できない場合等に、譲渡側が受領し、それを譲受側に送金す
るといったことである。

このような場合は、クロージング後も双方が協力して金銭の流れの透明化に
努め、一定期間ごと、あるいは最後の段階で、精算に関する合意書を別途締結
することもある。

また、そもそも主要な取引先を承継できないと、M&A自体が暗礁に乗り上
げる可能性もある。

こうした作業にはある程度時間を要するため、本来は退任・退職予定である
譲渡側の役員や従業員が、一定期間残留して対応にあたる例も多い。

2　弁護士による支援

中小M&Aに限らないが、M&Aを円滑に進めるにはM&Aの相手方となる企
業の探索だけでなく、法律、会計、税務をはじめ、各分野の専門知識が不可欠
である。特に、M&Aのスキームの選択、選択したスキームの実行において
は、各種法律の検討やDDにおける法務リスクの洗い出し、これを反映した契

約書の作成、取締役会や株主総会の対応が不可欠であり、この観点から、M&Aにおいては弁護士による支援が不可欠といってよい。詳しくは第2章で述べるので、ここでは簡単に触れておく。

(1) 譲渡側（売り手）への支援

どの段階から弁護士が関与するかにもよるが、準備段階からクロージング、さらにはクロージング後の各段階で弁護士の役割は大きいといえる。

ア 準備段階

顧問弁護士などであれば、M&Aに関する初期相談の段階から関与することも多いと思われる。どのようなスキームが考えられるか、譲渡対象となる資産の洗い出し、資金繰りの見通し、譲受側候補の探索の方法など、具体的な手続の流れを組み立てていく作業には法的知識の裏付けが必要である。

また、M&Aの実施に際しては株主総会決議など会社法上の手続が必要となるところ、例えば一部の株主の所在が不明であったり、そもそも株主名簿が整備されておらず、株主の数自体が不分明であったりするなど、M&Aを進めるうえで支障となる事項を発見、対応することも重要な役割である。

なお、債務超過の企業の場合など、事業譲渡などの手続と破産、民事再生、会社更生等の倒産手続を組み合わせることもある。例えば、ある企業が運営する事業の中で、継続可能な事業のみを譲り渡し、残りの事業は破産手続を利用して清算する場合である。このような場合はより高度な専門性が要求されるため、弁護士が必須である。

イ 仲介契約・FA契約の締結

上記1(2)で述べたように、報酬体系をはじめ、契約書のチェックが重要な段階であり、弁護士の専門性が発揮できる局面である。

ウ バリュエーション

どちらかというと公認会計士などの専門分野であるイメージが強いが、評価の対象となる事実関係の把握において弁護士が関与することが正確な評価につながり、ひいては中小M&Aの手続全体を円滑に進めることに資する。

エ マッチング

仲介者・FAに依頼できる案件では弁護士が関与しない部分も多いが、具体的な譲渡先候補の属性や条件等を踏まえたうえでの採用し得る法的スキームの

第1章　中小M&Aとは

検討には弁護士の関与が必須といってよい。また、費用等の関係で仲介者・FAに依頼できないような場合もあり、このような場合は売り手側経営者と弁護士とが一緒になって譲受側候補の探索を行うこともある。

　オ　交　渉

　M&Aのスキームの選択や当該スキームに係る諸条件を検討する場面であり、弁護士の法的知識が必須といってよい。

　カ　基本合意の締結

　合意書の作成、検討は極めて重要であるが、同時に、その後の進行も踏まえた法的な観点からの分析が必要であり、弁護士の関与が必須である。

　キ　D D

　DDは主として譲受側が行うことが多いが、譲受側からの要請事項を整理し、わかりやすい形で譲渡側の経営者等に伝える役目を弁護士が担うことが多い。このように弁護士が関与することで、DDの対象となる資料の提供や探索が容易になり、円滑な進行に資する。

　ク　最終契約の締結

　上記1 (8)のとおり、M&Aの流れにおける最重要段階であり、基本合意を踏まえた内容の検討、DDの結果判明した事項の反映、クロージングを見据えた諸手続の整理など、弁護士の関与が最も求められる段階である。

　ケ　クロージングおよびクロージング後

　上記1 (9)のとおり、事業譲渡の完遂に向けた各種手続が予定されており、具体的な個々の手続において弁護士が助言することが求められている。

(2)　譲受側（買い手側）への支援

　譲受側における弁護士の支援も、基本的には(1)の譲渡側と類似するが、譲渡側と比較して、譲受側の弁護士がより労力をかけて深く関与するのがDDである。譲受側にとっては、譲渡側企業が抱える法的なリスクに少なからず影響を受けるため、DDにおいて法的なリスクの有無を調査することは極めて重要である。

　ここで大きな法的リスクが判明した場合には、その時点でM&Aが中止となることもあるし、逆に、十分に調査・検証ができていない法的リスクがある場合、クロージング後に大きな問題となる可能性がある。その意味で、M&Aの

50

成否を分けるといっても過言ではなく、譲受側としても最も費用と労力をかけるポイントでもある。

　法務DDの対象となるのは株式・会社組織、重要な契約、資産および負債、人事・労務、訴訟・紛争、許認可・コンプライアンス・環境問題等の分野であり、具体的な資料としては、定款、株主名簿、組織図、各種契約、資産、賃金台帳、出退勤記録、訴訟資料など多種多様な資料である。よほど小規模な企業であってもある程度のボリュームになることから、譲受側の弁護士は相応の労力と時間をかけてDDを行うのが通常である。

　そして、法的なリスクが判明した場合、かかるリスクに対してどのように対処することができるのかを分析・評価できるのも弁護士である。

　また、そうしたリスクを踏まえての表明保証条項の整備など、基本合意および最終契約への弁護士の関与も重要性が高い。

（3）　仲介者・FAとしての支援

　上記(1)(2)はいずれも弁護士としての譲渡側・譲受側それぞれの立場における支援内容を解説したが、弁護士が仲介者・FAを兼務することも可能であり、案件によっては弁護士がそのような関与をするほうが適切である場合も少なくない。例えば、独立した仲介者・FAに依頼するにはある程度の費用がかかるが、そのような費用が負担できない場合もある。また、経営不振、さらには債務超過の状況で、仲介者やFAに依頼する時間的余裕がないこともある。

　しかし、このような場合であっても、仲介者・FAが担当する業務要素が全くなくなるわけではないので、必然的に、弁護士がこうした役割も担わざるを得ないこともある。

　さらに、このように必要に迫られる場合だけでなく、規模の大小にかかわらず、弁護士が仲介者・FAも兼務することで、ワンストップかつ総合的なサービス提供が可能となる案件もあるだろう。

　この意味で、弁護士がM&Aに関与する場合、単に法的な観点からの検討・助言にとどまるのではなく、仲介者・FAが担当する業務分野についても一定の知見を有しておくべきであるし、上記のとおり、弁護士自らが仲介者・FAを兼務することで、より充実したサービスの提供が可能となる。

第1章　中小M&Aとは

3　他の支援機関との連携

　中小M&Aにかかわる業務は、いずれも高い専門性が要求され、しかも分野自体も多岐にわたる。このため、例えば弁護士の支援だけで中小M&Aを完結させることができる場合はまれであると思われ、必要に応じて、他の士業専門家、M&A専門業者、事業承継・引継ぎ支援センターや中小企業活性化協議会等の公的機関と連携して業務を進める必要がある。

（1）　他士業

　中小M&Aにおいては、公認会計士、税理士、司法書士、社会保険労務士、中小企業診断士等との連携が重要である。財務・税務に関しては公認会計士や税理士、登記関係は司法書士、人事・労務に関して社会保険労務士など、各分野を得意とする士業専門家との連携が欠かせない。また、中小企業診断士は、中小M&Aの全過程を通じて金融機関とのパイプ役、事業計画策定の支援など総合的なサポートを行う。

（2）　M&A専門業者

　事案にもよるが、時間的・物理的な制約も考慮すると、特に譲受側候補の探索には、普段から広い人脈とネットワークを有しているM&A仲介業者への依頼が有用である。

（3）　事業承継引継ぎ支援センター

　経済産業省の委託を受けた機関（都道府県商工会議所、県の財団等）が実施する事業である。具体的には、中小M&Aのマッチングおよびマッチング後の支援、従業員承継等に係る支援に加え、事業承継に関連した幅広い相談対応を行っている。窓口には、金融機関OBや士業専門家など、中小M&Aに知見のある者が常駐している。

（4）　金融機関

　中小企業と日頃から付き合いのある金融機関との連携も重要である。M&Aに際しての金融支援のほか、独自ネットワークを活かして譲受側候補の探索を依頼できる場合もある。また、自身でM&A仲介業務を行う金融機関もある。

Chapter **2**

弁護士による
中小M&Aの支援

第2章　弁護士による中小M&Aの支援

　第1章で述べたとおり、中小企業のM&Aについては、中小企業庁が「中小M&Aガイドライン（第3版）」（令和6年8月改訂）を策定している。同ガイドラインには、株式譲渡契約書、事業譲渡契約書等の契約書のひな型もあり、参考になる。中小M&Aガイドラインのメインターゲットは、後継者不在の中小企業（売り手）である。

　ほかにも中小企業庁が策定しているガイドラインには、M&Aだけでなく親族内承継や従業員承継も含めた事業承継の手引きである「事業承継ガイドライン」、買い手をメインターゲットとした「中小PMIガイドライン」がある。

　本章では、これらのガイドラインを参考にしつつ、弁護士による中小M&Aの支援内容について解説する。その際、弁護士による中小M&Aの支援内容は、売り手側を支援する場合と買い手側を支援する場合とで異なるので、両者を別の項目とする。なお、中小M&Aガイドラインでは、売り手側を「譲り渡し側」、買い手側を「譲り受け側」と表記しているが、本章では、それぞれ「売り手側」「買い手側」と表記する。

　また、M&Aを実施する場合に、当事者が、仲介者・FAを活用する場合がある（第1章Ⅲ（2）参照）。本章では、その場合の留意点やトラブル対応等についても、あわせて解説する。

I　弁護士による中小M&Aの支援内容

　中小M&Aの手続は、中小M&Aフロー図（〈図表2-1〉）記載の各工程を踏まえて進むことが多い。ただし、必ずしも厳格にすべての手続が要請されるものではなく、事案によって異なる。実際、売り手側の事業規模が小規模な場合には、より簡易な形で実施することが多くみられる。

　弁護士は、こうした実情を踏まえながら、売り手側または買い手側を支援していくことが求められる。

1　売り手側の支援内容

　弁護士の売り手側の主な支援内容としては、以下のものが考えられる。

① 　M&A実施の意思決定段階における、（1）早期かつ計画的な取組み、（2）見える化・磨き上げ、（3）株式・事業用資産等の整理・集約などの支援

I 弁護士による中小M&Aの支援内容

〈図表2-1〉 中小M&Aフロー図

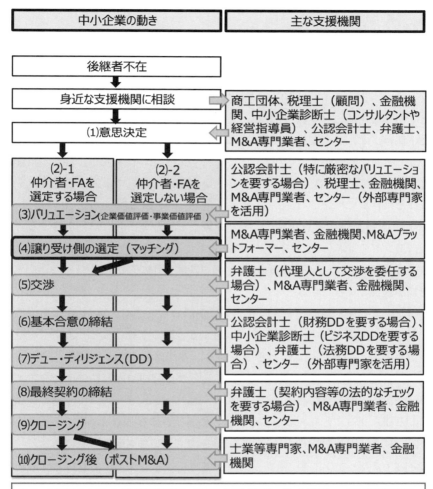

（中小M&Aガイドライン33頁）

② M&A実施の意思決定後における、(4) 各種契約書等の作成・リーガルチェック、(5) 経営者保証解除の円滑な実現に向けた支援

55

③　その他、(6) 債務超過企業に対する支援、(7) 他の支援機関との連携に関する支援

以下では、(1) から (7) の支援内容について、具体的にみていく。

(1)　早期かつ計画的な取組みに関する支援

個別のケースにより異なるが、通常、M&Aを希望する買い手側とのマッチングには、数か月～１年程度の時間を要することが見込まれることから、早期に、かつ計画的にM&Aに取り組むことが重要である。特に企業の業績が良くない場合には、資金繰りが尽きてしまい、身動きがとれなくなるおそれもあるので、早期の判断が求められる。しかし、売り手側の経営者が、日々の業務に追われる中で、中小M&Aを実行すべきかどうかについて単独で意思決定をすることは容易ではない。

そこで、M&Aの意思決定前こそ、弁護士を含む専門的な知見を有する各支援機関（商工団体、士業等専門家（公認会計士・税理士・中小企業診断士・弁護士等）、金融機関、M&A専門業者のほか、事業承継・引継ぎ支援センターなど）への相談が重要となってくる。

なお、取引先や従業員に意図せず情報が伝わることで、M&Aが頓挫してしまうおそれもあるため、中小M&Aに関する手続の全般にわたり、秘密を厳守し情報の漏えいを防ぐことが重要である。外部はもちろん、親族、社内の役員・従業員に対しても、M&Aについて知らせる時期や内容には十分注意する必要がある。最終契約締結前に、極秘に親族や幹部役員等のごく一部の関係者にのみ知らせることもあるが、それ以外の関係者に対しては、原則として可能な限りクロージング後（早くとも最終契約締結後）に知らせるべきである。

弁護士がM&Aの計画段階から売り手側を支援することはそれほど一般的ではないと思われるが、顧問先等のクライアントから計画段階で相談があった場合には、〈図表2-1〉のようなM&Aのフローを示しながら各工程における準備事項等を説明することが望ましい。また、弁護士が関与することが多いであろう法務デュー・ディリジェンス（DD）の知見を活かし、DDの場面で問題となり得る事項についてあらかじめ解決に向けたアドバイスや支援をすることも期待される。

(2)　見える化・磨き上げ

〈図表2-2〉 事業承継に向けたステップ

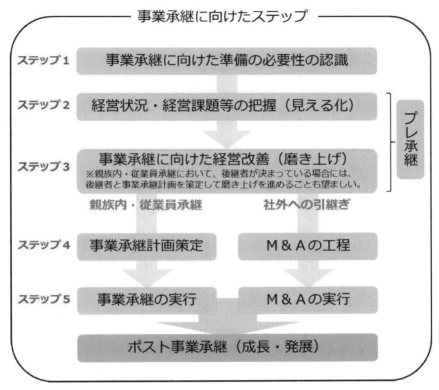

(事業承継ガイドライン31頁)

　一般に、事業承継においては、経営状況・経営課題等の現状把握(見える化)と、事業承継に向けた経営改善等(磨き上げ)が重要であるとされるが、中小M&Aの実行のためには、その中でも最低限、株式・事業用資産等の整理・集約が必要である。株式・事業用資産等の整理・集約については後述するとして、本項ではその他の見える化・磨き上げについて述べる。

　見える化・磨き上げとは、事業承継ガイドラインにおいて、事業承継を円滑に進めるための事前準備の段階で示されるキーワードである。

　見える化(経営状況・経営課題等の把握)とは、経営状況や経営課題、経営資源等の現状を正確に把握することから始まり、把握した自社の経営状況・経営課題等をもとに、現在の事業がどれくらい持続し成長するのか、商品力・開発

第2章　弁護士による中小M&Aの支援

力の有無はどうなのか、利益を確保する仕組みになっているか等を見直して自社の強みと弱みを把握し、強みをいかに伸ばすか、弱みをいかに改善するかの方向性を見出す作業である。

見える化の対象としては以下の事項があげられる。

① 会社組織に関する事項

株式譲渡制限の有無、株主総会・取締役会が適法に開催されているか、名目上の株主・役員の有無、退職慰労金規定の有無など

② 従業員に関する事項

就業規則、給与や退職金規程等の規則類

③ 取引先や金融機関に関する事項

④ 業法に関する事項

⑤ 資産に関する事項

経営者所有の不動産で会社事業に利用しているもの、会社借入れに際しての経営者の担保提供、経営者と会社との間の賃借関係、経営者保証など

事業の磨き上げについては、本業の競争力強化や、経営体制の総点検等があげられるが、特に経営体制の総点検のうち、株主構成や経営権に関する問題、生産面や営業面における取引先との契約上の問題、人事面における労務上の問題については、弁護士が関与すべき内容と考えられる。

以上の見える化・磨き上げについては、弁護士の得意分野である法的課題の把握だけでなく、売り手側の会社全体が抱える経営上の課題を把握する必要がある。

この点につき、弁護士として、売り手側であるクライアントとの間には様々なかかわり方があり得ると思われるが、経営にかかわる事項についても、「事業価値を高める経営レポート」（独立行政法人中小企業基盤整備機構）、「知的資産経営報告書」（経済産業省の知的資産経営ポータルに報告書の開示事例がある）、「ローカルベンチマーク」（通称ロカベン。経済産業省）、「経営力向上計画」（中小企業庁）といった各種の経営分析のためのツールがあり、それらを売り手側経営者に紹介するとともに、クライアントから事情を聴取し、証拠関係を収集し、時系列に沿って事実を整理し、時にはクライアントの経営課題について壁打ちの相手となり、経営者自身では気づかない現状を客観的に整理し、経営者

Ⅰ　弁護士による中小M&Aの支援内容

自身が認識していない会社の強みに気づく一助となるような支援を弁護士として行うことも考えられる。

　この点、中小M&Aガイドライン[1]では、譲渡側経営者においては、「自社の事業を譲り受けてくれるような第三者はいないだろう」と考え、そもそも、中小M&Aを検討しようとすらしないケースが多くあるといわれるが、譲渡側経営者が気づいていなかったような事業の価値を譲受側が高く評価し、中小M&Aの成約に至るケースもある旨を指摘しているところ、例えば、高い技術力や優良な取引先との人脈・商流、優秀な従業員、地域内・業界内における知名度・ブランド・信用、業歴、業界内シェア、店舗網、知的財産権（特許権等）やノウハウ、事業分野の将来性、許認可等の外部からはわかりにくい要素が、買い手側にとって高い評価の対象となり得るので、これらの要素について売り手側経営者に気づきを与えるための支援をすることが考えられる。

(3)　株式・事業用資産等の整理・集約の支援

　ア　株　式

　株式が分散していたり、一部株主の所在が不明であったりする場合、中小M&Aを実行する際に重大な障害となるおそれがある。

　基本的に、総議決権の過半数の株式があれば株主総会決議は可決することができるが（会社法309条1項）、特に重要な事項（例えば、全事業の譲渡）については特別決議（出席株主の議決権の3分の2以上の賛成が必要な決議）が必要となるため（同条2項）、これを確実に可決できるように総議決権の3分の2以上の株式を保有しておくことが望ましい。

　また、仮に売り手側経営者が買い手側に対して会社の全株式を譲渡する場合（株式譲渡）には、基本的に、売り手側経営者が全株式を保有しておく必要がある。

　株主名簿が正しく整備されているか、実際に出資していない親族・知人等の名義になっている株式（いわゆる名義株）がないか、株券発行会社の場合は株券が適切に管理されているか（会社法128条）といった点も確認が必要である。

　この点、平成2（1990）年の商法改正前は、株式会社設立にあたり、7人以

―――――――――

1　中小M&Aガイドライン30頁。

上の発起人が必要であり、かつ各発起人が1株以上の株式を引き受ける必要があったため、他人の承諾を得て、他人名義を用いて株式の引受け・取得がなされるケースが存在した（いわゆる名義株）。このようなケースでは、M&Aを実施するにあたって、当該他人（名義株主）と実質的な株主の間で、株主たる地位や配当等の帰属を争う紛争が生じないよう、実質的な株主への株主名簿の名義書換等を進めておく必要がある。その際には、例えば事前に名義株主と実質的な株主の間で株主たる地位等について確認する合意を締結しておく等の方策が考えられる。

なお、所在不明株主（株主名簿に記載はあるものの会社から連絡がとれなくなり、所在が不明になってしまっている株主）に関しては、都道府県知事の認定を受けることおよび所要の手続を経ることを前提に、所在不明株主からの株式買取り等に要する期間を短縮する特例が新設された（令和3年8月施行）。

会社法上、株式会社は、株主に対して行う通知等が「5年」以上継続して到達しない等の場合、当該株主（所在不明株主）の有する株式の買取り等の手続が可能であるが（会社法197条）、非上場の中小企業者のうち、事業承継ニーズの高い株式会社に限り、経済産業大臣の認定を受けることと一定の手続保障を前提に、この「5年」の期間を「1年」に短縮する特例が創設された（中小企業経営承継円滑化法12条1項1号ホ、15条）。

〈図表2-3〉 株式会社が所在不明株主から非上場株式を買い取る場合

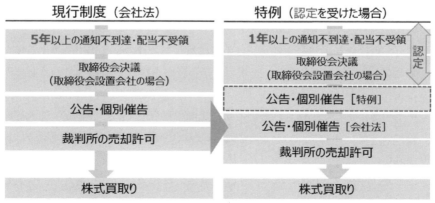

（中小企業庁「中小企業経営承継円滑化法申請マニュアル「会社法特例」（所在不明株主の株式の競売及び売却に関する特例）（令和6年3月）」3頁）

その他、相続人に対する株式売渡請求（会社法174条。定款でその旨を定めることが必要）、特別支配株主による株式等売渡請求（同法179条以下。特別支配株主（総株主の議決権の90％以上を有する者）が可能）や株式併合（同法180条。株主総会の特別決議を要する）を利用する等して株式を売り手側経営者に集約する方法（いわゆるスクイーズ・アウト）もある。

スクイーズ・アウトにおける株式の対価については、少数株主との間でトラブルになりやすいため、対価の相当性については事前に検討をしておく必要がある。

イ　事業用資産

重要な事業用資産等（不動産や機械設備等）について、第三者名義である、担保権が設定されている、遺産分割の対象として争われている、第三者との間で係争中の物件である等の場合、M&A後の事業継続に支障が生じ得るため、これらについても確認が必要である。

また、中小M&Aにおいては、家族経営の企業が多いことから、売り手側の会社の財産と経営者個人の財産が明確に分離されていないケースも多い。そのようなケースでは、買い手側が、対象会社が当該財産を取得することをクロージングの前提条件として要求したりするなど、譲渡する事業用資産等を買い手側にスムーズに譲り渡せないこともある。これらの整理を最終契約後に実施する場合、最終契約の段階で合意した内容に大きく変更が生じ、争いに発展するリスクがある。そのため、最終契約前に明確に区別して整理・集約を行うことが望ましい。最終契約後に整理する部分が残る場合であっても、最終契約前に確実に対象となる資産を特定のうえ、最終契約において各資産の移転方法・譲渡額を具体的に明記することが重要である。

(4)　契約書等の作成・リーガルチェック

中小M&Aにおける各種の契約書の作成・リーガルチェックについては、第3章にて詳細に解説するが、本項ではその概要を述べる。

ア　M&Aの取引手法についての検討

中小M&Aにおいて、よく利用されている手法として、株式譲渡、事業譲渡があげられる。具体的な案件ごとにそれぞれの手法のメリット・デメリットを検討し適切な手法を選択する必要がある。

〈図表2-4〉 株式譲渡

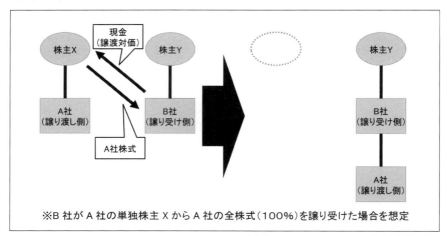

（中小M&Aガイドライン参考資料１）

　株式譲渡は、売り手側の支配株主が売主、買い手側が買主となり、対象会社の株式を売却する売買契約である。

　株式譲渡のメリットとして、売り手側の株主が変わるだけで、法人格に変更はなく、会社組織はそのまま引き継ぐ形となり、対象会社の資産、負債、従業員との雇用契約や社外の第三者との契約、許認可等は原則存続することがあげられる。

　また、①対象会社が株券発行会社である場合、売主から買主への株券の交付が必要である（会社法128条）、②譲渡制限株式を譲渡する場合には、対象会社の取締役会の譲渡承認手続が必要である（同法139条）、といった手続があげられるが、他の手法に比べれば相対的に簡便であるといえる。

　他方、デメリットとして、通常、対象会社の全株式を譲渡することを求められるため、売り手側で株式を集約させる必要があることがあげられる。また、買い手側は、売り手側の簿外債務（未払残業代等）や偶発債務について、経営責任を負うことになる。取引先との契約についていわゆるチェンジ・オブ・コントロール条項（M&Aの実行が契約違反、解除事由、期限の利益喪失事由等となるような条項）の定めがある場合には、当該契約等の継続のために事前に取引先との協議や交渉が必要になることがある。

〈図表2-5〉 事業譲渡

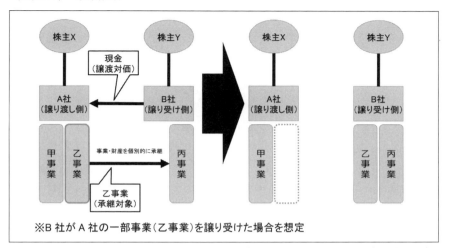

（中小M&Aガイドライン参考資料１）

　事業譲渡は、対象会社が売主となり、買い手側に対し、事業の全部または一部を売却する売買契約である。

　事業譲渡のメリットとして、買い手側にとって、特定の事業・財産のみを譲り受けることができるため、簿外債務・偶発債務のリスクを遮断しやすいことがあげられる。

　他方、デメリットとして、資産、負債、契約および許認可等を個別に移転させるため、債権債務、雇用関係を含む契約関係を個別に承継する手続が必要となることがあげられる。また、許認可等は買い手側に承継されないことが多く、新規に取得する必要がある。さらに、株式譲渡と比較すると手続が煩雑である。

　　イ　M&A仲介契約書・FA契約書

　中小M&Aに取り組むにあたって、売り手側が、仲介者・FA（フィナンシャル・アドバイザー）を選定する場合がある。この場合、売り手側（株式譲渡の場合は株主、事業譲渡の場合は対象会社）は、仲介者・FAと仲介契約・FA契約を締結する。

　仲介者とは、売り手側・買い手側の双方との契約に基づいてマッチング支援等を行う支援機関をいい、一部のM&A専門業者がこれに該当する。これに対

第2章　弁護士による中小M&Aの支援

し、FAとは、売り手側または買い手側の一方との契約に基づいてマッチング支援等を行う支援機関をいい、一部のM&A専門業者などがこれに該当する。

仲介者・FAの選定にあたっては、業務形態や業務範囲・内容、契約期間、報酬体系、M&A取引の実績等を確認したうえで、複数の仲介者・FAの中から比較検討して決定することが重要である。例えば、クロージング後の両当事者間の紛争については、基本的には仲介者・FAによる役務提供は終了していることや、紛争解決への関与・支援は非弁行為に該当する可能性があることから、仲介者・FA による支援に限界があることや、M&Aが完了した後に相手方企業の問題点が発覚した場合など、仲介者やFAに対する損害賠償請求等を検討し得るものの、一般的に、仲介者・FAの業務はクライアントに対するアドバイスにとどまるものであるから、仲介者・FAの法的責任を追及することは相当程度ハードルがあるものと思われる。

したがって、仲介者・FAの選定は慎重に行うことが重要になってくるのであり、弁護士としては、仲介契約・FA契約のリーガルチェックはもちろん、場合によっては、売り手側の代理人として仲介者・FAと契約内容等について交渉し、売り手側が適切な仲介者・FAを選定できるよう支援することが求められる。その際、〈図表2-8〉仲介契約・FA契約締結時のチェックリストが参考になる。

なお、中小M&Aガイドラインでは、M&A専門業者（仲介者・FA）に対する一定の行動指針を定めている（詳細は後記Ⅲ参照）。

〈図表2-6〉　仲介契約とFA契約

	仲介契約	FA契約
スキーム	仲介事業者／仲介契約・仲介契約／譲渡側→事業承継→譲受側	FA事業者・FA事業者／FA契約・FA契約／譲渡側→事業承継→譲受側
特　徴	・ 双方の意向が分かるため、両当事者の意思疎通が容易になり、円滑な手続が期待できる。 ・ 利益相反のリスクあり。	・ 一方当事者のみと契約を締結しており、契約者の利益に忠実な助言・指導等が期待できる。
活用ケース	・ 双方の意思疎通を重視して円滑に手続を進めることを意図する場合 ・ 単独で手数料を支払う余力が少ない場合	・ 譲り渡し側又は譲り受け側が金銭的利益の最大化を特に重視する場合 ・ 単独で手数料を支払う余力がある場合

Ⅰ　弁護士による中小M&Aの支援内容

〈図表2-7〉　仲介者・FAの比較

形態	契約の相手方等	特徴	活用例
仲介者	譲り渡し側・譲り受け側の双方と契約を締結する。双方から手数料の支払を受けることが通常である。	譲り渡し側・譲り受け側双方から依頼を受けているため、いずれか一方の利益のみを優先的に取り扱うことはできないものの、双方の意向を一元的に把握し、双方の共通の目的であるM&Aの成立を目指し、助言や調整を行う。	譲り渡し側・譲り受け側が、自社にとって最も有利な条件（例えば、譲渡額の最大化・最小化等）でM&Aを成立させることだけを重視するのではなく、仲介者が双方とそれぞれコミュニケーションをとることを通じて円滑に手続を進めることを重視する場合
FA	譲り渡し側・譲り受け側の一方と契約を締結する。その一方から手数料の支払を受ける。	一方当事者のみから依頼を受けているため、依頼者の意向を踏まえて、依頼者にとって有利な条件でのM&Aの成立を目指し、助言や調整を行う。	譲り渡し側・譲り受け側が、自社にとって最も有利な取引条件でM&Aを成立させることを重視する場合のほか、自社の関係者（債権者、株主等）との関係で、譲渡額をはじめ最も有利な取引条件でのM&Aの成立を目指す必要がある場合（例えば以下のとおり） ・　譲渡額の最大化を特に重視し、厳格な入札方式（最も有利な条件を示した入札者を譲り受け側とする方式）による譲り渡しを希望する場合（例えば、債務整理手続を要する債務超過企業のM&Aの場合等） ・　経営者が、株主等に対し、最善のM&Aをしたと合理的に説明できるよう、支援機関の選定においても利益相反のおそれが生じない機関を選定する等、一定の配慮をする必要がある場合

（中小M&Aガイドライン42頁）

65

第2章　弁護士による中小M&Aの支援

〈図表2-8〉　仲介契約・FA 契約締結時のチェックリスト

☑	チェック事項	本文
☐	契約の締結に当たり、中小 M&A に関する希望条件を、明確に伝えたか。	仲介契約・FA 契約の締結
☐	譲り渡し側・譲り受け側の双方から受任する仲介者と、譲り渡し側・譲り受け側いずれかのみから受任するFAの違いを理解しているか。その上で、本件では仲介者と FA のいずれに該当するかを確認したか。 ※仲介者の場合は、譲り渡し側・譲り受け側の双方に対し手数料を請求することが通常である。	業務形態
☐	業務範囲はどの工程か。具体的な業務の内容は何か。 例：譲り渡し側・譲り受け側のマッチングまで支援する。具体的には〇〇のような方法で支援する。	業務範囲・内容
☐	手数料はどのような基準で算定し、どのタイミングで支払う必要があるのか。また、最低手数料は設けられているのか。 例：本件では、着手金・月額報酬・中間金は請求せず、成功報酬のみ請求する。成功報酬額は純資産額を基準に算定し、〇〇円未満の場合には最低手数料〇〇円を請求する。	手数料の体系
☐	秘密保持条項は設けられているか。譲り渡し側・譲り受け側が秘密を守る義務を負っているか。その場合、どのような情報の秘密を守る必要があるのか。また、特定の者への情報の共有は許されているのか。 例：本件取引の内容や交渉の経緯は秘密である。ただし、弁護士等の士業等専門家や公的相談窓口である事業承継・引継ぎ支援センターに必要な情報を共有することは許される。	秘密保持
☐	マッチング支援等において並行して他の仲介者・FA への依頼を行うことを禁止する条項（専任条項）は設けられているか。士業等専門家等にセカンド・オピニオンを求めることは可能か。	専任条項
☐	契約期間はいつまでか。中途解約に関する条項はあるか。（専任条項が設けられている場合）いつまで専任条項が有効か。	
☐	M&A の相手方となる候補先と、仲介者・FA を介さずに直接、交又は接触することを禁止する条項は設けられているか。直接交渉が禁じられる相手方候補先の範囲に関して、「自ら候補先を発見しないこと」や「自ら発見した候補先と直接交渉しないこと	直接交渉の制限に関する条項

66

	（自ら発見した候補先を相手方とする M&A の支援を依頼するような場面を想定）」を了解していないにもかかわらず、これらの活動が禁止されるような内容になっていないか。交渉・接触の目的が候補先との間の M&A 取引に関するものに限定されているか。条項の有効期間は仲介契約・FA契約の契約期間と一致しているか。	
☐	M&A 未成立で仲介契約・FA 契約が終了した後、一定期間内に譲り渡し側が M&A を行った場合に、その仲介者・FA が手数料を請求できることとする条項（テール条項）は設けられているか。その期間は2年～3年以内か。対象となる M&A は、その仲介者・FA が実際に紹介してきた譲り受け側との M&A に限定されるか。	テール条項
☐	仲介者・FA の一定の関与により依頼者に損害が発生した場合における法令上の損害賠償責任について、その要件や賠償すべき損害の範囲等を修正する条項が設けられているか。損害が発生した場合に、仲介者・FA に適切に負担を求めることができる内容となっているか。	責任（免責）に関する事項

（中小M&Aガイドライン参考資料6）

【書式例2-1】　M&A仲介業務委託契約書

M&A 仲介業務委託契約書

　【譲り渡し側株主】（以下「甲」という。）及び【仲介者】（以下「乙」という。）は、甲が株主となっている【譲り渡し側（株式会社）】（代表者：〇〇、本店所在地：〇〇。以下「対象会社」という。）に関する M&A 取引（株式の譲渡及び取得、事業譲渡及び譲受、増資の引受け、合併、株式交換、会社分割、資本業務提携等の取引をいい、以下「本件取引」という。）に関し、乙が甲に対し仲介・斡旋その他の業務を提供することについて、以下のとおり契約（以下「本契約」という。）を締結する。

第1条（本件取引に関する仲介・斡旋等の業務の依頼）
　　甲は、甲又は対象会社が、本件取引の相手方候補となる者（以下「候補先」という。）との間で本件取引を行うことに関して、乙に対して、以下の各号に定める仲介・斡旋その他の業務（以下「本件サービス」という。）を依頼し、乙は、必要に応じ本件サービスを実施する。ただし、乙は、甲又は対象会社の代理人として法律行為を行うことはないものとする。
① 候補先の紹介及び斡旋
② 候補先の業務、財務及び経営戦略に関する情報の提供

第2章　弁護士による中小M&Aの支援

③　甲が本件取引の是非を検討及び決定するに際しての助言及び補助
④　候補先又はその親会社若しくは株主に対する本件取引の提案
⑤　本件取引の交渉への立会い
⑥　本件取引のスキーム、価格その他取引条件にかかる助言
⑦　本件取引の推進に必要な資料、企業概要書、諸手続及びスケジューリング
　　等にかかる助言並びに補助
⑧　その他前各号に付随するサービスの提供

第2条（専任条項）

1　　甲は、本契約の有効期間中、本件サービス及びこれに類似する業務を乙以
　　外の第三者に依頼しないものとし、また対象会社をしてこれを第三者に依頼さ
　　せないものとする。

2　　前項にかかわらず、甲は、特段の理由がない限り、乙に事前に予告した上で、
　　第4条第2項第2号及び第3号に定める者に対し、本件取引に関する一切の相
　　談を行うことができる。

> 注：専任条項は実務上多く見られる一方、第2項に定める者の範囲について
> 　　は、セカンド・オピニオンの必要な場合を想定し、当事者間において認識を
> 　　共有する必要がある。

第3条（直接交渉の制限）

　　　甲は、乙の事前の承諾なく、本件取引に関して、候補先（乙が関与又は接触し、
　　甲に対して紹介した者に限る。）又はその代理人に接触しないものとし、また対象
　　会社をして同様の行為をさせないものとする。

> 注：直接交渉の制限に関する条項は実務上多く見られる一方、交渉（接触）の
> 　　目的、候補先の範囲を限定しない場合、通常の事業活動のために交渉や、
> 　　依頼者自身が候補先を発見する活動が妨げられるおそれがある。直接交
> 　　渉が制限される交渉の目的や候補先の範囲等について、当事者間におい
> 　　て認識を共有し、共有した内容が適切に契約書に反映されているか確認す
> 　　る必要がある。

第4条（秘密保持義務）

1　　甲及び乙は、(i)本件取引の検討又は交渉に関連して相手方から開示を受け
　　た情報、(ii)本契約の締結の事実並びに本契約の存在及び内容、並びに(iii)本
　　件取引に係る交渉の経緯及び内容に関する事実（以下「秘密情報」と総称す
　　る。）を、相手方の事前の書面による承諾なくして第三者に対して開示してはな
　　らず、また、本契約の目的以外の目的で使用してはならない。ただし、上記(i)
　　の秘密情報のうち、以下の各号のいずれかに該当する情報は、秘密情報に該

68

I　弁護士による中小M&Aの支援内容

当しない。

①　開示を受けた時点において、既に公知の情報

②　開示を受けた時点において、情報受領者が既に正当に保有していた情報

③　開示を受けた後に、情報受領者の責に帰すべき事由によらずに公知となった情報

④　開示を受けた後に、情報受領者が正当な権限を有する第三者から秘密保持義務を負うことなく正当に入手した情報

⑤　情報受領者が秘密情報を利用することなく独自に開発した情報

2　前項の規定にかかわらず、甲及び乙は、以下の各号のいずれかに該当する場合には、秘密情報を第三者に開示することができる。

①　自己（甲においては対象会社を含む。）の役員及び従業員に対し、本件取引のために合理的に必要とされる範囲内で開示する場合

②　弁護士、公認会計士、税理士、司法書士及びフィナンシャル・アドバイザーその他の秘密保持義務を負うアドバイザーに対し、本件取引のために合理的に必要とされる範囲内で開示する場合

③　裁判所、政府、規制当局、所轄官庁その他これらに準じる公的機関・団体（事業承継・引継ぎ支援センターを含む。）に対し、合理的に必要とされる範囲内で開示する場合

④　甲が本件取引に係る対象会社の債務等に関して負う個人保証について、当該個人保証の提供先となる金融機関等に対し、当該個人保証の扱いについて相談する目的のために、合理的に必要とされる範囲内で開示する場合（本件取引の成立前の相談を含む。）

3　甲及び乙は、本件取引が成約に至らなかった場合には、相手方より開示された秘密情報（その写しも含む。）を、相手方から返還請求があれば速やかに返還する。

4　第5条に定める本契約の有効期間にかかわらず、本条に定める秘密保持の義務は別段の定めがない限り、本契約の有効期間満了後3年間存続する。

> 注：本サンプルは、譲り渡し側との契約を前提としているが、譲り受け側との契約の場合、本条第2項④は不要。

第4条の2　（候補先に対する報酬等の開示）

甲は、甲が乙に支払う報酬に係る事項（第6条に定める報酬のほか、本契約に基づかない本件取引に係る報酬を含み、本契約締結後に報酬に係る事項に増額の変更があった場合には、変更後の事項を含む。）を、候補先に開示することに同意する。

> 注：仲介者には構造的な利益相反のおそれが存在するところ、これが顕在化することを防止する観点から、本ガイドラインにおいては仲介者に対し、一方当事者から受領する報酬について、もう一方の当事者（譲り受け側／譲り渡

69

第2章　弁護士による中小M&Aの支援

> し側）に開示することを求めている。これに関連する双方の依頼者からの同
> 意に係る条項である。なお、FA契約の場合は、本条は不要。

第5条（有効期間）

1　本契約の有効期間は本契約締結日から1年間とする。ただし、有効期間の満
　　了日の1週間前までに甲又は乙による特段の申出がない場合、本契約は、同
　　じ条件で更に1年間、自動的に延長されるものとする。
2　前項の規定にかかわらず、本契約は、本件取引の検討又は交渉が終了した
　　場合には、その時点で終了する。

第6条（報酬等）

1　甲は乙に対し以下の要領で報酬を支払う。

①　着手金
　　甲は乙に対し、(i)甲若しくは対象会社と候補先とが当事者面談を行い本件
　取引の検討を進めることを甲若しくは対象会社と候補先との間で確認した場合、
　又は(ii)甲若しくは対象会社と候補先との間で秘密保持契約を締結した場合に
　は、当事者面談後又は甲若しくは対象会社と候補先との間の秘密保持契約締
　結後〇日以内に、着手金として金〇〇円を支払う。着手金は本件取引が成就
　しなかった場合でも返還されないものとする（ただし、第7条第3項に規定する
　清算を行う場合を除く。）。

②　中間金
　　甲は乙に対し、甲又は対象会社と候補先との間で本件取引についての基本
　的な合意がなされた後〇日以内に、中間金として金〇〇円を支払う。中間金は
　本件取引が成就しなかった場合でも返還されないものとする（ただし、第7条第
　3項に規定する清算を行う場合を除く。）。なお、本条における基本的な合意と
　は、基本合意（基本合意書、覚書、確認書等、合意文書の名称は問わない。）
　の締結及び候補先から甲又は対象会社に対する意向表明書の差し入れを含
　む、デュー・ディリジェンス前になされる合意をいう。

③　成功報酬
　　甲又は対象会社と候補先との間で本件取引が実行された場合には、甲は乙
　に対し、本件取引の対価の価額（以下「譲渡価額」という。）に応じて、下記の表
　に従い、各階層の「基準となる価額」に「乗じる割合」をそれぞれ乗じて算出した
　金額を合算した合計額を、本件取引実行後〇日以内に、成功報酬として支払
　う。ただし、当該合計額が金〇〇円（以下「最低報酬」という。）未満となる場合
　には、最低報酬を支払う。なお、本項第1号及び前号に基づき支払済みの着手
　金及び中間金は、成功報酬から差し引くものとする。

記

I 弁護士による中小M&Aの支援内容

基準となる価額（円）	乗じる割合（%）
5億円以下の部分	5
5億円超10億円以下の部分	4
10億円超50億円以下の部分	3
50億円超100億円以下の部分	2
100億円超の部分	1

> 注：上記のうちいずれを採用するかは、各仲介者の個別の判断による。例えば、①着手金及び③成功報酬を採用する者もいれば、③成功報酬のみ採用する者もいる。また、最低手数料（最低報酬）を定める者もいる。なお、上記のような表に基づいて報酬額を算定する場合でも、「基準となる価額」や「乗じる割合」は各仲介者の個別の判断によるため、上記の価額・割合はあくまで一例である。上記のような表を用いることなく定額を請求する者もいる。

2　本件取引が実行されることなく本契約が終了した場合で、本契約終了後2年以内に甲又は対象会社と候補先（乙が関与又は接触し、甲に対して紹介した者に限る。）との間で本件取引が実行された場合には、第5条に定める有効期間にかかわらず、甲は乙に対し、本条第1項第3号の報酬を支払うものとする。

> 注：仲介者から紹介を受けた取引の話が一旦は不成立となった場合において、その後しばらくして当該仲介者の介在なし M&A 取引の話が復活して取引が成立したときは、一定の期間内についてのものは報酬が発生することを定めている。

3　甲が本条で定める報酬を支払う場合には消費税（本項においては、消費税及び地方消費税をいう。）額分として当該金額に消費税率を乗じて算出される金額を加算して支払う。

4　本条で定める報酬に加え、乙が本件サービスを遂行する上で要した費用のうち、甲の事前の了解を得た特別の事由（出張、外部への委託調査等）により出費が生じた場合には、甲は乙に対し当該費用を支払う。

第7条（解除）
1　甲は、本件取引の実行前に限り、いつでも本契約を解除することができる。
2　乙は、次のときには、本契約を解除することができる。
　　①　甲が、第6条に定める報酬のいずれかの支払を約定通り行わず、かつ、乙が相当の期間を定めて催告したにもかかわらず、これに応じなかったとき
　　②　甲が乙に対し虚偽の事実を申告し、又は事実を正当な理由なく告げなかったため、乙の本件サービスの処理に著しい不都合が生じたとき
3　第1項及び前項の規定により解除した場合には、本件サービスの業務実施の程度に応じて第6条記載の報酬及び費用の清算を行うこととし、業務実施の程

71

第2章　弁護士による中小M&Aの支援

度についての甲及び乙の協議結果に基づき、第6条に定める報酬及び費用の全部又は一部の返金又は支払を行うものとする。

第8条（乙の責任）
1　甲は、乙が行う助言等の採否の決定、本件取引に関する各種契約締結の決定及び本件取引に関する諸手続を、自らの判断で行い、かつ自ら契約締結行為をなすものとする。
2　乙は、本件サービスの実施について、甲に対し、善良な管理者の注意義務を負う。
3　乙は、本契約に基づき甲に対し一定の成果ないし効果の実現を保証し又は請け負うものではない。
4　乙は、次の利益相反行為を行わない。
①　候補先から追加で手数料を取得し、候補先に便宜を図る行為（甲のニーズに反したマッチングの優先的実施又は不当に低額（※）な譲渡価額への誘導等）
②　リピーターとなる候補先を優遇し、候補先に便宜を図る行為（甲のニーズに反したマッチングの優先的実施又は不当に低額（※）な譲渡価額への誘導等）
③　候補先の希望した譲渡額よりも高額（※）で本件取引が成立した場合、候補先に対し、正規の手数料とは別に、希望した譲渡額と成立した譲渡額の差分の一定割合を報酬として要求する行為
④　甲又は候補先より伝達を求められた事項を相手方に対して伝達しない行為、もしくは、甲又は候補先が実際には告げていない事項を偽って相手方に対して伝達する行為
⑤　甲にとってのみ有利又は不利な情報を認識した場合に、当該情報を甲に対して伝達せず、秘匿する行為

注：本サンプルは、譲り渡し側との仲介契約を前提としているが、FA 契約の場合は、本条第4項は不要。また、譲り受け側との仲介契約の場合、（※）部分については高低を逆とする必要がある。

第9条（準拠法・管轄）
1　本契約は、日本法に準拠し、これに従って解釈される。
2　本契約に関する一切の紛争（調停を含む。）については、〇〇地方裁判所を第一審の専属的合意管轄裁判所とする。

第10条（誠実協議）
甲及び乙は、本契約に定めのない事項及び本契約の条項に関して疑義が生じた場合には、信義誠実の原則に従い、誠実に協議の上解決する。

（以下、本頁余白）

本契約締結の証として本書2通を作成し、甲乙記名押印の上各1通を保有する。

〇〇年〇〇月〇〇日

甲
（住　所）
（氏　名）　　　　　　　　㊞

乙
（所在地）
（名　称）
（代表者）　　　　　　　　㊞

（中小M&Aガイドライン参考資料7）

　　ウ　秘密保持契約、基本合意書

　売り手側が、M&Aの実施を決定し、買い手側を選定した場合には、買い手側と取引条件等について交渉を開始することになる。その際、交渉に先立って売り手側と買い手側との間で秘密保持契約書を交わし、また、交渉の結果、おおむね条件合意に達した場合には、基本合意書を交わす場合がある。弁護士としては、これらの契約書の作成やリーガルチェックなどの支援をすることが求められる。

　　（A）　秘密保持契約（NDA）

　買い手側が、ノンネーム・シート（またはティーザー。売り手側が特定されないよう事業内容、沿革、資本金、売上等の業績その他の企業概要を簡単に要約した企業情報をいい、案件概要書とよばれることもある。買い手側に対して関心の有無を打診するために使用される）を参照して売り手側に関心を抱いた場合に、より詳細な情報を入手するために売り手側との間で締結される。

　売り手側や買い手側が仲介者・FAとの間で締結する場合に用いられることもある（仲介契約・FA契約の中で秘密保持条項として含められるケースが多い）。

73

第2章　弁護士による中小M&Aの支援

【書式例2-2】　秘密保持契約書

秘密保持契約書

　【譲り渡し側】（以下「甲」という。）及び【譲り受け側】（以下「乙」という。）は、甲に関する M&A 取引（株式の譲渡及び取得、事業譲渡及び譲受、増資の引受け、合併、株式交換、会社分割、資本業務提携等の取引をいい、以下「本件取引」という。）の可能性を検討するに際し、甲乙が相互に開示する情報等の秘密保持について、以下のとおり契約（以下「本契約」という。）を締結する。

第1条（秘密保持義務）
1　　甲及び乙は、(i)本件取引の検討又は交渉に関連して相手方から開示を受けた情報、(ii)本契約の締結の事実並びに本契約の存在及び内容、並びに(iii)本件取引に係る交渉の経緯及び内容に関する事実（以下「秘密情報」と総称する。）を、相手方の事前の書面による承諾なくして第三者に対して開示してはならず、また、本契約の目的以外の目的で使用してはならない。ただし、上記(i)の秘密情報のうち、以下の各号のいずれかに該当する情報は、秘密情報に該当しない。
① 　開示を受けた時点において、既に公知の情報
② 　開示を受けた時点において、情報受領者が既に正当に保有していた情報
③ 　開示を受けた後に、情報受領者の責に帰すべき事由によらずに公知となった情報
④ 　開示を受けた後に、情報受領者が正当な権限を有する第三者から秘密保持義務を負うことなく正当に入手した情報
⑤ 　情報受領者が秘密情報を利用することなく独自に開発した情報
2　　甲及び乙は、前項の規定にかかわらず、以下の各号のいずれかに該当する場合には、秘密情報を第三者に開示することができる。
① 　自己の役員及び従業員並びに弁護士、公認会計士、税理士、司法書士及びフィナンシャル・アドバイザーその他のアドバイザーに対し、本件取引のために合理的に必要とされる範囲内で秘密情報を開示する場合。ただし、開示を受ける者が少なくとも本条に定める秘密保持義務と同様の秘密保持義務を法令又は契約に基づき負担する場合に限るものとし、かかる義務の違反については、その違反した者に対して秘密情報を開示した当事者が自ら責任を負う。
② 　法令等の規定に基づき、裁判所、政府、規制当局、所轄官庁その他これらに準じる公的機関・団体（事業承継・引継ぎ支援センターを含む。）等により秘密情報の開示を要求又は要請される場合に、合理的に必要な範囲内で当

該秘密情報を開示する場合。なお、かかる場合、相手方に対し、かかる開示の内容を事前に（それが法令等上困難である場合は、開示後可能な限り速やかに）通知しなければならない。

③　甲の経営者等が本件取引に係る甲の債務等に関して負う個人保証について、当該個人保証の提供先となる金融機関等に対し、当該個人保証の扱いについて相談する目的のために合理的に必要とされる範囲内で開示する場合（本件取引の成立前の相談を含む。）

3　甲及び乙は、相手方より開示された秘密情報（その写しも含む。）を、相手方から返還請求があれば速やかに返還する。

4　第3条に定める本契約の有効期間にかかわらず、本条に定める秘密保持の義務は別段の定めがない限り、本契約の有効期間満了後3年間存続する。

第2条（損害賠償）
　　　情報受領者が本契約上の義務に違反したことにより、情報開示者が損害を被った場合、情報受領者は、情報開示者に生じた損害（合理的な範囲の弁護士費用を含む。）を賠償しなければならない。

第3条（有効期間）
　　　本契約の有効期間は、本契約締結日より2年間とし、有効期間満了までに何れの当事者からも解約の申し出がない場合には、更に1年間延長し、以後も同様とする。

第4条（準拠法及び管轄裁判所）
　1　本契約は、日本法に準拠し、これに従って解釈される。
　2　本契約に関する一切の紛争（調停を含む。）については、〇〇地方裁判所を第一審の専属的合意管轄裁判所とする。

第5条（誠実協議）
　　　甲及び乙は、本契約に定めのない事項及び本契約の条項に関して疑義が生じた場合には、信義誠実の原則に従い、誠実に協議の上解決する。

（以下、本頁余白）
本契約締結の証として本書2通を作成し、甲乙記名押印の上各1通を保有する。

〇〇年〇〇月〇〇日

第2章　弁護士による中小M&Aの支援

```
┌─────────────────────────────────────────────┐
│                                               │
│              甲                                │
│            （所在地）                           │
│            （名　称）                           │
│            （代表者）                    ㊞     │
│                                               │
│              乙                                │
│            （所在地）                           │
│            （名　称）                           │
│            （代表者）                    ㊞     │
│                                               │
└─────────────────────────────────────────────┘
```

（中小M&Aガイドライン参考資料7）

（B）　基本合意書

　当事者間の交渉によりおおむね条件合意に達した場合には、売り手側と買い手側との間で最終契約におけるスキーム（株式譲渡や事業譲渡といった手法）、デュー・ディリジェンス（以下「DD」という）前の時点における譲渡対価の予定額や経営者その他の役員・従業員の処遇、最終契約締結までのスケジュールと双方の実施事項や遵守事項、条件の最終調整方法等、主要な合意事項を盛り込んだ基本合意を締結することがある。

　基本合意書の条項には法的拘束力が認められないことが原則であるが、譲渡対価の予定額の有無、独占交渉権の有無、違約金の有無等基本合意書の記載内容によっては、両当事者の間でトラブルとなる可能性があるため、基本合意書の内容についても法的観点でチェックがなされることが望ましい。

【書式例2-3】　基本合意書

┌───┐

基本合意書

　【譲り渡し側（株式会社）】（代表者：〇〇、本店所在地：〇〇。以下「対象会社」という。）の株主【譲り渡し側株主】（以下「甲」という。）及び対象会社の株式の譲受希望者【譲り受け側】（以下「乙」という。）は、乙が対象会社の発行済株式の全部を甲より譲り受ける件（以下「本株式譲渡」という。）に関する基本的な事項について、以下のとおり合意した（以下「本合意」という。）。

第1条（目的）
　1　　乙は、〇〇年〇〇月〇〇日を期限に、対象会社の発行済株式の全部を譲り受ける意向を有し、甲はそれを了承した。

└───┘

2　　甲は、乙に対し対象会社株式を譲渡するものとし、改めて甲と乙の間で株式
　　　　譲渡契約（以下「最終契約」という。）を締結する。

第2条（承継対象財産及び個人保証解除）
　　1　　乙が最終契約により甲から承継する財産（以下「承継対象財産」という。）は、
　　　　甲が保有する、対象会社の発行済株式の全てである普通株式〇〇株とする。
　　2　　乙は、本株式譲渡に際し、対象会社の債務を対象会社の役職員が保証して
　　　　いる契約につき、当該保証が解除されるよう最大限努力する。

第3条（譲渡価額）
　　　　第2条第1項に規定する承継対象財産の対価（以下「譲渡価額」という。）は、
　　　金〇〇円を目途とする。ただし、正式な譲渡価額は、最終契約締結時に甲乙双
　　　方の協議により合意した金額とする。

第4条（デュー・ディリジェンス）
　　　　乙は、本合意締結の日から1か月間を目処に、対象会社の〇〇年〇〇月〇〇
　　　日時点における貸借対照表その他の事前開示資料の正確性及び妥当性等を検
　　　証するため、対象会社に対する調査（デュー・ディリジェンス）を行うことができる
　　　ものとし、甲はこれに協力するものとする。

第5条（独占的交渉権）
　　　　甲は、本合意の有効期間中は他のいかなる者との間でも、対象会社に係る
　　　M&A 取引（対象会社株式の譲渡及び取得、対象会社の事業譲渡及び譲受、増
　　　資の引受け、合併、株式交換、会社分割、資本業務提携等の取引をいう。）に関
　　　する交渉を行ってはならない。

第6条（善良な管理者の注意義務）
　　　　甲は、本合意締結後、最終契約締結までの間は、善良な管理者の注意をもっ
　　　て、対象会社の業務の執行及び財産の管理運営を行い、乙の事前の同意を得
　　　ずして、対象会社において次の各号に掲げる行為、その他対象会社の経営内容
　　　に重大な影響を与える行為をしてはならない。
　　　① 重大な資産の譲渡、処分、賃借権の設定等
　　　② 新たな借入れ実行その他の債務負担行為及び保証、担保設定行為
　　　③ 非経常的な設備投資及び仕入行為
　　　④ 非経常的な契約の締結及び解約、解除
　　　⑤ 非経常的な従業員の新規採用
　　　⑥ 増資、減資
　　　⑦ 前各号の他、日常業務に属さない事項

第2章　弁護士による中小M&Aの支援

第7条（秘密保持義務）
　1　　甲及び乙は、(i)本株式譲渡の検討又は交渉に関連して相手方から開示を受けた情報、(ii)本合意の締結の事実並びに本合意の存在及び内容、並びに(iii)本株式譲渡に係る交渉の経緯及び内容に関する事実（以下「秘密情報」と総称する。）を、相手方の事前の書面による承諾なくして第三者に対して開示してはならず、また、本合意の目的以外の目的で使用してはならない。ただし、上記(i)の秘密情報のうち、以下の各号のいずれかに該当する情報は、秘密情報に該当しない。
　　①　　開示を受けた時点において、既に公知の情報
　　②　　開示を受けた時点において、情報受領者が既に正当に保有していた情報
　　③　　開示を受けた後に、情報受領者の責に帰すべき事由によらずに公知となった情報
　　④　　開示を受けた後に、情報受領者が正当な権限を有する第三者から秘密保持義務を負うことなく正当に入手した情報
　　⑤　　情報受領者が秘密情報を利用することなく独自に開発した情報
　2　　甲及び乙は、前項の規定にかかわらず、以下の各号のいずれかに該当する場合には、秘密情報を第三者に開示することができる。
　　①　　自己（甲においては対象会社を含む。）の役員及び従業員並びに弁護士、公認会計士、税理士、司法書士及びフィナンシャル・アドバイザーその他のアドバイザーに対し、本合意の目的のために合理的に必要とされる範囲内で秘密情報を開示する場合。ただし、開示を受ける者が少なくとも本条に定める秘密保持義務と同様の秘密保持義務を法令又は契約に基づき負担する場合に限るものとし、かかる義務の違反については、その違反した者に対して秘密情報を開示した当事者が自ら責任を負う。
　　②　　法令等の規定に基づき、裁判所、政府、規制当局、所轄官庁その他これらに準じる公的機関・団体（事業承継・引継ぎ支援センターを含む。）等により秘密情報の開示を要求又は要請される場合に、合理的に必要な範囲内で当該秘密情報を開示する場合。なお、かかる場合、相手方に対し、かかる開示の内容を事前に（それが法令等上困難である場合は、開示後可能な限り速やかに）通知しなければならない。
　　③　　甲が本件株式譲渡に係る対象会社の債務等に関して負う個人保証について、当該個人保証の提供先となる金融機関等に対し、当該個人保証の扱いについて相談する目的のために合理的に必要とされる範囲内で開示する場合（本件株式譲渡の成立前の相談を含む。）
　3　　甲及び乙は、本株式譲渡が成約に至らなかった場合には、相手方より開示された秘密情報（その写しも含む。）を、相手方から返還請求があれば速やかに返還する。

Ⅰ　弁護士による中小M&Aの支援内容

　　4　　第9条に定める本合意の有効期間にかかわらず、本条に定める秘密保持の
　　　　義務は別段の定めがない限り、本合意の有効期間満了後3年間存続する。

第8条（法的拘束力）
　　　　本合意第1条ないし第3条における定めは、本合意時点における本株式譲渡
　についての甲乙間の了解事項の確認を目的とするものであり、何らの法的拘束
　力を有しない。

第9条（有効期間）
　　　　本合意は本合意締結の日より発効し、本合意が解除される場合又は最終契約
　の履行が完了した場合を除き、〇〇年〇〇月〇〇日までは有効に存続する。

第10条（準拠法・合意管轄）
　　1　　本合意は、日本法に準拠し、これに従って解釈される。
　　2　　本合意に関する一切の紛争（調停を含む。）については、〇〇地方裁判所を
　　　　第一審の専属的合意管轄裁判所とする。

第11条（誠実協議）
　　　　甲及び乙は、本合意に定めのない事項及び本合意の条項に関して疑義が生
　じた場合には、信義誠実の原則に従い、誠実に協議の上解決する。

（以下、本頁余白）
　本合意締結の証として本書2通を作成し、甲乙記名押印の上、各1通を保有する。

〇〇年〇〇月〇〇日
　　　　　　　　　　　　　　甲
　　　　　　　　　　　　　　（住　所）
　　　　　　　　　　　　　　（氏　名）　　　　　　　　㊞

　　　　　　　　　　　　　　乙
　　　　　　　　　　　　　　（所在地）
　　　　　　　　　　　　　　（名　称）
　　　　　　　　　　　　　　（代表者）　　　　　　　　㊞

（中小M&Aガイドライン参考資料7）

（5）　経営者保証解除の円滑な実現に向けた支援

　経営者が会社の金融債務等の保証人となっているケースは多い。このような
経営者保証は、売り手側経営者にとって重要な懸念事項であり、これを適正に

79

第2章　弁護士による中小M&Aの支援

処理することが中小M&Aの促進にも資するといえる。

　保証および担保の承継は事業承継時の大きな課題の1つであるが、経営者保証の課題や弊害を解消するため、日本商工会議所と一般社団法人全国銀行協会を事務局とする「経営者保証に関するガイドライン研究会」により、平成25（2013）年12月に「経営者保証に関するガイドライン」（以下「経営者保証ガイドライン」という）が策定された。また、経営者保証ガイドラインには、「事業承継時に焦点を当てた『経営者保証に関するガイドライン』の特則」という関連規定がある。

　経営者保証ガイドラインを活用することにより、保証債務を免除され自由財産以上の資産（一定期間の生計費や華美でない自宅等）を残せる方策を検討する必要がある。

　経営者保証ガイドラインでは、経営者の交代により経営方針や事業計画等に変更が生じる場合には、その点についてより誠実かつ丁寧に、対象債権者（中小企業に対する金融債権を有する金融機関等であって、現に経営者に対して保証債権を有する者）に対して説明を行うことが求められる（経営者保証ガイドライン6（2）①イ）。

　一方で、対象債権者は、前経営者から保証契約の解除を求められた場合には、前経営者が引き続き実質的な経営権・支配権を有しているか否か、当該保証契約以外の手段による既存債権の保全の状況、法人の資産・収益力による借入返済能力等を勘案しつつ、保証契約の解除について適切に判断することが求められる（経営者保証ガイドライン6（2）②ロ）。

　特に、「事業承継時に焦点を当てた『経営者保証に関するガイドライン』の特則」2項（3）によれば、事業承継において前経営者が実質的な経営権・支配権を保有しているといった特別の事情がない限り、対象債権者は保証契約の適切な見直しを検討することが求められる。ただし、正式な解除が、クロージングを経て登記簿上で代表者が変更された後に行う必要がある場合などは、事後的に金融機関等が経営者保証の解除が実施できるか審査することとなるが、買い手側の信用力が著しく低い場合等には円滑に解除が実施できないリスクがある。

　弁護士としては、以上のガイドラインの内容につき経営者に助言をするとと

80

もに、金融機関への説明資料の作成や金融機関との交渉を支援することが考えられる。

また、最終契約において、経営者保証の解除に協力する旨の規定を入れることも考えられる。具体的には、経営者保証の解除を買い手側の義務として定め、クロージングの前提条件として経営者保証の解除を設定する、または解除がなされなかった場合を想定した最終契約の解除条項や補償条項等を盛り込むことが重要である。経営者保証の解除をクロージングの条件として設定する場合については、具体的な条件として、①買い手側が、最終契約締結後・クロージング前に経営者保証の提供先の金融機関等から経営者保証の解除が実行できるか組織的な意向表明を取得すること、②当該意向表明の結果、経営者保証の解除の手続を進めることができる場合には、買い手側が、最終契約締結後・クロージング前に当該手続のうえで必要となる書面を経営者保証の提供先の金融機関等に提出するとともに、代表者の変更登記に係る必要書類を作成すること、を設定することが考えられる。そのうえで、万全を期す場合には、クロージング日に（必要に応じて金融機関等の同席の下で）代表者の変更登記の手続、経営者保証の解除の手続を同時に実施することが考えられる。

〈図表2-9〉 代表者の交代時における対応

	2022年度	2023年度
⑧ 旧経営者との保証契約を解除し、かつ、新経営者との保証契約を締結しなかった件数	5,759 (11.0%)	8,568 (17.0%)
⑨ 旧経営者との保証契約を解除する一方、新経営者との保証契約を締結した件数	24,845 (47.6%)	20,177 (40.1%)
⑩ 旧経営者との保証契約は解除しなかったが、新経営者との保証契約は締結しなかった件数	19,872 (38.1%)	20,146 (40.1%)
⑪ 旧経営者との保証契約を解除せず、かつ、新経営者との保証契約を締結した件数	1,672 (3.2%)	1,398 (2.8%)

金融庁「民間金融機関における『経営者保証に関するガイドライン』等の活用実績」

(6) 債務超過企業に対する中小M&A支援

債務超過企業であっても、買い手側にとって事業に魅力を感じられるような場合には、中小M&Aが実現する可能性が見込まれる。弁護士としては、後記アおよびイについて、法的観点からのアドバイス、各種交渉や法的手段の代理などによって売り手側を支援していくことが求められる。

　　ア　資金繰り

売り手側経営者からのヒアリング等を経て資金繰りへの懸念がある場合には、資金繰り表を作成のうえ、月次にとどまらず日次レベルまで資金繰りを具体的に把握し、資金ショートの時期を確認する必要がある。

例えば、金融機関への元金・利息、公租公課、仕入先への買掛金、従業員への給料等のいずれかの未払が生じている場合に、未払が生じたばかりであるのか、または、すでに内容証明郵便や督促状等を受領しているのか等を確認しておくことで、事業や信用の毀損が進行していないか、どの債権者との交渉等に重点をおく必要があるのか等を認識することが可能になる。

なお、信用保証協会等の公的機関や日本政策金融公庫等の政府系金融機関等を利用した資金調達が可能なケースもある。

イ　私的整理手続の検討

債務超過企業の中小M&Aにおいて、当該企業が金融機関からの借入等が多く、金融機関に対する債務（金融債務）の支払が資金繰りを圧迫している場合には、まずその元金等の支払の猶予（リスケジュール）を受け、裁判所の関与なしに、交渉により債務減免等に関する金融機関の同意を得ていく手続（私的整理手続）を検討することが望まれる。私的整理手続は、裁判所の関与下で行う債務整理手続（法的整理手続）と異なり、官報等により公表されないため、事業や信用の毀損を防ぎやすい。

債権者との交渉をより円滑に進めるためにも、各都道府県に設置されている中小企業活性化協議会や、裁判所の関与下で行うものの官報等により公表されない特定調停手続等といった、一定の手続準則を示した第三者的機関の関与下において行う私的整理手続（準則型私的整理手続）の実施を目指すことが望まれる。

リスケジュール（リスケ）は、元本据え置きで、1回当たり6か月刻みで1年から2、3年程度継続するのが一般的であるとされる。

リスケ中に経営改善が果たされ、金融機関の負債を完済できる目処が立てば、金融機関との間で返済計画を合意することになる。

事業再生局面においては、別会社（第二会社）に売り手側の事業を移転し、第二会社において事業の再建を目指すという方式（第二会社方式）が選択され

ることが多い[2]。その際には、中小企業活性化協議会の関与下で事業譲渡等を実行し、その後売り手側の会社を特別清算手続で整理したり、特定調停手続を実施したりする等の手法を採用するケースがみられる。

また、以下の整理手順・手引も、必要に応じて活用することが望まれる。

① 中小企業庁が策定した整理手順

「中小企業活性化協議会等の支援による経営者保証に関するガイドラインに基づく保証債務の整理手順」（令和4年4月1日改訂）

② 日本弁護士連合会が策定した特定調停スキーム利用の手引（いずれも令和5年11月29日改訂）

「【手引1（一体再生型）】事業者の事業再生を支援する手法としての特定調停スキーム利用の手引」

「【手引2（単独型）】経営者保証に関するガイドラインに基づく保証債務整理の手法としての特定調停スキーム利用の手引」

「【手引3（廃業支援型）】事業者の廃業・清算を支援する手法としての特定調停スキーム利用の手引」

③ 法的整理手続の検討

債務超過企業の中小M&Aにおいて、当該企業が金融債務のリスケ等だけでは資金繰りを維持できない場合には、仕入先に対する債務の整理も含め、民事再生手続等の法的整理手続を検討することになる。ただし、法的整理手続を申し立てた場合には、事業と信用の毀損が一定程度生じることは不可避であるため、企業価値・事業価値の保全のためには、可能な限り私的整理手続を目指すことが望ましい。仮に、資金繰り等の観点から法的整理手続の申立てがやむを得ないとしても、可能な限り早期に適切なスポンサーの選定を目指し、可能であればスポンサー選定後に申立てを行う、いわゆるプレパッケージ型法的整理手続を目指すことが企業価値の保全という観点からは望ましい。

④ 適正対価での事業譲渡等の必要性

---

2 第二会社方式のメリットとしては、①旧会社を法的に清算するので金融機関が債務免除をするにあたって償却を受けやすい、②偶発債務を遮断できる等があげられる。

第2章　弁護士による中小M&Aの支援

　　債務超過である売り手側が事業譲渡等を実行する場合に、事業譲渡等の
　対価が不当に低額であるケースでは、債権者（金融機関など）から詐害行
　為取消権（民法424条）、監督委員等から否認権（民事再生法127条等）を行
　使されるリスクがある。少なくとも、破産したと仮定した場合の事業価値
　（清算価値）を相当程度超える金額での事業譲渡等が要求される。
⑤　一部事業譲渡等の可能性の検討
　　企業全体として利益計上ができない債務超過企業でも、部門別等で切り
　分けて精査すると、黒字の優良事業を有することも多い。一部の事業譲渡
　により、残りの事業を廃業する場合は、譲渡対価を廃業費用に充てられる
　可能性もある。この場合、当該一部の事業に関与している役職員に対して
　事業譲渡等を行うという選択肢もあり得る。

（7）　他の支援機関との連携

中小M&Aにおいては、法務面だけでなく、財務面・税務面等の検討が必要
となることが少なくない。中小M&Aガイドラインでは、他の支援機関の支援
内容についても記載があり、他の支援機関の支援内容を理解することで他の支
援機関との円滑な連携に資するものと考えられる。

2　買い手側の支援内容

詳細は、第3章で解説するが、概要は以下のとおりである。

（1）　契約書等の作成・リーガルチェック

基本合意書は、基本的な取引条件を明確にし、双方が合意に至った事項を記
載する。基本合意の段階で、買い手側がバリュエーション（価値評価）を行
い、売り手側に条件を提示することが通常である。

基本合意書では、以下のような内容が含まれる。

・買収価格
・取引のスキーム（ストラクチャー）
・希望する今後の運営方針
・希望する今後の進め方（スケジュールなど）

基本合意書には、譲渡対象が株式か事業かを明確にし、譲渡時期や譲渡対価
の金額、支払方法などを記載する。また、売り手側の経営者や従業員の処遇、

表明保証、クロージングの前提条件などについても取り決める。

　基本合意書は、主要な条件を書面化することで認識の相違を防ぎ、以降の手続をスムーズに進めることができる。基本合意は「ノンバインディング」（法的拘束力のない）形式で行われることが多い。一方、秘密保持義務や独占交渉権など、拘束力をもたせる必要のある事項についても明記する場合もある。

　買い手側の基本合意書作成に関する作業としては、企業価値評価（バリュエーション）の実施がある。これにより、提示する買収価格の根拠を固めることがまず重要である。次に、バリュエーションに基づき、買い手側は売り手側に条件を提示する。これには買収価格、取引スキーム、今後の運営方針、スケジュールなどが含まれる。

　基本合意後にDDを実施する。これにより、買い手側は詳細な調査を行い、リスクを評価する機会を得る。DDの結果次第で、当初提示した価格を下方修正することもある。

　譲渡対価の予定額の有無、独占交渉権の有無、違約金の有無等基本合意書の記載内容によっては、両当事者の間でトラブルとなる可能性があるため、買い手側においても、弁護士により基本合意書の内容について法的観点でチェックがなされることが望ましい。

(2)　事業計画およびインフォメーション・メモランダム

　M&A取引において、事業計画は買い手側と売り手側の双方にとって重要な役割を果たす。

　事業計画とは、企業の将来的な経営方針、戦略、および財務予測を含む、中期的な期間（通常3～5年）を対象とした経営者の将来予測を示す文書を指す。

　インフォメーション・メモランダム（IM）は、売り手側が、秘密保持契約を締結した後に、買い手側に対して提示する、売り手側についての具体的な情報（実名や事業・財務に関する一般的な情報）が記載された資料をいう。

　作成される時期は、通常M&A取引プロセスの初期段階である。具体的には、売り手側が売却の意思決定を行い、仲介者やFAを選定した後、買い手候補の探索を開始する前の段階で作成される。

　内容は多岐にわたり、主に会社の概要、組織、事業計画、財務情報が含まれ、買い手候補に初期的な情報を提供するためのツールとして機能する。

第2章　弁護士による中小M&Aの支援

インフォメーション・メモランダムは買い手候補が企業価値評価を行う際の基礎資料となる重要性をもつが、内容に関しては注意が必要である。なぜなら、売り手側の楽観的な見通しが含まれる可能性があるためである。

買い手側は、売り手側から与えられる情報を慎重に精査し、独自の視点で評価を行うことが求められる。インフォメーション・メモランダムの適切な理解と活用は、M&A取引の成功に寄与する重要な要素の1つである。

買い手側は、事業計画の実現可能性を検討することで、買収に伴うリスクを評価することができる。ただし、買い手側としては、売り手側が作成した事業計画を鵜呑みにしないよう注意が必要である。買い手側は、売り手側から提示された事業計画を自社の視点で再評価し、必要に応じて修正を加えることが重要である。

以上のように、事業計画は主に売り手側が作成し、買い手側の企業価値評価と投資判断に重要な役割を果たす一方で、売り手側はこれを自身に有利な取引条件を引き出すための戦略的ツールとして活用しようとする傾向がある。このため、買い手側は売り手側が提示する事業計画を慎重に精査し、自社の視点で再評価することが求められる。

弁護士としては、次に述べる法務デュー・ディリジェンス（DD）を実施する際に参考となる情報を確認するために活用することが望ましい。

(3)　デュー・ディリジェンス（DD)

DDは、M&Aに際して売り手側の事業実態を調査し、当該調査対象が内包するリスク要因を把握することを目的としている。具体的には、売り手側の過去の実績の把握や、現在の財務状態を調査して財務リスクを特定すること、また、将来の事業計画の基礎となる情報を入手することを目的としている[3]。

DDは、基本合意後、最終契約締結前に実施される。財務リスクの特定、将来の事業計画の基礎となる情報の入手、買収価格・買収条件の検討に資する情報の把握、PMI（買収後の統合）に活用するための情報収集を目的とする。

財務DD、法務DD、税務DD等の種類が存在する。

実施主体は、通常、買い手側が実施し、公認会計士、弁護士、税理士などそ

3　中小M&Aガイドライン114頁。

れぞれの専門家が担当する。

実施プロセスは、事前準備として、買い手が売り手に対し必要書類の準備依頼をする。次に、現場において買い手側から売り手側に対して、書類の閲覧、確認がされる。加えて、マネジメントインタビュー（経営者への質問）や現地視察が必要に応じて実施される。その後、上記工程で得られた情報が分析・評価された後、報告書が作成される。

特徴として、秘密裏に実行され、迅速性が要求されるとともに中立性・第三者性が求められる。適切な意思決定のための真実の情報開示が重要である。一方、監査とは異なり、実査・立会・確認などの強力な手続は行わない。そのため、すべての潜在的リスクを把握できるわけではない。

DDの結果、価格の下方修正、クロージング前の問題解消要求（コベナンツ）、表明保証による将来的なリスクカバーなどの対応がなされる場合がある。

成果物としては、報告書（通常サマリーと詳細ページで構成される）が作成され、買い手側の意思決定に活用される。売り手側の対応としては、資料の準備と提供、質問への回答、データルームの設置と管理等があげられる。

注意点として、上場企業が関与する場合、インサイダー取引に注意する必要がある。従業員への情報漏えいも厳禁である。なぜなら、重要な役割やノウハウを有する従業員の移籍は価格に影響しうるからである。同様の理由で、競合他社への情報流出リスクの管理体制も求められる。

弁護士が行う法務デュー・ディリジェンス（DD）については、第3章で詳述する。

（4）　最終契約書作成における買い手側の支援

ア　最終契約書（株式譲渡契約書や事業譲渡契約書）

M&A取引における最終的な契約書であり、具体的な取引条件や当事者の権利義務を詳細に定めた文書である。

イ　買い手側の重要点

最終契約書の作成において、買い手側にとって重要な点が複数存在する。

まず、DDの結果の反映が重要である。買い手側はDDで発見されたリスク要因を契約書に反映させる。

DDの結果の反映には、3つの方法があげられる。それは価格の引下げ、ク

第2章　弁護士による中小M&Aの支援

ロージング前のコベナンツとして問題の解消を義務づけること、クロージング後のリスク補償を求めることである。

　また、表明保証条項の設定を活用することも重要である。買い手側は表明保証条項を通じて、売り手側にリスクを負わせようとする。重要な表明保証の例としては、従業員の退職に関するリスク、土壌汚染がないこと、係争事件がないことなどがあげられている。売り手側の表明保証の内容を詳細に吟味し、必要に応じて追加・修正を求める必要がある。

　表明保証違反等があった場合の補償条項を適切に設定することも重要である。具体的な補償の上限額や補償請求期間等の条件も交渉の対象となる可能性がある。

　クロージング条件の設定も重要な点である。買い手側は重要な条件をクロージングの前提条件として設定する。例えば、技術ライセンス契約の継続に関する同意書の取得などがあげられる。

　最終契約に基づく支払、手続は、原則的にクロージング時になされるが、当事者らの事情によって、後倒しされるときもある。同状況においては、決済が遅れることや、最終契約の解釈によって、紛争となるリスクが高まる。そのため、弁護士が同状況に関与する場合は、特にリスクチェックや時期、条件の解釈において慎重な検討が求められる。

　また、最終契約後に状況に応じて支払を変動させる条項を設ける場合も存在する。具体的には、アーンアウト条項（クロージング後の通常3年以内の間に、対象企業の業務にインセンティブを設け、条件達成時に買い手側が追加の対価を支払う条項）、株価調整条項、および、支払金の返還に関する条項（過去の投資に基づく損失や過年度決算の調整を目的とする）等である。

　さらに、売り手側の会社の財産と経営者の財産が分離されていない場合に、最終契約後に、売り手側経営者の資産負債を整理する状況も存在する。しかし、同状況は、紛争の火種となりやすいため、できる限り最終契約前に財産の整理を終了させるか、または、最終契約に対象となる資産を特定し処分方法や譲渡額を具体的に定めることが重要である[4]。

4　中小M&Aガイドライン53頁～55頁。

88

スキームの選択も考慮すべき点である。買い手側は、DDの結果によっては、株式譲渡から事業譲渡へのスキーム変更を求める可能性がある。これは偶発債務や簿外債務のリスクを回避するためである。また、不動産の取扱いも重要な検討事項である。買い手側は通常、事業に不要な不動産は取得対象から除外することを望む。これにより、取引価格を下げ、不動産に関するリスクを回避できる。

最後に、価格決定メカニズムを理解することが肝要である点を強調したい。最終的に買い手側は、買い手側の事業計画に基づいて価値評価を行い、それに基づいて価格を提示する。そのため、売り手側が提示する事業計画を買い手側は、鵜呑みにしないよう注意が必要である。

これらの点は、買い手側にとって重要な契約書作成のポイントであり、これらを適切に考慮することで、リスクを軽減し、より有利な条件での取引を実現することができる。

なお、競業避止義務や秘密保持義務の設定、PMI実施に必要な売主の協力義務、解除条項、準拠法や紛争解決手段についても検討が必要となる可能性がある。

弁護士は、最終契約書の作成・リーガルチェックに深く関与することが求められる。最終契約書作成のポイントについては、第3章で詳述する。

Ⅱ　仲介者・FAの活用

「M&A支援機関登録制度」のホームページ[5]では、仲介業務やFA業務を行う支援機関のデータベースを提供しており、手数料の算定基準、最低手数料の額、報酬の発生タイミング等を確認することができるため、仲介者・FAを選定する際の情報収集手段として有用である。

中小企業が仲介者、FA等の専門家を活用するにあたっては、事業承継・引継ぎ補助金の交付を受けられるか検討を要する。事業承継・引継ぎ補助金には、後継者不在や経営力強化といった経営資源引継ぎ（M&A）のニーズをもつ中小企業者が経営資源の引継ぎに際して活用する専門家の費用等の一部を補

5　〈https://ma-shienkikan.go.jp/〉。

助することを目的とした枠（専門家活用枠）がある。

専門家活用枠でFA・仲介者への委託費が補助されるためには、「M&A支援機関登録制度」に登録された専門家を活用することが条件とされている。

〈図表2-10〉　事業承継・引継ぎ補助金の専門家活用枠パンフレット

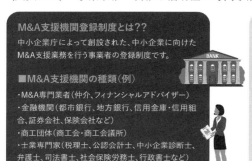

II 仲介者・FAの活用

1 仲介者・仲介業務委託契約に関する留意点

(1) 定 義

仲介者とは、売り手側・買い手側の双方との契約に基づいてマッチング支援等を行う支援機関をいい、一部のM&A専門業者がこれに該当する。

仲介契約とは、仲介者が売り手側・買い手側双方との間で結ぶ契約をいい、これに基づく業務を仲介業務という[6]。

売り手側・買い手側双方から依頼を受け、双方の意向を一元的に把握し、双方の共通の目的であるM&Aの成立を目指して助言や調整を行う[7]。

売り手側・買い手側の双方から手数料の支払を受けることが通常である[8]。

仲介者は、売り手側・買い手側の利益が相反する関係にあるため、構造的に利益相反のリスクがある[9]。

(2) 仲介業者の役割

仲介業者の主な役割は、マッチング支援とM&Aの手続全般のサポートである。マッチングにおいては、売り手側の希望を踏まえて候補先リスト（ロングリスト）を作成し、ノンネーム・シート（またはティーザー。売り手側が特定されないよう事業内容、沿革、資本金、売上げ等の業績その他の企業概要を簡単に要約した企業情報）による打診を行う。関心を示した候補先を絞り込んでショートリストを作成し、秘密保持契約を締結したうえで詳細情報の開示を進める。

仲介業者は、M&Aの全体像や今後の流れを依頼者にわかりやすく説明し、寄り添う形で交渉をサポートする。特に経営者同士の面談（トップ面談）は重要であり、丁寧にサポートすることが求められる。また、DDの際には、買い手側の要求に対応できるよう売り手側の資料準備を促すなど、円滑な進行をサポートする。

一方で、仲介業者には構造的に利益相反のリスクがあることにも留意が必要である。売り手側と買い手側の利害が対立する場面で、一方の利益を優先して

---

6 中小M&Aガイドライン17頁。
7 中小M&Aガイドライン42頁。
8 中小M&Aガイドライン42頁。
9 中小M&Aガイドライン79頁。

91

第2章　弁護士による中小M&Aの支援

しまう可能性があるため、仲介業者には中立性・公平性を保ち、両者の利益の実現を図ることが求められる。

　具体的には、バリュエーションやDDといった一方の意向が反映されやすい工程では、結論を決定せず、必要に応じて専門家の意見を求めるよう依頼者に伝えることなどが重要である。

　また、仲介業者には、依頼者との契約に基づく善管注意義務や忠実義務に加え、職業倫理の遵守も求められる。依頼者の意思を尊重し、利益を実現するための対応が期待される。

　仲介業者は、契約締結前に重要事項を書面で説明する必要がある。説明すべき重要事項には、仲介業者の特徴、提供する業務の範囲・内容、手数料に関する事項、秘密保持に関する事項、直接交渉の制限に関する事項、専任条項、テール条項などが含まれる。これにより、依頼者が契約内容を正しく理解したうえで、適切な判断の下で契約を締結できるようにすることが求められる。

　以上のように、仲介業者は中小M&Aのプロセス全体を通じて重要な役割を果たす。マッチングから契約締結、クロージングに至るまで、専門的知識と経験を活かしながら、中立的な立場で両者の利益の実現を図ることが求められている。同時に、利益相反のリスクや支援の質の確保など、様々な課題にも適切に対応することが期待されている。

2　仲介業務委託契約・アドバイザリー契約（FA契約）に関する留意点

　FA契約とは、FAが売り手側・買い手側の一方との間で結ぶ契約をいい、これに基づく業務をFA業務という[10]。

　仲介業務・FA業務に携わるために特段の資格等は必要とされていないが、依頼者との契約に基づき善管注意義務を負うほか、職業倫理の遵守が求められる[11]。

　例えば、仲介者・FAは、契約締結前に当該中小企業に対し契約に係る重要な事項について明確な説明を行い、当該中小企業の納得を得ることが必要である。具体的には、契約に係る重要な事項を記載した書面を交付して（メール送

10　中小M&Aガイドライン18頁。
11　中小M&Aガイドライン79頁。

付等といった電磁的方法による提供を含む）、説明しなければならない。

　弁護士としては、クライアントが仲介業務委託契約やFA契約を締結する際には、当該契約内容をチェックすることが望ましいが、特に注意すべき点として以下の規定があげられる。

（1）　手数料（レーマン方式）

ア　概　要

　仲介者・FAの手数料には一般的な法規制がなく、どのような料金体系を採用するかは、あくまで各仲介者・FAによる[12]。

　ここでの着手金や成功報酬、最低手数料等の考え方は、弁護士が法律事務を受任する際の着手金や報酬金等の算定方法と類似するところもあり、弁護士としては馴染み深いものといえるが、中小企業の経営者においては十分な知見を有しているとはいえず、相談があった場合にはメリット・デメリットを踏まえ適切なアドバイスを行う必要がある。

　中小企業庁は、M&A支援機関（FA・仲介）への報酬に関し、「M&A支援機関登録制度」に登録しているM&A支援機関から報告のあったM&A案件のデータをもとにした報酬の内訳や報酬率の分布を開示しているため、参考になる。

　なお、中小M&Aガイドライン[13]では、仲介者の支援を受ける場合は、利益相反防止の観点から、自らが仲介者に対して支払う手数料に加え、相手方当事者が仲介者に対して支払う手数料の算定基準についても説明を求めることを推奨していることに留意すべきである。

イ　着手金

　着手金は、主に依頼者との仲介契約・FA契約締結時に発生する手数料である。後述の成功報酬が発生した場合には、当該成功報酬に含まれる（成功報酬の内金となる）ものとすることもある。

ウ　成功報酬

　成功報酬は、主にクロージング時等の案件完了時に発生する手数料である。仲介者・FAの場合は、主に以下の3つの基準となる価額のいずれかに、一定

12　着手金・月額報酬・中間金を設けず、成功報酬のみを設ける仲介者・FAも相当数あるとされる。
13　中小M&Aガイドライン71頁。

第2章　弁護士による中小M&Aの支援

の方式に則った計算を施すものが多い。

① 譲渡額

② 移動総資産額

③ 純資産額

　採用される考え方によって報酬額が比較的大きく変動し得ることから、「基準となる価額」の考え方・金額の目安や、報酬額の目安を確認しておくことが重要である。

　以上の価額をもとに報酬を算定する手法として、レーマン方式がとられることが多い。

　レーマン方式は、「基準となる価額」に応じて変動する各階層の「乗じる割合」を、各階層の「基準となる価額」に該当する各部分にそれぞれ乗じた金額を合算して、報酬を算定する手法であり、特にM&A専門業者において広く用いられている。

　また、原則としてレーマン方式によるとしても、売り手側が小規模である場合には、「基準となる価額」が小さく、十分な成功報酬を確保できないケースもあり得るため、これに備えて最低手数料を設けている仲介者・FAが多い。

(2) 専任条項

　マッチング支援等において並行して他の仲介者・FAへの依頼を行うことを禁止する条項（いわゆる専任条項）が設けられることがある。他の仲介者・FAにセカンドオピニオンを求めることや他の仲介者・FAを利用してマッチングを試みること等、禁止される行為が具体的にどのような行為であるか、あらかじめ確認しておくことが望ましい。

　中小M&Aガイドライン[14]では、依頼者が意見を求めたい部分を明確にしたうえ、これを妨げるべき合理的な理由がない場合には、M&A専門業者は当該依頼者に対し、他の支援機関に対してセカンドオピニオンを求めることを許容すべきとしている。

　また、専任条項を設ける場合には、仲介契約・FA契約の契約期間について最長でも6か月から1年以内を目安として定めるべきであり、加えて、例え

14　中小M&Aガイドライン103頁。

ば、依頼者が任意の時点で仲介契約・FA契約を中途解約できる条項等を設けることが望ましいとしている。

(3) 直接交渉の制限条項

依頼者が、M&Aの相手方となる候補先と、M&A専門業者を介さずに直接交渉または接触することを禁じる旨の条項が設けられることがある。

中小M&Aガイドライン[15]では、直接交渉が制限される候補先については、依頼者が「自ら候補先を発見しないこと」および「自ら発見した候補先と直接交渉しないこと（依頼者が発見した候補先との M&A成立に向けた支援をM&A専門業者に依頼する場合を想定）」を明示的に了解している場合を除き、当該M&A専門業者が関与・接触し、紹介した候補先のみに限定すべきであるとしている。また、直接交渉の制限に関する条項の有効期間は、仲介契約・FA契約が終了するまでに限定すべきとしている。

(4) テール条項

売り手側とM&A専門業者との間における仲介契約・FA契約の内容において、当該契約終了後一定期間（テール期間）内に、売り手側が買い手側との間でM&Aを行った場合に、当該契約等が終了していても、当該M&A専門業者が手数料を取得する条項（テール条項）が定められる場合がある。

中小M&Aガイドライン[16]では、テール期間が不当に長期にわたる場合には、その後の売り手側の自由な経営判断を損なうおそれがあるため、最長でも2年から3年以内を目安とすることが望ましいとしている。また、テール条項の対象は、あくまで当該M&A専門業者が関与・接触し、売り手側に対して紹介した買い手側のみに限定すべきとしている。

具体的には、ノンネーム・シート（またはティーザー）の提示のみにとどまる場合はテール条項の対象とすべきでなく、少なくともネームクリア（買い手側に対して企業概要書等を送付し、売り手側の名称を開示すること）が行われ、売り手側に対して紹介された買い手側に限定すべきである。

さらに、仲介契約・FA契約において専任条項が設けられていない場合には、依頼者が複数のM&A専門業者から支援を受け、結果として複数のM&A

---

15 中小M&Aガイドライン104頁。
16 中小M&Aガイドライン105頁。

第2章　弁護士による中小M&Aの支援

専門業者から同一の候補先の紹介を受ける可能性がある。この場合、それまでに受けた支援の内容等を踏まえつつ、成約に向けて支援を受けるM&A専門業者を選択することとなるが、選択されなかったM&A専門業者がテール条項を根拠として手数料を請求すべきではないとしている。

3　弁護士はFA業務を行うことができるか

(1)　弁護士法と弁護士の強み

弁護士が仲介者の立場をとることはできないと考えられる。弁護士は、相手方の協議を受けて賛助し、またはその依頼を受けて承諾した事件については、依頼者の承諾があっても職務を行うことができないためである（弁護士法25条1号）。

一方で、弁護士が売り手側企業のFAないしは法務アドバイザーとしてM&Aを支援することは、弁護士法上の規制はなく可能と考えられる。

M&Aに関して、弁護士は相談しやすい存在であるといえる。顧問契約を結んでいる企業からは最初の相談相手となる可能性が高い[17]。事業承継やM&Aは経営者にとって人生のターニングポイントとなることが多く、このような重要な局面で相談を受けることがあるのは弁護士の強みである。

(2)　売り手側のアドバイザーとして

弁護士が売り手側のFAないしは法務アドバイザーとして支援する場合、買い手を探すため、まず、売り手である経営者自身に買い手候補をリストアップしてもらう方法がある。経営者は同業他社の中で自社の従業員の面倒をみてくれそうな会社などをよく知っている。経営者の業界知識と人脈を活用できる効果的な方法といえる。

次に、金融機関を活用する方法がある。金融機関は買収を希望する顧客にアドバイスをしたいと考えているため、買い手探しに協力してくれることも多い。

買い手の選別にあたっては、単に高値で買ってくれる相手を探すだけでなく、事業の将来性や従業員の幸せも考慮することが重要である。

また、買い手候補に対しては、インフォメーション・メモランダム（IM）

---

[17]　ただし、中小企業における弁護士の顧問契約率が低いことは課題であり、この点で改善の余地はある。

やマネジメント・プレゼンテーション、工場や店舗の視察などを通じて、自社の価値を適切に伝えることが重要である。特に、将来の事業計画については、買い手が高く評価するような内容を提示することで、より高い企業価値評価を引き出せる可能性がある。

以上のような方法を活用することで、弁護士は売り手側のFAないし法務アドバイザーとして効果的に買い手を選別し、クライアントにとって最適な買い手をみつけるための支援が可能となる。

M&Aにおいては、すでに買い手側企業において、弁護士は、法務DDなどの場面で支援の実績を重ねているが、売り手側企業においても上記のとおり弁護士による支援が可能な場面が多い。今後は、売り手側企業においても弁護士による支援が確立されることが望ましい。

この点、大手のM&A仲介業者などでは、売り手側企業の取締役会議事録や株主総会議事録などの書類の作成、提供等のサービスを行っているケースがあるが、法律上定めのある書類であれば本来は弁護士のチェックを受けることが相当な場合も多いと考えられる。

現状、特に中小M&Aにおいては、売り手側の経営者が弁護士にアクセスする手段が十分でないことが課題と考えられるが、今後売り手側企業に対する弁護士の支援が確立され、中小M&Aガイドラインのさらなる普及・発展に貢献できるようになることを期待したい。

Ⅲ　クライアントと仲介者・FAとの間のトラブル対応

1　M&A専門業者の行動指針

仲介者やFAとなるM&A専門業者等においては、不動産取引における宅地建物取引業法の規制のような一般的な法規制がなく、中小M&A市場の拡大およびこれを支えるM&A専門業者等の増加を踏まえ、中小M&Aガイドラインがこれらの業者にとっての一定の行動指針を示している。

特に仲介者は、M&Aの当事者双方から依頼を受けるため、構造的に利益相反の状況が存在する。とはいえ、中小M&Aの実務においては、FAよりも仲介者の形態のほうが多く用いられているのが現状なので、中小M&Aガイドラ

97

第2章　弁護士による中小M&Aの支援

インに記載される注意事項が遵守されているかチェックすることが当事者の権利の保護のために重要となる。

中小M&Aガイドラインにおいて整理された問題となりうる事項は主に以下のとおりである。

① 意思決定

当該中小M&Aにおいて想定される重要なメリット・デメリットを知り得る限り、相談者に対して明示的に説明すること

相談者の企業情報の取扱いについても善管注意義務を負っていること

② 仲介契約・FA契約の締結

業務形態の実態に合致した契約（仲介契約・FA契約）を締結すること

仲介者・FAは、契約締結前に当該中小企業に対し契約に係る重要な事項について明確な説明を行うこと。具体的には、契約に係る重要な事項を記載した書面を交付して、説明すること。

③ バリュエーション

両当事者を依頼者とする仲介者は、確定的なバリュエーションを実施しないこと

〈図表2-11〉　説明すべき重要な事項

✓ **仲介者・FAの違いとそれぞれの特徴**（仲介者として両当事者から手数料を受領する場合には、その旨も含む。）
✓ **提供する業務の範囲・内容**（バリュエーション、マッチング、交渉等のプロセスごとに提供する業務の範囲・内容）
✓ **担当者の保有資格**（例えば、公認会計士、税理士、中小企業診断士、弁護士、行政書士、司法書士、社会保険労務士、その他会計に関する検定（簿記検定、ビジネス会計検定等）等）**、経験年数・成約実績**
✓ **手数料に関する事項**（算定基準、金額、最低手数料、既に支払を受けた手数料の控除、支払時期等）
✓ **（仲介者の場合）相手方の手数料に関する事項**（算定基準、最低手数料、支払時期等）
✓ **手数料以外に依頼者が支払うべき費用**（費用の種類、支払時期等）
✓ **秘密保持に関する事項**（依頼者に秘密保持義務を課す場合にはその旨、秘密保持の対象となる事実、士業等専門家や事業承継・引継ぎ支援センター等に開示する場合の秘密保持義務の一部解除等）
✓ **直接交渉の制限に関する事項**（依頼者自らが候補先を発見すること及び依頼者自ら発見した候補先との直接交渉を禁止する場合にはその旨、直接交渉が制限される候補先や交渉目的の範囲等）
✓ **専任条項**（セカンド・オピニオンの可否等）
✓ **テール条項**（テール期間、対象となるM&A等）
✓ **契約期間**（契約期間、更新（期間の延長）に関する事項等）
✓ **（契約の解除に関する事項及び依頼者が仲介契約・FA契約を中途解約できることを明記する場合）当該中途解約に関する事項**
✓ **責任（免責）に関する事項**（損害賠償責任が発生する要件、賠償額の範囲等）
✓ **契約終了後も効力を有する条項**（該当する条項、その有効期間等）
✓ **（仲介者の場合）両当事者間において利益の対立が想定される事項**
✓ **（譲り渡し側への説明の場合）譲り受け側に対して実施する調査の概要**（調査の実施主体、財務状況に関する調査、コンプライアンスに関する調査、事業実態に関する調査等）
✓ **（譲り渡し側への説明の場合）業界内での情報共有の仕組みへの参加有無**（参加していない場合にはその旨）

（中小企業庁「中小M&Aガイドライン改訂（第3版）に関する概要資料」（2004年8月））

④　マッチング（買い手側の選定）

　　秘密保持契約締結前の段階で、売り手側に関する詳細な情報が外部に流出・漏えいしないよう注意すること

⑤　デュー・ディリジェンス（DD）

　　両当事者を依頼者とする仲介者はDDを自ら実施すべきでなく、DD報告書の内容に係る結論を決定すべきでないこと

⑥　最終契約の締結

　　最終契約は、両当事者の権利義務を規定する重要なものであるため、可能な限り、中小M&Aに関する知見と実務経験を有する弁護士の関与の下で締結することが望ましい。

2　仲介者・FAとの間のトラブル対応

　令和6（2024）年5月に朝日新聞に掲載された連載記事「M&A仲介の罠」（全6回）において、売り手側企業がFAや法務アドバイザーの支援を受けることなく、仲介業者から紹介を受けた悪質な買い手企業とM&A取引をした事例[18]が紹介されている。

　また、同年8月には、中小M&Aガイドラインが第3版に改訂されているところ、当該改訂は、最終契約後のトラブルについての対応策や仲介者・FAに対して求める対応が追記されている。

　このような問題の原因として、売り手側がFAや法務アドバイザーに依頼する土壌がまだないこと、利益相反の弊害が内在している仲介業者の中には中立性や専門性の点で疑問のある業者が存在すること等があげられる。

　弁護士がFAや法務アドバイザーとしてM&Aを支援しトラブルを未然に防ぐことが望ましいが、M&A取引後においても、仲介業者に対する責任追及を検討するうえで、中小M&Aガイドラインに記載された注意事項が遵守されているかや、令和5（2023）年12月にM&A仲介協会により自主規制ルールとして策定・公表された「倫理規程」、「コンプライアンス規程」、「広告・営業規

18　買い手側が契約を履行せず、売り手側経営者の個人保証が解除されないまま、売り手側企業が倒産した事例など（朝日新聞DIGITAL「M&A仲介の罠　まやかしの事業承継」第1回（2024年5月7日）～第6回（同年5月14日））。

第2章　弁護士による中小M&Aの支援

程」、「契約重要事項説明規程」等の規程を事後的にチェックすることも考えられる（M&A支援登録機関制度に基づき登録されたFA・仲介業者は中小M&Aガイドラインの遵守が登録の条件である）。

　M&Aに関するトラブルに関しては以下の窓口で情報提供を受け付けている。

　・M&A支援機関登録制度[19]（情報提供受付窓口。紛争処理、助言を目的とするものではない）〈https://ma-shienkikan.go.jp/inappropriate-cases〉

　・M&A仲介協会（苦情相談窓口。M&A仲介協会の会員に対する相談に限られる）〈https://www.ma-chukai.or.jp/inquiry/〉

19　同サイトには、中小企業庁財務課／M&A支援機関登録制度事務局「昨今の中小M&A市場における動向を踏まえた周知・注意喚起について」と題する資料が掲載されており、①M&A専門業者（仲介者・FA）による不適切な広告・営業行為について、②不適切な譲受側についての注意喚起がなされている。

Chapter **3**

法務デュー・ディリジェンスと各種契約書作成のポイント

第3章　法務デュー・ディリジェンスと各種契約書作成のポイント

Ⅰ　法務デュー・ディリジェンスの全体像

1　法務デュー・ディリジェンスの目的

　まず、法務デュー・ディリジェンス（以下「法務DD」という）の目的について確認しておく。法務DDは、当該M&A取引を進めるにあたって、当該M&A取引の対象会社に法的なリスクがないかの洗い出しを行うものであり、その主な目的は、以下の4点にある。

①　取引実行の障害となる法的問題点の発見

②　バリュエーションに影響を及ぼす法的問題点の発見

③　取引実行に際して留意すべき事項の発見

④　PMIにおける課題の発見

　①取引実行の障害となる法的問題点とは、取引の実行を取りやめざるを得ない問題点や、M&Aのスキームの見直しが必要となる問題点のことである。M&A取引自体を中止するほどの問題点（ディールブレイカー）が発見される例は多くはないものの、万が一発見された場合には、DDの最終報告を待たずに、買い手にすぐに報告する必要があるだろう。

　②バリュエーションに影響を及ぼす法的問題点とは、例えば損害賠償義務や未払賃金支払義務を負担する可能性のある訴訟・紛争等（潜在債務）である。具体的には、対象会社で支払っている固定残業手当が適法要件を満たしておらず潜在債務として多額の未払賃金が想定されるような場合や、多額の損害賠償請求を受けて係争中の案件で敗訴見込みであるような場合等は、バリュエーションへの反映等を検討する必要がある。

　③取引実行に際して留意すべき事項とは、主として当該M&A取引に係る最終契約書への条項としての反映を想定しており、必要な手続や問題点の解消を取引実行の前提条件や誓約事項等としたり、一定の事項を表明保証させる、特別補償条項を設ける等の具体的な対応策を検討する必要がある。法務DDで発見された問題点（取引実行に際して留意すべき事項）を、具体的にどのように最終契約書へ落とし込んでいくかについては、後記Ⅲで詳述する。

　④PMIにおける課題は、取引実行後のPMI（Post Merger Integration）におい

102

て、どのような点に留意すべきかの洗い出しである。PMIに関する詳細は、第4章を参照されたい。

2　法務DDの流れ

　法務DDの一般的な流れは、〈図表3-1〉のとおりである[1]。以下、法務DDの担当者として留意すべき点等について、段階ごとに述べる。

〈図表3-1〉　法務DDの流れ（全体像）

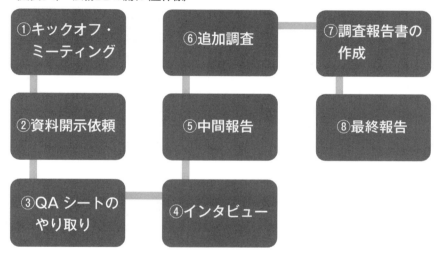

(1)　キックオフ・ミーティング

　法務DDの開始段階では、まず関係者によるキックオフ・ミーティングが行われることが多い。また、これに先立ち、IM（インフォーメーション・メモランダム）とよばれる対象会社の基本的な情報をまとめた資料がM&A仲介業者等から共有されることがある。法務DDの担当者としては、こうした事前情報を十分に確認、把握したうえで、キックオフ・ミーティングへ臨むべきである。

　キックオフ・ミーティングにおける一般的な確認事項としては、想定されている取引スキーム（株式譲渡、事業譲渡、合併等）、法務DDに期待される調査の

1　一例である。

第3章　法務デュー・ディリジェンスと各種契約書作成のポイント

スコープ（範囲）や深度、今後のスケジュール等がまずあげられる。取引スキームの確認は最も基本的なところではあるが、許認可が必要な事業の場合には注意が必要なことも多く、本格的な調査に入る前の初期段階でスキームを詰めておくことが必要な場合もある。

　多くの中小M&Aにおいては、時間的制約や予算等の兼ね合いから、あらゆる分野について網羅的に法務DDを行うことはできない。そのため、買い手は対象会社のどういった点に着目してM&Aを検討しているのか、具体的にどのあたりを重点的に調査してもらいたいと考えているのか等について確認しておくことは極めて重要である。例えば、「合併のスキームを検討しているが許認可の承継に問題がないのか懸念があるので確認してもらいたい」、「長時間労働が常態化している業界であるため労務周り（未払賃金等）を重点的に調査してほしい」といった要望は、実務上もよくみられるものである。

　また、上記で述べた以外にも、下記（2）で述べる資料開示の具体的な方法や、対象会社への連絡方法[2]、インタビューの実施時期・実施方法等、今後の法務DDを円滑に進めるために必要な確認を可能な限り行っておくことが望ましい。

　なお、時間の制約等から、キックオフ・ミーティングが行われないまま、法務DDが始まってしまうケースも中にはある。こういった場合であっても、法務DDの担当者としては、上記で述べたような事項はできる限り初期の段階で関係者に確認しながら進める意識が必要であろう。

（2）　資料開示依頼

　キックオフ・ミーティングの内容を踏まえ、まず、対象会社に対して、資料開示依頼を行う。

　資料開示依頼の書式は事務所により様々であるが、開示を求める書類の一覧をまとめ、資料によっては「過去〇年分」などと指定する例が多く、加えて優先順位を記載する例もある。また、開示されていない資料がある場合に、そもそも資料が存在しないのか、開示されていないだけなのか区別できるよう当該

2　DDが進んでいることは対象会社の中でも一部の者にしか開示されていないことが通常であるためである。

104

Ⅰ　法務デュー・ディリジェンスの全体像

資料の有無についての回答欄を設ける等の工夫も考えられる（［資料①］法務
DD資料開示依頼リスト（例）参照）。

　中小M&Aにおいては、資料開示依頼に対して、対象会社からきれいに整理
された資料一式が短期間で提出されることはまれである。そもそも法務DDが
行われること自体、対象会社内で開示される従業員の範囲が限定的であること
に加えて、あらゆる分野の資料の所在を把握している担当者がいないことも多
い。また、当然ながら、売り手（対象会社）の担当者は、通常業務をこなしな
がら、並行して法務DDの調査に協力していることがほとんどであり、そのよ
うな状況から、開示を依頼した資料の提出は遅れがちである。そのため、上述
したように、開示資料に優先順位を付けるといった工夫は有益である。

　どの資料が提出され、どの資料が提出されていないのか、その管理を行うの
も法務DDの重要な業務の1つといえる。

　ところで、通常、法務DDと並行して財務DDも実施されているため、法務
DDで必要となる資料が財務DDですでに開示されているということも少なく
ない。売り手（対象会社）の担当者の二度手間とならないよう、すでに財務
DDのほうで提出された資料ではないか等、適宜確認しながら資料開示依頼を
行う配慮も必要である。

　なお、財務DDで開示される資料であっても、法務DDの目線からも役立つ
資料であることは少なくない。特に、対象会社の決算書は情報の宝庫であるか
ら、法務DDの担当者としても目を通すべき資料である。例えば、「同族会社の
判定に係る明細書」の項目をみれば、対象会社の株式の状況を読み取ることが
でき、固定資産の台帳をみれば、対象会社の保有資産がみえてくる。また、数
年分の決算書を通してみることで、重要な資産の売却や重要な契約の終了が浮
き彫りになる等、対象会社の直近の重要な動きがみえてくることも多い。

　資料開示の具体的な方法としては、コピーした書類を送付してもらう、対象
会社の会議室等にデータルーム（資料確認専用の部屋）を設けてもらい、その
場所で資料を精査する（場合によってはその場でコピーをとる）、クラウド上に
アップロードしてもらう方法等があり得る。近年では、クラウド上に資料を集
約する例が増えていると思われるが、データ化自体に相当な手間がかかる大部
の資料等については、対象会社に出向いて直接確認せざるを得ない場合もあ

105

第3章　法務デュー・ディリジェンスと各種契約書作成のポイント

る。なお、やや細かい点ではあるが、対象会社に出向いて資料を確認する際には、あらかじめコピー用紙を持参したほうがよいか事前に確認しておくこともある。対象会社にはDDに協力してもらっているという意識をもち、細やかな配慮を心掛けるべきである。

　開示された資料はすぐに確認し、最新版であるか、追加の資料請求が必要ないか等を検討する必要がある。実際、法務DDの担当者が開示を求めた資料とは全く異なる資料が開示されることは少なくない（例えば、株主名簿の開示を求めたところ、決算書の「同族会社の判定に係る明細書」のみが開示された場合等である）。資料が送付されてきたことに安心せず、届いた資料はすぐに開き、まず（開示を依頼した資料と齟齬がないか）ざっと中身を確認する癖をつけておくべきである。

　開示された資料をもとに、インタビューが必要な事項（資料内の不明点や、資料のみからはわからない事項等）を検討し、また、開示資料から判明した問題点について、徐々に報告書の作成を始めていくことになる。

(3)　QAシートのやり取り

　ひととおりの資料が開示された後は（場合によっては資料の開示と並行しながら）、「QAシート」とよばれるExcelファイル等を用いて、インタビューまでに質問や追加資料開示の依頼を行う（［資料②］QA・追加資料依頼シート（例）参照）。

　QAシートで質問すべき事項としては、開示された資料の不明点や、資料のみからはわからない事項等が基本となる（具体例は、後記Ⅱで述べる）。

　法務DDの経験が少なく、調査報告書の作成に慣れていない場合は、この段階から徐々に調査報告書を書き始めることを推奨する。実際に調査報告書を書き進める中で、開示された資料から記載ができるところもあれば、開示された資料のみからは記載が難しく、筆が止まる箇所が必ず出てくるものである。そうすると、質問すべき事項や、追加の開示依頼をすべき資料の漏れを大幅に減らすことができる。

　なお、資料開示依頼の項目で述べたとおり、QAシートについても、財務DDのQAシートを適宜確認することは有益である。同じような質問がすでに財務DDでなされていることや、法務DDでの回答と財務DDでの回答が矛盾し

I　法務デュー・ディリジェンスの全体像

ているようなこともあり、いずれにしても様々な発見につながる資料であるといえる。

（4）　インタビュー

開示資料の検討、QAシートのやり取りがひととおり進んだ段階で、法務DD担当者と対象会社担当者が面談形式でインタビューを行う。

中小M&Aの場合、インタビューの対象者は、対象会社の社長やその右腕のようなポジションの方が担当することが多い。また、管理部などバックオフィスの担当者が同席するようなケースも少なくない。

インタビューの場所は、対象会社のデータルーム（会議室）が用いられることが多いと思われるが、守秘の観点から、多くの従業員が出入りするような事業場でのインタビュー実施は避けるケースもある。また、近年ではWEB形式でのインタビューが実施されることも増えてきている。

当日のインタビュー事項は、事前に整理したうえで対象会社担当者に送付しておくのが基本である。なぜならば、当日いきなり質問をしても、すぐに回答が得られなかったり、場合によってはその場で資料を引っ張り出してくるなどして想定外に時間がかかってしまい、予定どおりインタビューを完遂することができないリスクがあるためである。例えば、前述のQAシートにインタビュー事項（質問事項）を記載するなどして、できる限り事前に送付することを心掛けたいところである。

法務DDの担当者が複数人いる場合には、インタビュー当日は質問役と書記役に分かれることが多い。どうしても1人でインタビューをこなさなければならない場合には、録音の許可を得るなどして、後から正確に議事録を作成できるようにしておくことが望ましい。インタビュー後には、例えばQAシートの回答欄に聴き取った内容を記載し、これを対象会社（インタビュー対象者）に送付したうえで、認識と相違ないか確認してもらうことが考えられる。

インタビューに臨む法務DDの担当者の姿勢としては、高圧的な態度や問い質すような質問の仕方は避けるべきである。対象会社は（通常業務で忙しい中で）調査へ協力してくれているという意識をもち、できる限り丁寧な対応を心掛けるべきであろう。他方で、質問と回答が噛み合っていなかったり、違和感のある回答がなされたような場合など、あいまいなままでは終わらせず、正確

107

第3章　法務デュー・ディリジェンスと各種契約書作成のポイント

な回答を得ることに集中しなければならない。

　なお、資料開示依頼やQAシートの項目で述べたことは、インタビューについてもあてはまり、財務DDのインタビューには予定が許す限り同席することをおすすめする。法務DDと財務DDは同日に開催される場合も少なくなく、先に財務DDでインタビューされた事項は、法務DDでは確認的な質問のみで時間短縮を図ることができるかもしれないし、財務DDのインタビューへの回答内容次第では、新たに質問、確認すべき事項が発見される場合もある。

(5)　中間報告（および必要に応じて追加調査）

　1回目のインタビュー終了後には、中間報告会が設定されることがある。この場合、その時点の調査結果を報告するとともに、追加で調査、確認すべきと考えられる事項について報告し、今後の進行等を確認する場となることが多い。ただし、中小M&Aでは、中間報告は省略されるケースも多いと思われる。

　中間報告が予定されている場合であっても、ディールブレイカーとなるような重大な問題点が発覚した場合には、買い手に速やかに報告すべきである。

(6)　調査報告書の作成

　インタビューを終えると、いよいよ調査報告書の本格的な作成に取りかかることになる。とはいえ、理想的な進行としては、インタビューを終えた段階で、調査報告書の相当部分は書き上がっていることが望ましい。インタビューを終えた時点で初めて書き始めるというような姿勢では、よほど法務DDに慣れている者でない限り、依頼すべき資料や質問すべき事項を漏らしてしまうことは必至である。

　調査報告書の書式は事務所により様々であるが、WordやPowerPointを使って作成される例が多く、また、調査報告書の冒頭または別紙等でサマリー（調査結果の要旨）を付ける例が多いと思われる（［資料③］法務デュー・ディリジェンス報告書）。調査報告書の本体は数十ページから100ページを超えるケースもめずらしくないため、サマリーの記載はほぼ必須であるといえる。

　調査報告書を作成する際の姿勢としては、調査の結果判明した問題点を記載するだけでなく、それに対する対応策をあわせて記述することが基本となる。具体的な対応策としては、最終契約（株式譲渡であれば株式譲渡契約書）においてどのように手当てすることが推奨されるかを指摘したり、相当額の潜在債務

が判明したような場合には、取引額（譲渡価格）への反映の可能性を指摘することもある。

　法務の調査報告書は、法的リスクの指摘という事柄の性質上、また、PMIにおける課題等にも適宜触れること等から、どうしても分量が多くなりがちである。その中でも、買い手としては、当該M&A取引の支障となるような重大な問題点がないか等に最も関心があることを踏まえ、メリハリのある記述を心掛けるべきである。

　なお、財務DDの担当者と連携できている場合には、最終段階で双方の報告書を見せ合い、大きな齟齬がないか等確認することもある。

（7）　最終報告

　調査報告書が完成すると、最後に報告会が行われる。近年では、報告会がWEB形式で行われるケースも増えていると思われる。時間としては、報告および質疑で1時間程度で行われることが多い。

　前述のとおり、調査報告書本体は数十ページから場合によっては100ページを超える例もめずらしくはない。そのため、報告会では、サマリーを用いて報告がなされるケースがほとんどである（調査報告書本体は、必要な部分のみ適宜参照するという使い方となる）。なお、サマリーについては、ビジュアル的に見やすいよう、PowerPoint等を用いてプレゼンテーションされる例もよくみられる。

　最終報告を踏まえ、大きな問題がなければ最終契約の調整に進むことになるが、追加で調査、確認すべきと考えられる事項がこの段階で判明することもあり得る。

　繰り返しとなるが、法務DDの担当者であっても、財務DDの報告会にも可能な限り同席することが望ましいといえる。

Ⅱ　法務DDの調査事項

1　調査の留意点

　ここからは下記①〜⑩の調査項目ごとに、法務DDの開示依頼資料リスト（例）を示しつつ、特に中小M&Aにおいてポイントとなりやすい事項を中心

第3章　法務デュー・ディリジェンスと各種契約書作成のポイント

に解説を行う。

　なお、本書で示す調査事項は決して網羅的なものではなく、また、あくまでも一例にすぎない。実際の調査事項は、当該M&A取引のスキームや対象会社の業種、買い手の意向等を踏まえて決定すべきものであることには十分留意されたい。

① 設立・組織
② 株式・株主
③ 許認可等
④ 重要な契約
⑤ 資　産
⑥ 負　債
⑦ 知的財産
⑧ 人事労務
⑨ コンプライアンス等
⑩ 訴訟その他の紛争

2　設立・組織

【開示依頼資料（例）】

1	定款	すべて
2	内部規則（取締役会規則、個人情報管理・取扱に関する規則等）	最新
3	株主総会議事録（添付資料、配布資料を含む）	直近3年
4	取締役会議事録（添付資料、配布資料を含む）	直近3年
5	監査役からの指摘事項	直近3年
6	その他経営に関する各種会議体に関する議事録	直近3年
7	会社組織図	最新
8	拠点一覧	最新
9	過去の増資・減資、合併、事業譲渡・譲受、株式交換、株式移転、会社分割その他これに類する組織再編行為等に関する資料	すべて

【検討のポイント】

　(1)　設　立

対象会社の設立手続が適法に行われているかは、基本的な調査項目である。

もっとも、設立無効の訴えの提訴期間は、会社の設立から2年以内とされているため（会社法828条1項1号）、およそ問題とならないケースが大半である。

(2) 定款、社内規程等

対象会社の定款や商業登記簿謄本の確認を行う。主に確認すべき事項としては、機関設計、事業目的、発行可能株式総数、株式譲渡制限の有無、株券発行の有無等があげられる。また、当該M&A取引の実行に際して、定款や社内規程上、どのような手続が必要となるか確認する意味もある。

対象会社が中小企業の場合、そもそも定款がみつからないというケースがときどきあるが、少なくとも原始定款は公証役場で20年間保管されており、また、登記の申請書類として添付した定款については法務局で5年間保管されている。また、対象会社自身が把握していない場合でも、顧問税理士や過去に依頼した司法書士が把握している場合もあるため、調査の一環として問合せを行う場合もある。

各種社内規程についても、整備状況を確認する。一つ一つの規程について細かくリーガルチェックを行うことは時間的な制約から現実的ではないため、おおむねどのような規程があるかの把握が中心となるが、様々な情報の端緒となりやすい。

(3) 重要な会議体

株主総会や取締役会等、対象会社における重要な会議体の招集手続、決議状況、議事録等の作成、備置の状況等を確認する。

例えば取締役会の議事録の法定備置期間は取締役会の日から10年であるが（会社法371条1項）、中小M&Aにおいては、時間の制約等から直近3〜5年分程度の議事録に限定して調査対象とすることが少なくない。

確認に際しては、必要な議事録が作成、備置されているかの確認に加えて、議事録の中身も目を通すことで、対象会社の直近の重要な行為等を把握することが可能となる。

中小企業においては、株主総会や取締役会の議事録が作成されていないことはめずらしくなく、一応作成されている場合でも、作成者が記載されていない等、法定の要件を満たさないことも多い。

111

第3章　法務デュー・ディリジェンスと各種契約書作成のポイント

　また、そもそも株主総会や取締役会自体会議が過去に開催されてこなかったというようなことも、中小M&Aにおいてはしばしばみられるケースである。

　過去の株主総会や取締役会の実態がないとなると、決議の不存在確認の訴え等により、決議の有効性や存在を争われる可能性を指摘しなければならない。

　この点、過去の株主構成や役員構成次第では、当該リスクは必ずしも高くないといえるケースもあるだろう。しかし、その可能性が全くないわけではない以上、最終契約書においては、対象会社の株主総会決議や取締役会決議がいずれも存在し有効であることに関して表明保証させるか、または、クロージング後に対象会社の株主総会決議や取締役会決議の不存在が原因で買主が損失を被った場合の特別補償条項を設けること等を検討する必要がある。

　PMIの観点からは、今後、株主総会および取締役会の開催を省略するのであれば、書面決議（会社法319条、370条）の方法を指摘しておくことも考えられるだろう。

(4)　過去の組織再編、M&A

　その他、過去の組織再編等についても確認を要する。仮に該当するものがある場合には、株主総会決議や取締役会決議等の必要な手続が履践されているか、当該組織再編等により対象会社がどのような義務を負っているか等についても確認を要する。

3　株主・株式

【開示依頼資料（例）】

1	株主名簿	すべて
2	過去の株式の異動履歴（増資、譲渡等）がわかる資料	すべて
3	過去の株式発行に関連する資料（発行要項、議事録等）	すべて
4	過去の自己株式の取得に関連する資料（議事録等）	すべて
5	株式に付帯する権利、負担あるいは制限に関する資料	最新
6	発行済株式の種類別内訳	最新
7	新株引受権、新株予約権、株式への転換権、オプション権等がある場合はその詳細がわかる資料	最新
8	株式の購入、買戻等に係る投資家その他の者との投資契約、株主間契約等に関する契約書	すべて

Ⅱ 法務DDの調査事項

【検討のポイント】

(1) 株式の発行状況

　まず、対象会社の商業登記簿謄本等を確認することで、発行可能株式総数や発行済株式総数、新株予約権や新株予約権付社債等の潜在株式の発行の有無等を把握する。潜在株式が存在する場合の詳細はここでは割愛するが、例えば当該M&A取引（株式譲渡）の実行前に対象会社が潜在株式を取得して消却することが可能であるか等について検討することが必要である。

　中小M&Aにおいては、種類株が発行されているケースは多くはないが、仮に種類株が発行されている場合には、当該M&A取引の実行にあたって、種類株主総会決議の必要等について確認する必要がある。

　対象会社の株式に対する担保等の設定がなされているかどうかは、QAシートやヒアリングで確認を行う。

(2) 株　券

　中小M&Aにおいては、株券発行会社とされているにもかかわらず、株券が発行されたことがなく、過去の株式の譲渡（株主の変遷）においても、株券の交付がなされたことはないといった事例はよくある。

　この点、株券発行会社においては、株式譲渡の効力発生には株券の交付が要件とされている（会社法128条1項）。そのため、株券発行会社であるにもかかわらず、株券の交付なくなされた株式譲渡については、その有効性が争われるリスクがある。

　この点、対象会社の過去の株主が、親族で構成されてきたような場合や、何十年も前の株式譲渡であり、長年にわたり当該株式譲渡の有効性を争われたことがないような場合には、現実的には上記リスク顕在化の可能性は高くないと考えられるが、一般的には次のような対応策が検討される。

　まず、過去の株式譲渡の株券交付をやり直すという対応が考えられる。しかし、事後的な株券交付により株式譲渡の瑕疵が完全に治癒されるものではなく、また、相手方が特定できない、連絡がとれないといったケースもめずらしくない。

　そこで、最も現実的な対応としては、最終契約書（株式譲渡契約書）において、過去の株式譲渡の有効性について表明保証させ、あわせて、株券の不交付

113

に起因して損害が生じた場合の特別補償条項を定めることが考えられる。

なお、実際には株券の発行が行われていないにもかかわらず、定款や商業登記簿謄本を確認すると株券発行会社のままとなっている場合がある。これは、平成16年商法改正以前は、すべての株式会社において株式の譲渡には株券の交付が必要とされていたことも影響している。

前述のとおり、株券発行会社の場合は、株式譲渡に際して株券の交付が効力発生要件とされていることから、株式譲渡契約においては、クロージングの前に対象会社を株券不発行会社とする旨の定款変更をすることおよび当該株主総会議事録の提出を義務付けたうえで、それらの義務の実行をクロージングの前提条件とすることが対応策として考えられる。

(3)　株主構成

ア　株主名簿の未作成

株主構成について、中小M&Aの場合は全株主を特定、確認するのが通常である。

この点、対象会社において株主名簿の作成、備置がされていないケースは中小M&Aでよくみられる。

会社法上、株式会社は、株主名簿を作成して、次の4点を記載または記録する（会社法121条1項）とともに、これを本店に備え置かなければならないこととされている（同法125条1項）。

① 株主の氏名または名称および住所

② 各株主の有する株式の数（種類株式発行会社の場合は、株式の種類および種類ごとの数）

③ 各株主が株式を取得した日

④ 各株主の有する株券の番号（株券発行会社のみ）

株主名簿の作成または備置を怠った場合、会社法上の罰則として、取締役等の役員は100万円以下の過料に処せられる可能性がある（会社法976条7号・8号）。

しかし、対象会社に株主名簿について資料開示依頼を求めると、法人税申告時の同族会社等の判定に関する明細書（法人税申告書別表二）のみが開示され、上記の事項が記載された株主名簿は作成されていないというケースは頻出であ

る。

　このような株主名簿の未作成は、最終契約（株式譲渡契約）との関係では、どのような問題があるだろうか。

　この点、会社法上、株主が株式譲渡を会社その他の第三者に対抗するためには、株主名簿に株式取得者の氏名または名称および住所を記載または記録する必要がある（会社法130条1項）。

　しかし、対象会社で株主名簿が未作成である場合、株式譲渡に際して、対象会社の株主名簿の名義書換を行うことができず、当該株式譲渡を対象会社その他の第三者に対抗することができないことになる。

　これについては、株式譲渡契約において、必要的記載事項を記載または記録した株主名簿の作成および備置が対象会社において行われることをクロージングの前提条件とすることが対応策として考えられる。

　　イ　名義株主

　名義株とは、名義上の所有者と実質的な所有者が異なる株式のことをいう。名義株が生じるケースは様々であるが、中小M&Aにおける頻出例は、次のような事情による。すなわち、平成2年の商法改正前まで、株式会社を設立するには最低7名の発起人が必要であったところ、親族や知人の名義を借りることで7名の要件を満たすということが実務上よく行われていた。その際、名義株に係る確認書等が交わされているケースもあるが、そのような確認書等は交わされていない場合には、名義株主から自己が真の株主であるとの主張がなされるリスクが否定できないということになる。また、設立から年月が経過していることで関係資料が散逸し、そもそも発起人の氏名や出資額、設立時株式の引受株式数等の情報が確定できないようなケースもある。

　名義株主が存在する場合にまず考えられる対応としては、名義株主から名義株に係る確認書を取得すること等をクロージングの前提条件とすることである。しかし、実際には、確認書を求めることがかえって「やぶ蛇」となり得るリスクもあり、かかる方法を実際にとるかどうかは慎重な判断が必要である。

　そのほか現実的な対応としては、株式譲渡契約において、売主に対し、対象会社の株式がすべて適法かつ有効に発行されたものであること、売主が適法に株式を保有していること等を表明保証させることが考えられる。また、これと

第3章　法務デュー・ディリジェンスと各種契約書作成のポイント

あわせて、対象会社の株式の有効性または株主の変遷に係る瑕疵に起因して生じる一切の費用または損害を売主に補償または賠償させる旨の条項を定めること等が考えられる。

4　許認可等

【開示依頼資料（例）】

1	取得している許認可および承認並びに貴社が行っている届出および登録等の一覧	最新
2	1の許認可等に関する許可証、承認証、届出書および登録済証等	最新
3	1の許認可等に関して、当局からの指導等を受けている場合はその指導等の内容がわかる資料	最新
4	3のほか、許認可等に関し違反している事実がある場合にはその内容がわかる資料	最新
5	取得している許認可等のうち、取り消されるおそれがあるものまたは本件取引成立に伴い、官公庁等の承認・同意もしくは官公庁等への変更許可申請・届出・通知を要する許認可等の一覧	最新

【検討のポイント】

（1）　基本的な調査内容

　法務DDにおける許認可等（「許可」「認可」に限らず、「承認」「届出」「登録」等様々な名称があり得ることに注意を要する）の確認は、対象会社が必要な許認可等を有効に取得しているか確認するとともに、当該許認可について、当該M&A取引実行後に有効に継続することができるか（許認可を問題なく承継することができるか）を確認することが基本となる。

　開示依頼資料（例）に記載のとおり、まずは対象会社に取得している許認可等の一覧と、各許認可等の内容が確認できる資料の開示を求める。また、コンプライアンスの調査と一部重複するが、当該許認可に関して、業法違反や許認可等の取消し等のおそれがないかについても確認を行う必要がある。

（2）　取引スキーム等の検討

　前述のとおり、許認可等は当該M&A取引のスキームに関係することも多く、その意味で、DDの初期段階で慎重な確認が必要な項目であるといえる。

116

例えば、事業譲渡や合併等、当該M&A取引を実行することによって、許認可等を必要とする法人が対象会社とは別の法人となるスキームにおいては、許認可等の取得や承継の手続の確認は必須である。

　この点、中小M&Aにおいて採用されることの多い株式譲渡のスキームの場合、取引実行後も対象会社が継続して事業を行うことから、許認可等を維持できるケースが多いと思われる。しかし、許認可等によっては、株主変更の届出等の一定の手続が必要となる場合もあるため、やはり注意が必要である。

　また、中小M&Aにおいては、取引実行後は、経営者株主が取締役を退任することが想定されているケースも多く、注意を要する。すなわち、経営者株主が不在になることによって、許認可の取得・継続の要件である管理者等の人数を満たさなくなることにならないか注意が必要である。対象会社が建設業者である場合を例にして、以下説明する。

　建設業者は、建設業に係る経営業務の管理を適正に行うに足りる能力を有する者として一定の経営業務管理体制を整備しなければならず（建設業法施行規則7条1号）、法令が求める経営業務管理体制が整備されていない場合は建設業許可の取消事由となる（建設業法29条1項1号）。そして、経営業務管理体制の整備の一環として、建設業者の常勤役員等のうち1名はいわゆる経営業務管理責任者でなければならないとされている。

　中小M&Aにおいては、対象会社において経営業務管理責任者の立場を担える人材は、社長である経営者株主しかいないというようなケースもあり得る。それにもかかわらず、取引実行と同時に経営者株主が退任してしまえば、経営業務管理体制の要件を満たさず建設業許可の取消事由に該当するリスクが発生することになる。こうした場合には、経営者株主の退任時期について調整したり、あらかじめ経営業務管理責任者の立場を担える外部の人材を確保しておく等の対応を検討する必要がある。

(3)　業種ごとの許認可等

　〈図表3-2〉は、中小M&Aで比較的よく出てくる業種ごとの許認可等や管理者等の例である。実際に法務DDにあたる際には、最新の許認可等の要件等を確認し、また、必要に応じて監督官庁に問い合わせる等して、慎重に検討されたい。

第3章　法務デュー・ディリジェンスと各種契約書作成のポイント

〈図表3-2〉　業種ごとの許認可等や管理者等の例

業種	許認可等	管理者等
一般建設業・特定建設業	・一般建設業許可 ・特定建設業許可	・経営業務管理責任者 ・専任技術者
労働者派遣事業・人材紹介事業	・一般労働者派遣事業許可 ・特定労働者派遣事業届出 ・有料職業紹介事業許可	・派遣元責任者 ・職業紹介責任者
旅館・ホテル業	・旅館業営業許可	・管理者
飲食業	・飲食店営業許可 ・酒類販売業免許	・食品衛生責任者 ・酒類販売管理者
薬局・医薬品販売	・薬局開設許可 ・医薬品販売業許可	・管理薬剤師
不動産取引・仲介業	・宅地建物取引業免許	・宅地建物取引士

5　重要な契約

【開示依頼資料（例）】

1	主要受注先・主要仕入先の一覧表（受注高・仕入高、取引内容および契約書の有無を含む。）および受注先・仕入先との間の取引に関する契約およびこれらに関する一切の書類	最新
2	主要発注先・主要売上先の一覧表（受注高・売上高、取引内容および契約書の有無を含む。）および発注先・売上先との間の取引に関する契約およびこれらに関する一切の書類	最新
3	業務提携契約、合弁事業契約等の事業提携に関する契約	最新
4	競業避止義務および独占的権利の付与その他これらに類する条項を含んだ契約およびこれらに関する一切の文書（もしあれば）	最新
5	締結している保険契約の一覧表	最新

118

6	1〜5の契約において、債務不履行が発生したものもしくは発生するおそれのあるものまたは近い将来解除・解約される予定の契約の一覧表およびそれぞれに関する一切の文書（その理由を記載した文書を含む。）	最新
7	役員、株主、その他の会社関係者との取引に関する契約書	最新
8	その他本取引に影響を与える重要な契約の契約書	最新

【検討のポイント】

（1）　総　論

対象会社の事業を継続するうえで重要な契約について、今後も契約が継続可能か、当該M&A取引によって契約が終了してしまうことがないか等の観点から調査を行う。

対象会社の事業内容によっては、契約の数が膨大となり、すべての契約を確認するのは現実的ではないこともめずらしくない。こうした場合には、取引金額の大きい主要な取引先（例えば売上上位5〜10社程度に絞るなど）や、代替性の低い取引先（特定の原材料の仕入先など）をピックアップし、重要性に応じて調査範囲（スコープ）を絞ることになる。また、契約書のひな型が存在する場合には、ひな型のみチェックすることも考えられる。契約の調査範囲（スコープ）については、キックオフ・ミーティングなどDDの初期段階で買い手と協議して決定することが望ましい。

一般的な調査項目としては、契約書の有無、契約の期間・更新・解除等に関する条項（COC条項を含む）、競業避止義務、契約不適合責任、買戻し条項、その他対象会社に不利な条項がないか等である。

その他、債務不履行など契約違反の有無についても確認が必要となるが、これは通常QAシートやヒアリングで確認することになる。

以上に加えて、契約書の保管状況や管理の責任者など、契約書の管理体制についても確認することも有益である。

（2）　COC（チェンジ・オブ・コントロール）条項

COC（チェンジ・オブ・コントロール）条項とは、対象会社の支配権が移動したことが当該契約の解除事由等とされているものである。当該M&A取引（株

式譲渡等）が当該契約における解除事由等に該当しないか契約条項を確認する必要がある。

支配権の移動が解除事由にはなっていない場合であっても、当該契約の相手方の事前の通知や承諾等が必要と規定されていることもある。こうした場合には、最終契約において、売主に対し、対象会社をして事前の通知を行う等の必要な措置を講じることを義務付けることが対応策として考えられる。

実際の契約書においては、当該M&A取引（株式譲渡等）がCOC条項に該当するか、判断が微妙なケースが多々ある。法務DDにおける指摘としては、基本的には保守的に判断する場合が多い。

例えば、契約書において、合併する場合に他方当事者への書面による通知義務が発生することが定められているが、株式譲渡については特に触れられていないようなケースにおいて、どのように考えるべきか。

この場合も、形式的には合併ではないとはいえ、対象会社が買主の完全子会社になる取引であり支配権の変更が生じる合併等の組織再編行為に準じて通知義務が発生するものと評価される可能性は皆無とまではいえないとの考えはあり得る。

そこで、取引の実行にあたっては、契約の他方当事者に対し、書面による通知をしておくことが望ましい場合もあるだろう。実際には、当該契約が対象会社においてどの程度重要なものであるか等も踏まえて、ケースごとに慎重な判断が必要となる。

(3) 関係者間取引

中小M&Aにおいては、対象会社と株主（やその親族）との間で、対象会社の事業上必ずしも必要ではない契約が締結されていることがある。例えば、対象会社の事業と関連性がない経営者株主の親族個人のための保険に加入しているケースや、対象会社からの貸付け等である。

こうした対象会社における関係者間取引は、基本的には取引の実行に際して解消しておくことが望ましい。そのため、最終契約においては、売主に対し、対象会社をして当該関係者取引の解消（貸付けであれば弁済）を義務付ける等の対応が考えられる。

Ⅱ　法務DDの調査事項

6　資　産

【開示依頼資料（例）】

1	所有または使用するすべての土地・建物等の不動産の一覧表（種類、所在地、所有者、利用権、担保設定状況等を記載したもの。）	最新
2	所有または使用する不動産に係る売買契約、および賃貸借契約・その他の不動産の使用権限を示す関連書類一式	最新
3	事業経営上重要な動産の一覧表（種類、所有者、利用権、担保設定状況等を記載したもの。）	最新
4	所有または使用する事業経営上重要な動産に係る売買契約、賃貸借契約、リース契約その他の動産の使用権限を示す関連書類一式	最新

【検討のポイント】

(1)　総　論

　対象会社が有している資産は、事業に供するものと投資等その他の目的で保有するものとがある。資産の種類としては、不動産、動産、その他の資産（債権、有価証券、出資金等）がある。

　まず、開示された資料等から、対象会社が事業に使用している資産について、どのような資産があるかを把握し、それぞれの権利関係（所有権なのか賃借権等の利用権なのか等）を把握する。上記調査を行ったうえ、事業継続における支障の有無・内容を検討することが主眼となる。

　また、事業に供する以外の目的で保有する資産については対象会社の投資活動等の有無・内容、それに伴う潜在債務のリスク調査等が問題となる。

　事案にもよるが、DDには時間的・コスト的な制約があるため、調査の範囲や方法の決定については、買主の意向も踏まえて合意を形成しておく必要がある。

(2)　不動産

ア　所有または使用する不動産の把握

　対象会社が所有または使用する不動産のリストの開示を受ける。当該リストにおいては、所在や地番または家屋番号といった物件を特定するための情報、所有物件なのか賃借物件なのか、当該不動産の用途は何であるか等の記載を求

121

める。当該リストによって、不動産の一覧を把握するとともに、対象会社の事業運営上特に重要な不動産について把握する。未登記の建物については、全部事項証明書が存在しないため、当該リストを通じて存在を把握する必要がある。

イ　所有権を有している物件

まず、対象会社が有している物件について、対象会社が所有権を有することを全部事項証明書等によって確認する。

次に、対象会社による利用や処分が制限を受ける権利関係が存在するかを確認する。利用が制限を受ける典型的な権利関係は、第三者と賃貸借契約等を設定している場合であり、処分が制限を受ける場合の典型例は、抵当権等の担保権が設定されている場合である。

また、法令上の制限がある場合もある。例として、都市計画法、文化財保護法、農地法等によって、土地の使用目的や用途が制限を受けることがある。

ウ　賃借権等を有している物件

賃借権等を有している場合には、その権利関係の有無・内容について検討する。上記は、主として賃貸借契約書等の確認によって行う。確認するポイントは、契約の種類（普通賃貸借か定期賃貸借か等）、契約期間、更新に関する定め（更新条件・手続等）、COC条項の有無等がある。これらを検討のうえ、賃借権等の利用権を継続できるかが確認すべき中心的な問題である。

また、契約終了時の義務の負担等において、過大な負担となる条項があるかといった点についても確認する。例えば、原状回復などに関して多額の費用が発生するような内容になっていないか等を検討する。

スキームが事業譲渡である場合には、賃貸人の承諾が必要となるため、賃貸人が承諾する見込みの確認や、事前に承諾書を得るなどの対応が必要となる。

エ　調査の範囲（実地調査の要否等）

中小M&Aの法務DDにおける不動産の調査は、上記開示依頼資料から発見できる問題点の把握にとどめ、それを超えた実地調査、環境汚染の調査・耐震強度の調査等までは実施しないことが多いと思われる。これは、法務DDにおける時間的・コスト的な制約を受けてのものである。

もっとも、事業継続において特に重要性が高い工場などに関しては、リスク

が存在することがうかがわれるような状況であれば、実地調査や別途専門家に依頼しての調査（本格的な不動産DDや環境DD）を実施することはあり得る。

例えば、対象会社から開示を受けた現在または過去の紛争案件の内容や、担当者へのインタビュー等において、重要な工場に係る不動産について土壌汚染や境界紛争等の問題があることが示唆される場合には、必要に応じて外部の専門家も交えて上記の調査を検討することはあり得る。

以上より、不動産法務DDにおいてまず実施すべきは上記開示資料の検討と現在または過去における関連する紛争の有無・内容の洗い出し、担当者に対するインタビューであり、特段問題がなければその段階で終了し、問題があり得る場合には別途の調査を検討するという手順が考えられる。

(3) 動 産

対象となり得る動産としては、仕掛け品・原材料、工場の生産設備、自動車、オフィス等の備品（机、椅子、パソコン、サーバー、その他什器備品等）がある。

このうち、重要となるのは、事業継続に影響を与える可能性が高いものを調査することである。そのため、上記のうち、事業継続への影響の度合いが大きいものを優先的に対象とすることになる。

原材料、機械設備や什器備品を売買契約において調達している場合、当該物品に瑕疵が特段存在しない場合には、基本的には問題ない。反対に、多数の瑕疵が存在するような場合には、契約不適合責任の追及を検討する必要があるほか、当該物品の入手経路を再考する必要がある。

また、前記5においても触れたように、事業継続に必要な物品を特定の業者から入手しているような場合で、別の経路から同種の物品を入手することなどによって代替困難なときには、当該特定業者との契約の継続性についても確認する必要がある。具体的には、当該業者との取引基本契約における終了事由の内容やCOC条項の有無等を確認する必要がある。

什器備品や工場の生産設備をリース等によって調達している場合、それに関する契約書を検討する。

リース契約等の場合、COC条項が存在する場合があり、株式譲渡を行ったときには契約解除事由に該当することがある。その場合には、実際に株式譲渡

第3章　法務デュー・ディリジェンスと各種契約書作成のポイント

を行った場合に契約解除の意向があるか否かを事前に確認し、契約解除を行わないことを確認することなどが必要となる。

また、スキームが事業譲渡の場合には、リース会社から賃借人の地位の譲渡について承諾を受ける必要があることに留意する。

(4)　事業上重要な資産を経営株主等が所有している場合の対応

中小M&Aにおいて対象会社となる中小オーナー企業においては、対象会社の資産と経営株主やその親族（以下「経営株主等」という）の個人資産が混同しているケースがしばしばみられる。具体的には、対象会社の事業上重要な資産を経営株主等が所有している場合がある。一例として、対象会社の事業上重要な工場は、経営株主等の所有している土地上に建っており、対象会社と経営株主等の間には土地の賃貸借契約が結ばれているといったケースが想定される。

このような場合、まずは取引の実行に際して、当該土地を対象会社が取得することをクロージングの前提条件とすることが検討される。また、このような対象資産の取得が困難な場合には、賃貸借契約を今後問題なく継続させることができるよう契約書を巻き直す等の手当てを慎重に検討する必要がある。

(5)　対象会社と経営株主等との間で債権債務関係がある場合の対応

中小M&Aにおいて対象会社となる中小オーナー企業においては、対象会社と経営株主やその親族との間で債権債務関係がある場合もしばしばみられる。

対象会社から経営株主等に対して貸付けを行っているケースでは、M&Aの対価からの回収や、経営株主等がM&Aと同時に役員を退任する場合には退職金と対当額において相殺することにより回収する方法が検討される。

逆に、対象会社が経営株主等からの借入れをしているケースでは、対象会社のキャッシュフローに問題がない限りは、まずは対象会社から経営株主等への当該債務の弁済を検討することになる。

7　負　債

【開示依頼資料（例）】

1	返済未了の金銭消費貸借契約の一覧表	最新

2	保証契約、その他損失補償契約、損害担保契約等の一定の場合に負債が生じる可能性がある契約の一覧表	最新
3	金銭消費貸借契約書、保証契約書、損失補償契約書等一定の場合に負債が生じる可能性がある契約書等一式	最新

【検討のポイント】

(1) 既存の債務

金銭消費貸借契約の一覧の開示を受け、債務の内容を把握する。銀行からの融資が典型的である。契約書の内容を確認のうえ、明細のチェックやヒアリングなどを実施し、債務の額、返済状況、残債務等を確認する。

銀行融資等で、株式譲渡や組織再編行為、または事業譲渡が行われた場合には期限の利益を喪失する旨の条項が定められていることがあるため、そうした条項がないかを確認する。当該条項が存在する場合には、M&Aを実行した場合に期限の利益喪失を主張することがない旨の合意を債権者から取得するなどの手当てが必要となる。

また、期限の利益喪失条項に該当する事由が過去にすでに発生しているにもかかわらず、対象会社のために期限の利益喪失の主張を債権者が控えている場合がある。その場合、理論的には、M&A実行後に期限の利益喪失の主張がなされる可能性があるため、過去に発生した事由を理由として期限の利益喪失の主張をしないことについての確認をとることも検討すべきである。

対象会社が中小企業である場合には、対象会社の債務について代表者が個人保証を行っていたり、保有する不動産に担保を設定している場合が多い。M&Aの実行後は、対象会社に対する経営権を失うにもかかわらず、個人保証や担保の負担が残ることは忌避される場合が多く、保証や担保の切り替えができない場合には、M&A実行の障害となることが多い。そのため、保証や担保の切り替えに関する銀行等との交渉が重要となり、銀行等の意向も踏まえて、買い手と売り手の利害の再調整が必要となる場合がある。

(2) 潜在債務

対象会社が第三者の債務に関する保証契約を締結している場合や、損失補償契約等を締結している場合、一定の事由が発生した場合には対象会社に債務が

第3章　法務デュー・ディリジェンスと各種契約書作成のポイント

生じることとなる。

　そのため、上記の契約があるかを確認し、一覧表の提出を求める。第三者の債務の保証契約などは、取締役会で決議されている場合も多く、取締役会議事録に当該記載がある場合には、一覧表と対照し、記載漏れの有無についての確認を行う必要がある。

　第三者の債務の保証契約が存在する場合には、主債務者を特定し、主債務者の資力や返済状況等を確認する。損失補償契約の場合には、その内容に応じて当該契約によって現実に損害補償義務が発生する蓋然性とその金額を調査する。その蓋然性や金額を踏まえて、M&Aの対価の調整が行われることもある。

　保証契約の主債務者が売り手のグループ会社・関連会社等である場合には、M&Aを実行する条件として、当該保証契約の解除を求めることも多い。

8　知的財産

【開示依頼資料（例）】

1	保有する商標・特許等の知的財産権の一覧（出願中の権利を含む。）	最新
2	第三者から受けている知的財産権のライセンスの一覧と関連する契約	最新
3	第三者に対して行っている知的財産権のライセンスの一覧と関連する契約	最新
4	未契約特許の有無・一覧、係争・協議の内容（もしあれば）	最新

【検討のポイント】

(1)　保有する知的財産の確認

　対象会社が保有する知的財産権としては、産業財産権（特許、実用新案、意匠、商標等）、著作権等がある。

　産業財産権については、対象会社の名義で登録がなされているかを確認する。併せて、登録原簿の確認やヒアリングを通じて、共有者の存在の有無、質権等の担保権設定の有無、専用実施権、通常実施権、出版権等の第三者への利用権限の設定がなされていないかの確認が必要となる。第三者への利用権が設定されている場合には、関係する契約書の内容を検討し、その利用権の内容を

126

把握する。

　上記を超えて、産業財産権が後日無効となるリスクの調査を実施するかという問題がある。この点、個別の権利について無効要因が存在するか否かは、専門的な調査を必要とし、時間もコストも生じること、また、調査を実施しても必ずしも明確に結論が出ないことも多いことから、網羅的にその調査を実施することは現実的ではない。対象会社から知的財産権に関する紛争の有無を確認し、紛争が存在する場合に当該権利の有効性を調査するといった手法が現実的である。なお、職務発明については、後述する。

　著作権が対象会社に帰属しているかの確認においては、対象会社内部で著作された著作物については職務著作の要件を満たすかの確認が必要となり、第三者から承継取得したものについては取得に係る契約書等の確認が必要となる。

(2)　職務発明

ア　対象会社への権利帰属の問題

　いわゆる職務発明については、発明者である個人に特許を受ける権利が帰属することが原則であるが、職務発明（特許法35条1項）の要件を満たすものについて、勤務規則その他の定めにおいてあらかじめ使用者等に特許を受ける権利を取得させる旨定められているときは、特許を受ける権利は使用者に原始的に帰属する（同条3項）。

　中小企業の場合には、職務発明に関して就業規則およびその関連規程、または契約において上記の点が整っていない場合がある。それにもかかわらず、会社が特許出願して特許を受けている場合には、いわゆる冒認出願となり、特許の無効事由となることに加えて、後日、発明した個人から損害賠償請求等がなされるリスクがある。そのため、職務発明に関して就業規則やその関連規程、または契約において、職務発明について対象会社が特許を受ける権利を取得させる旨定められているかの確認が必要である。

イ　対価の支払の問題

　職務発明について使用者に特許を受ける権利を取得させた場合などにおいては、発明者は、「相当の利益」を受ける権利を有する（特許法35条4項）。

　そのため、職務発明が存在する場合には、適切な対価を支払っているかが問題となる。適切な対価が支払われていない場合には、将来的に対価の支払請求

第3章　法務デュー・ディリジェンスと各種契約書作成のポイント

がなされるリスクがある。のみならず、一定の対価を支払っている場合においても、後日、対価が十分でないとする請求がなされる可能性は否定できない。そのため、一定の対価を支払っている場合でも、その額が適正かという論点があり、特に多額の利益をもたらしている特許については慎重な検討が必要となる。

(3)　対象会社による第三者の知的財産権の侵害

対象会社が第三者の知的財産権を侵害している場合、それに基づく損害賠償請求がなされるリスクがある。

そのため、対象会社が第三者の知的財産権を侵害しているか否かは重大な関心事といえる。もっとも、対象会社が第三者の知的財産権を侵害しているか否かを調査することは相当な困難が伴う。特許を例にとると、対象会社の事業における専門技術的な事柄について、DDを実施する者は十分な知識を有していないことが通常であるから、本格的な調査をするためには外部の専門家への依頼も必要になるが、時間的にもコスト的にも制約があるDD（中小企業を対象とする場合は一層予算に余裕がないことが多い）において、そうした調査を行うことは現実的ではないことが多い。そのため、現在または過去において第三者から具体的な侵害の主張がなされているような場合において、当該主張を検証する必要性が相当程度あると認められる場合に、対応する調査の実施を検討することが現実的であると思われる。

9　人事労務

【開示依頼資料（例）】

1	各拠点・部門別の従業員数および各雇用形態の内訳（正社員、パートタイム、出向、契約、派遣等）	最新
2	就業規則、給与規程、育児介護休業規程、退職金規程、その他人事制度等に関する資料	最新
3	従業員の各雇用形態の契約書等（労働条件通知書、労働契約書、出向契約書、派遣契約書）のひな形	最新
4	労働組合に関する説明・概要（歴史、現状、組合員の数、組合専従者の氏名およびその処遇を含む。）	最新

128

5	労使協定（時間外、休日労働に関する労使協定（36協定）等）	最新
6	労災事例に関する資料（労災給付申請に関する書類等）	直近3年
7	懲戒事例に関する資料	直近3年
8	過去に実行された、あるいは今後実行されることが決定されているリストラや人員削減の計画	直近3年
9	減給・賃金カットその他従業員の労働条件の不利益変更に関する資料	直近3年
10	不当労働行為または申し立てられた苦情もしくは不服およびそれに対応した際の資料	直近3年
11	従業員や労働組合との間で係属している訴訟（解雇無効、賃金未払、ハラスメント等）の一覧	直近3年
12	管理監督者の基準および従業員における比率に関する資料	最新
13	労働局、労働基準局、労働基準監督署または社会保険事務所等から受けた指導、指摘等の一覧表（時期、指導・指摘等の内容、対応状況が記載されたもの）	すべて
14	特殊な雇用条件の内容およびそれが適用されている者に関する資料	最新

【検討のポイント】

（1）　総　論

　人事労務に関しては、潜在債務が存在する可能性が高い分野であり、注意を要する。潜在債務が存在する可能性が最も高く、かつ、高額になりやすいのが割増賃金（残業代）の未払である。金銭的なインパクトが大きいため、割増賃金不払に関する諸問題の検証が特に重要である。

　社会保険料・労働保険料の不払がある場合、追徴を受けるリスクや労働者から損害賠償請求がなされるリスクもあり、保険料が適切に支払われているかの確認が必要である。

　こうした潜在債務が発見された場合の具体的な対応策としては、過去の未払賃金等の支払請求を受けるリスクを見越したM&Aの対価（譲渡価格）の交渉を行うことや、最終契約書において、従業員または退職者から未払賃金の支払請求がなされた場合等に関する特別補償条項を設けることが考えられる。

129

第3章　法務デュー・ディリジェンスと各種契約書作成のポイント

　また、労働基準法は、使用者に対して種々の義務を課しており、違反した場合には刑罰の適用もあるため、労働基準法が定める種々の義務を履行できているかの検討も必要となる。

(2)　全体的な人員構成の把握と就業規則の確認

　各拠点・部門別の従業員数および雇用形態ごとの内訳を把握し、対象企業の全体的な従業員の構成を把握する。そのことによって、後述する各ポイントのどのあたりに問題が潜んでいるかの予測が立つことがある。

　また、各雇用形態に対応する就業規則（関連する諸規程も含む）が整備されている必要がある。例えば、正社員、契約社員、パート社員が存在する場合、それぞれに対応する就業規則が必要となる。それが存在しない場合、就業規則の作成、届出義務違反にあたる（労働基準法89条）。また、それだけでなく、各雇用形態に対応する就業規則を欠くということは、当該雇用形態に関する労働時間・賃金等の重要なポイントを含む労働条件があいまいになっているリスクが高いことになる。さらに、就業規則は、常時各作業場の見やすい場所へ掲示するなどの法所定の方法によって、労働者に周知させなければならない（労働基準法106条１項、同法施行規則52条の２）。また、就業規則によって、従業員との労働契約内容を規律させるためには、就業規則を労働者に実質的に周知すること（労働者が知ろうと思えば知り得る状態におくこと）が必要とされているため（労働契約法７条）、周知状況についても確認すべきである。

　以上より、まずは対象会社の全体的な従業員の構成や雇用形態を把握し、また、就業規則の作成・届出や周知の状況を確認すべきである。

(3)　割増賃金に関する調査

ア　労働時間の適切な把握

（A）　労働時間の概念

　労働時間とは、使用者の指揮命令下にある時間をいい、その該当性判断は客観的に行われるものである。

　労働時間には、本来的な業務時間のほか、業務を遂行するために必要な準備作業の時間、例えば、更衣、業務前後の掃除や後片付け、指示による研修時間、交替制勤務における引継ぎ時間、業務報告書等の作成時間、会議・打合せ等の時間、指示による施設行事等の時間およびその準備時間、事業場から営業

先、営業先から別の営業先への移動時間等も含まれるものである。上記のように本来的な業務時間以外であっても労働時間に該当するものがあるため、対象会社が労働時間として把握しているものに漏れがないかを確認する必要がある。

（B）　労働時間の端数処理の問題

労働時間は原則的には１分単位で把握せねばならないが、１日の労働時間を15分単位や30分単位で把握し端数を切り捨てているような例があり、特に中小企業ではそうしたことが散見されるが、これらは適法な手法とはいえない。端数分についても労働時間を把握し、それに対応する割増賃金の支払を行う必要がある。

（C）　労働時間の把握の仕方の問題

労働時間は、原則として、タイムカード、ICカード、パソコンの使用時間の記録等の客観的な記録を基礎として確認する必要がある[3]。

これに対して、労働者の自己申告によって労働時間を把握している場合など、使用者が把握している労働時間と実際の労働時間がかい離する場合がある。そのかい離がある場合には、本来支払われなければならない割増賃金が支払われず、未払債務が存在する可能性が高い。対象会社が自己申告等によって労働時間を把握している場合、客観的な労働時間を把握する資料（パソコンのログや入退館記録など）に基づき、より正確な労働時間を計算し、未払割増賃金の額を計算することを検討すべきである。

イ　割増賃金の単価の問題

割増賃金の単価の計算においては、除外賃金とよばれるものがあり、この除外賃金は割増賃金の単価計算において算入する必要がない。留意すべき点として、まず、除外賃金に関する定めは限定列挙と解釈されており（労働基準法37条５項、同法施行規則21条）、除外賃金に該当しない賃金は、原則的に割増賃金の計算の基礎に含まれることになる（後述する固定残業代が有効な場合には、固定残業代も割増賃金の単価の計算から除外されるが、不適法な場合には算入され

3　厚生労働省ウェブサイト「労働時間の適正な把握のために使用者が講ずべき措置に関するガイドライン」〈https://www.mhlw.go.jp/stf/seisakunitsuite/bunya/koyou_roudou/roudoukijun/roudouzikan/070614-2.html〉参照。

第3章　法務デュー・ディリジェンスと各種契約書作成のポイント

る）。また、除外賃金に該当するかは実質的に判断されるため、名称からすると除外賃金に該当するようなものでも、手当の内容次第では除外賃金に該当しない場合がある。上記の点に留意し、割増賃金の単価が誤りなく計算されているかを確認する必要がある。

　ウ　固定残業代の問題

　いわゆる固定残業代（定額残業代）が導入されている企業が多くなっている。固定残業代の有効性が否定された場合、固定残業代で支払済みとしていた金額についてさかのぼって支払う義務が生じるうえ、割増賃金の単価も固定残業代を含めて再計算しなければならなくなり、多額の割増賃金の支払義務が生じる。

　固定残業代については、近年も新たな最高裁判例が出ているところであるから、最新の状況を踏まえてその有効性を検討する必要がある。

　エ　管理監督者性の問題

　労働基準法上の管理監督者（同法41条2号）に該当するため労働者に時間外・休日労働に関する割増賃金を支払っていないという場合があるが、労働基準法上の管理監督者該当性の判断は厳格になされるものであり、容易には認められない。そうした点を踏まえて、実際に管理監督者に該当する余地がどの程度あるかを検討する必要があり、管理監督者に該当しないと判断される場合には、時間外・休日労働に対する未払割増賃金を計算する必要がある。

　オ　変形労働時間制・フレックスタイム制

　対象会社が変形労働時間制・フレックスタイム制をとっている場合、それが労働基準法上有効であり、かつ、労使間の契約内容となっている場合、割増賃金の計算も上記制度を踏まえて計算されるものとなる。他方で、上記制度が労働基準法上の要件を欠いている等、無効となる場合には、通常どおり割増賃金が計算されることになるため、上記制度の有効性についても検証する必要がある。

　カ　事業場外みなしの問題

　労働者が労働時間の全部または一部について事業場外で業務に従事した場合において、労働時間を算定しがたいときは、所定労働時間など一定の時間労働したものとみなすことができる（事業場外みなし。労働基準法38条の2）。上記

132

の要件を満たす場合には、労働者が実際に何時間労働していたかにかかわらず所定労働時間など一定の時間労働したものとみなすことが可能であるが、「労働時間を算定しがたいとき」にあたるか否かについては、近年も判例・裁判例が出ているところであるので、その内容に留意しつつ、上記要件を満たすかを検討する。事業場外みなしが無効となる場合には、実労働時間に基づいて割増賃金を計算する必要がある。

(4) 社会保険・労働保険の問題

社会保険・労働保険に関しては、保険料の未納がある場合には簿外債務が存在することになる。そのため、加入状況や保険料の支払が適切かを確認する必要がある。保険料の未納がある場合には、2年間遡及して保険料を支払う必要などが生じ、場合によっては多額の債務となることがあり得る。また、中小企業においては、保険料を削減するため、使用者が一方的に、または労働者と合意のうえで、保険料が少なくなるよう操作している例も散見されるため、加入しているか否かの確認に加えて、給与額に照らして保険料額が適正であるかの検証も必要となる。

さらに、社会保険に加入していなかったこと、または保険料が本来支払われるべきものよりも低額であったことが原因となって、受給できる年金の額が減少したことについて従業員から損害賠償請求がなされる場合がある。一定の場合（年金支給開始年齢に達しているか、資格期間を満たしているか否か等が問題になる）には、上記の損害賠償請求を肯定する裁判例が複数存在し、1人分の損害賠償額として数百万円を認めるものもあるため、加入状況や保険料が適正でない場合には、そうした損害賠償請求がなされる蓋然性等も考慮する必要がある。

上記の問題が従業員の数だけ存在する場合には、潜在的な債務が高額となるので、留意する必要がある。

(5) 過去に行われた解雇等

対象会社が過去にリストラ等を行っている場合、解雇や雇止めが争われ、復職の請求と併せて、バックペイの請求がなされるおそれがある。日本においては、解雇の有効性は厳しく判断され（労働契約法16条）、雇止めについても、適法性が厳しく判断される傾向にある（同法19条）。

第3章　法務デュー・ディリジェンスと各種契約書作成のポイント

そのため、対象会社が過去に解雇・雇止めを行っている場合には後日争われるリスクを考慮する必要がある。一般に、解雇・雇止めから長期間が経過している場合には、争われるリスクは低下する傾向にあるが、間が空いていない場合には一層の注意が必要である。

(6)　労働基準法違反の問題

労働基準法は、時間外労働をさせる場合のいわゆる36協定の締結義務、労働条件の明示、就業規則の作成、届出義務等、刑罰をもって事業者に種々の義務を課している。

中小企業においては、上記に違反している場合が少なくないことから、ある程度網羅的に検討する必要性もあるが、違反した場合に直ちに刑罰等が科されるのではなく、速やかに改善するか、遅くとも指導や是正勧告を受けて改善すれば大過なく済むような事項もある。そのため、前述の割増賃金未払等の金銭的影響が大きい点を重点的に調べるなどの調整が必要である。

また、すでに労働基準監督署から指導や是正勧告を受けている場合もあるので、それらについての記録の提出を求め、併せてヒアリングも行って状況を確認する。

違反がある場合、速やかに是正できるものについてはクロージング前に対象会社に是正を求めることが考えられるが、クロージング後のPMIにおいて買い手主導で是正する場合もある。

10　コンプライアンス等

【開示依頼資料（例）】

1	行政処分もしくはこれに類する行政上の措置を受けたことがある場合には、その内容を説明した資料	最新
2	反社会的勢力との関係で問題となった事項があれば、その内容がわかる資料	すべて
3	内部監査部署の議事録・報告書等（内部監査部署（内部監査室、コンプライアンス会議等、名称は問わない）の内部監査結果、指摘事項、改善勧告等に関する資料。法令遵守管理体制に関する資料を含む。）	直近3年

134

4	役員または従業員による不祥事について、不祥事の内容、不祥事に対する貴社の対応、不祥事後の改善策の実施の有無および内容がわかる資料	直近3年
5	その他法令違反等が存在する場合は、その内容がわかる資料	最新

【検討のポイント】

(1) 業法違反等

　対象会社が業法に違反していないかを確認する。業法違反の事実がある場合、許認可の取消しや業務停止等のおそれがある。また、違反の事実について公表のペナルティが科されるものもあり、その場合には対象会社やグループ会社のレピュテーションリスクとなる。

　行政処分・行政指導等を受けたことがある場合にはその内容や経緯を客観的資料やヒアリングから確認する。併せて、それへの対応も確認し、問題が解消されているかを確認する。

　また、業法違反に関連してトラブルが第三者の間で発生していないかの確認も必要である。

(2) 環境法違反等

　対象会社が大気汚染防止法、水質汚濁法、土壌汚染対策法等に違反していないかが問題となる。対象会社が工場などを有している場合、類型的に上記のリスクが存在する。

　特に、土壌汚染については、一定の場合に都道府県知事により対象会社の負担により汚染の除去を命じられることがあり、その場合には多額の費用を要する場合がある。

　土壌汚染の有無等を調査するためには、外部の専門家（環境コンサルタント等）に依頼する必要がある。もっとも、限られたコストの範囲で行うDDの中では、その必要性が相当程度認められる場合に限って外部専門家への依頼を検討するのが通常と思われる。具体的には、汚染の可能性を示す現在または過去の紛争が存在するとか、ヒアリングにおいてその存在が示唆されたような場合に実施の検討がなされるものと思われる。

(3) 反社会的勢力の排除

　対象会社において、反社会的勢力の排除が十分でない場合、契約解除のリス

第3章　法務デュー・ディリジェンスと各種契約書作成のポイント

クやレピュテーションリスクがあるため、契約書などにおいて反社会的勢力を排除する旨の条項を設けているか等の確認を行う必要がある。十分ではない場合には、契約書に上記の条項を加筆するなどの対応が考えられる。

(4)　その他不祥事等

役員・従業員による不祥事の存否およびその内容、並びにそれに対する対処を確認するため、一覧表の提出を求め、併せてヒアリングを実施する。不祥事が存在する場合には、その存在による金銭的損害のリスク、レピュテーションリスク、対処によって再発防止が十分図られているか等を検証する。

11　訴訟その他紛争

【開示依頼資料（例）】

1	過去の争訟のリストおよびその概要がわかる資料	すべて
2	現在係争中の争訟の概要がわかる資料	最新
3	司法、行政上の判決、決定、命令、和解の一覧表およびこれらに関する記録	すべて
4	監督官庁や行政機関等から指摘、勧告または命令を受けた内容およびそれに対する是正措置の内容がわかる資料	直近3年
5	クレーム処理体制に関連する資料（クレーム処理マニュアル等）	最新
6	顧客・取引先その他の第三者から受けたクレーム等について記載された書類並びにそれに関する検討および対応の記録一式	直近3年
7	偶発債務またはその可能性があるものがあれば、その詳細がわかる資料	最新

【検討のポイント】

(1)　現在または過去の紛争を把握する意義

現在または過去の紛争を把握することにより、対象会社の業務内容やリスク管理体制の問題点を把握することができる。また、実際に起こった紛争と同種の紛争が潜在的に存在しており、将来的にはその紛争が現実化するリスクがある。

そのため、現在および過去の紛争を把握することは重要である。

(2)　特に留意すべき紛争

136

多大な潜在的債務になりうる紛争には特に留意すべきである。

例えば、対象会社がメーカーである場合に、大量に販売した製品について製造物責任や契約不適合責任を問う訴訟ないしクレームが複数継続している場合、当該主張が正当である可能性がある。当該主張が正当である場合、対象会社は製造物責任や契約不適合責任に基づき多額の債務を負担することになるリスクがあるため、そうした紛争がある場合には慎重にその内容を検討するべきである。

また、対象会社が工場を有している場合に、環境汚染等を理由とする差止請求・損害賠償請求等がなされている場合、正当であれば工場の稼働停止に追い込まれるリスクがあり、その工場が対象会社の事業の中心であるような場合には、対象会社の事業に重大な支障となる。

対象会社から紛争案件に関する訴訟記録・内容証明等の提出を受け、ヒアリングも実施し、対象会社の事業やリスク管理体制の問題点を洗い出し、その影響の程度を可能な限り正確に見積もることが求められる。

Ⅲ　最終契約書（株式譲渡契約書）作成のポイント

DDの結果、当該M&A取引実行の障害となるようなディールブレイカーが確認されなければ、当該M&A取引に係る契約の締結に進むことになる。最終的に締結される契約は、基本合意等と区別して、「最終契約」（DA：Definitive Agreement）とよばれる。

最終契約は、「タームシート」とよばれる契約の主要条件を項目別にまとめた表を用いて条件交渉から始まるケースもあるが、中小M&Aにおいては、タームシートの作成、やり取りは省略され、最初から最終契約書のドラフトが作成、提示されるケースが多いと思われる。

中小M&Aにおいては、オーナー経営者に直接資金が入ることや、手続が比較的簡便であること、税務面での考慮等から、株式譲渡のスキームが採用されることが多いと思われる。そのため、ここでは中小M&Aで最も採用されることが多いと思われる株式譲渡のスキームを前提に、株式譲渡契約書（SPA：Stock Purchase Agreement）の作成のポイントについて述べる。

以下、「中小M&Aガイドライン」の「（参考資料７）各種契約書等サンプ

137

第3章　法務デュー・ディリジェンスと各種契約書作成のポイント

ル」のうち、「(4) 株式譲渡契約書サンプル」（以下「ガイドライン書式」という）を適宜引用しながら実務上重要な点に絞って解説を行う。

1　株式の譲渡、譲渡価格およびクロージング

まず、株式の譲渡および譲渡価格については、株式譲渡契約における必須の項目として規定される。取引の内容や譲渡価格の支払時期・条件が明確になるよう規定すべきである。

ガイドライン書式においては、「第1章　本株式の譲渡」のうち、第1条〜第3条が該当箇所である。

第1章　本株式の譲渡

第1条（目的）
　本契約は、対象会社の一層の発展を目指し、本株式を甲が乙に対して譲渡することにより、対象会社の経営権を乙に移転することを目的として、締結する。

第2条（本株式の譲渡）
　甲は、乙に対し、本契約の規定に従い、○○年○○月○○日又は甲及び乙が書面により別途合意する日（以下「クロージング日」という。）において、本株式を譲り渡し、乙は甲から本株式を譲り受ける。

第3条（譲渡価格）
　本株式譲渡における本株式の対価（以下「本譲渡価額」という。）は、金○○円（1株あたり金○○円）とする。

ここで、「クロージング」という概念が登場する。クロージングとは、「取引の実行」のことであり、当該M&A取引に係る契約において、契約当事者がそれぞれ行うべき内容を指す。株式譲渡契約におけるクロージングとしては、売主から買主への株式の譲渡、そして、買主から売主への対価の支払である。なお、当然ながら、株式譲渡契約における売主は株主であって、対象会社ではないことに留意されたい。

M&A取引としての株式譲渡契約においては、契約締結日とクロージング日の間に一定期間がおかれるのが通常である。なぜならば、後述のとおり、株式

138

譲渡契約においては、クロージングの条件として、一定の手続を行うことが定められたり、これを履行するために一定の時間を要することが多いためである。

「クロージング日」については、「〇年〇月〇日又は当事者が別途合意する日」と規定される例が多い。クロージングの条件を充足するための手続等が遅れた場合に備えて、当事者の合意によってもクロージング日を定められるようにしたものである。

ガイドライン書式では掲載されていないが、譲渡価格と関連して、以下のような「価格調整」に関する条項がおかれることがある。これは、前述のとおり、契約締結日とクロージング日の間には一定期間がおかれ、その期間内に何らか譲渡価額に影響を与えるような事象が起き得ることから、事後的に譲渡価格の調整の余地を残すものである。

第〇条（価格調整）

　本契約締結後クロージングまでの間に、第〇条の甲の表明及び保証に違反する事由が発見された場合であって、当該違反が本契約締結時における対象会社の財務状況等に重大な悪影響を及ぼすものであると乙が合理的に認めた場合には、甲及び乙は、当該違反の内容に応じて本件譲渡代金の減額について協議を行うものとする。

次に、ガイドライン書式では、第4条（本株式譲渡の実行）として、クロージングに関する規定がおかれている。

ここで規定されているように、クロージングに際しては、前提条件が満たされているかを確認する等のために、各種書類の交付が行われることが多い。特に重要なものとしては、株式譲渡契約の締結・履行に関する社内の意思決定を示す議事録や、譲渡制限株式に係る譲渡承認決議に係る対象会社の議事録、後述のCOC（チェンジ・オブ・コントロール）条項に関して必要となる契約相手方の同意書等があげられる。

第4条（本株式譲渡の実行）
1　甲は、乙に対し、クロージング日に、乙から本譲渡価額の支払を受けることと引換えに、次の各号の書類を交付する。
　① 　甲の印鑑証明書

第3章　法務デュー・ディリジェンスと各種契約書作成のポイント

② 本株式に係る株券
③ 第5条第2号及び第9条第1号に定める本株式譲渡を承認した対象会社の取締役会決議に係る議事録の原本証明付写し
④ 第12条第1項及び第2項に定める対象会社の全取締役及び全監査役の辞任届
⑤ 対象会社の株主名簿（クロージング日の前日時点でのもの）の原本証明付写し
2　乙は、甲に対し、クロージング日に、前項各号の書類の引渡しを受けることと引換えに、本譲渡価額を支払う。
3　前項の支払は、乙が下記の銀行口座に振込送金する方法により行う。ただし、振込手数料は乙の負担とする。

記

銀行支店名　○○銀行 ○○支店口座種別　普通預金
口座番号　○○
口座名義　甲
4　本株式譲渡の効力は、本条第1項に従い行われる株券の交付時に生じる。
5　甲及び乙は、クロージング日において、甲及び乙による本条第1項及び第2項の各義務の履行（以下「クロージング」という。）後直ちに、対象会社をして、本株式に係る甲から乙への株主名簿の名義書換を行わせる。

2　前提条件

　クロージングの前提条件（CP：Conditions Precedent）とは、当該事項が満たされて初めてクロージングが行われるという条件のことである。

　最終契約においては、クロージングの時点で当該前提条件が満たされていない場合には、当該M&A取引の実行が延期・中止等させることができる旨が通常規定される。

　前提条件（CP）の典型例としては、例えば下記の事項があげられる。
・表明保証事項が正しいこと
・譲渡日までの誓約事項（コベナンツ）が履行されていること
・重要な取引先から、取引継続の承諾が得られていること、取引解除の意思表示がないこと
・不動産の売買等他の重要な取引が実行されること

Ⅲ　最終契約書（株式譲渡契約書）作成のポイント

・許認可の取得等がなされていること

ガイドライン書式においては、「第2章　前提条件」として、第5条では買主側の前提条件、第6条では売主側の前提条件について規定されている。

第2章 前提条件

第5条（乙のクロージングの前提条件）

　乙は、クロージング日において甲について次の各号が満たされていることを前提条件として、第4条第2項に定める乙の義務を履行する。なお、クロージング日において以下の各号の条件が一部でも満たされていない場合には、乙は、第4条第2項に定める義務の履行を拒絶できるが、その任意の裁量により、以下の各号の条件の一部又は全部を放棄することができる。ただし、かかる条件の一部又は全部の放棄によっても、以下の各号の条件が充足したとみなされるものではなく、また、甲は、本契約に基づく表明及び保証の違反に基づく責任その他本契約に定める甲の責任を減免されるものではない。

　①　第7条に規定する甲の表明及び保証が、クロージング日において、真実かつ正確であること。ただし、軽微な点における誤りは除く。

　②　第9条に規定する甲の義務が全て履行されていること。

第6条（甲のクロージングの前提条件）

　甲は、クロージング日において乙について次の各号が満たされていることを前提条件として、第4条第1項に定める甲の義務を履行する。なお、クロージング日において以下の各号の条件が一部でも満たされていない場合には、甲は、第4条第1項に定める義務の履行を拒絶できるが、その任意の裁量により、以下の各号の条件の一部又は全部を放棄することができる。ただし、かかる条件の一部又は全部の放棄によっても、以下の各号の条件が充足したとみなされるものではなく、また、乙は、本契約に基づく表明及び保証の違反に基づく責任その他本契約に定める乙の責任を減免されるものではない。

　①　第8条に規定する乙の表明及び保証が、クロージング日において、真実かつ正確であること。ただし、軽微な点における誤りは除く。

　②　第10条に規定する乙の義務が全て履行されていること。

3　表明保証

　表明保証とは、契約の一方当事者が他方当事者に対し、一定の時点（契約締

結時およびクロージング時が一般的である）における、契約当事者に関する事項および契約の目的物の内容に関する事項等について、当該事項が真実かつ正確であることを表明し、その表明した内容を保証するもので、当該M&A取引における価格や条件決定の前提となるものである。

表明保証違反は、クロージング前においては取引条件の変更や契約解除の効果をもたらし、クロージング後においては、表明保証違反に基づく損害賠償責任が発生し得る。

表明保証には、情報開示促進機能とリスク分配機能があるといわれている。このうち、情報開示促進機能については、契約締結前における効果である。リスク分配機能としては、次のような意味合いである。すなわち、買主としては、売主から開示を受けた情報の真実性・正確性や、買主がDDで把握しきれないリスク等がないことについて表明保証してもらうことで、これに違反する場合の契約解除や譲渡価格調整、補償等を定めることでリスクを回避することが可能となる。他方、売主としても、開示した情報の真実性・正確性、買主がDDで把握しきれないリスク等がないことを表明保証することで、それを前提とした適正な価格にて対象会社を売却することが可能となる。このような意味で、契約当事者間でリスクを分配しているといえるのである。

この点、最終契約において表明保証条項があるのであれば、法務DDは省略できるのではないかという疑問があるかもしれない。しかし、表明保証による保証はあくまでも事後的な金銭的な救済にすぎず、実際には損害の立証も困難な場合は少なくない。また、損害賠償時には売主が無資力となっているリスクもある。さらに、表明保証違反の補償については、金額の上限や、請求可能期間が限定されることが多いという問題もある。なお、M&A取引のスキームによっては表明保証による事後的な救済が意味をなさないケースも考えられるだろう（例えば合併の場合、そもそも損害賠償の相手方がいないということになる）。

このように、表明保証により必ずしも法務DDのすべてを代替できるわけではないことは肝に命じておく必要がある。

ガイドライン書式の第7条は売主側の表明保証、第8条は買主側の表明保証について規定したものである。そして、ガイドライン書式（別紙1）および（別紙2）記載のように、設立・存続・株式に関する事項をはじめ、様々な事

142

項について表明保証がなされることが一般的である。別紙の分量があるため、相当細かく表明保証を求められるという印象をもつかもしれないが、その内容をよく読むと、意外と基本的な事項が多いことがわかるはずである。

　ただし、容易に表明保証に応じられない事項も考えられる。例えば、「訴訟提起のおそれがないこと」といった内容については、第三者からの訴訟提起は当事者がコントロールできる事柄ではないことから、「当事者の知りうる限りにおいて」などとして表明保証事項を限定することがある。

　表明保証条項については、以下のような文言の調整（交渉）が行われることがある。

　①　除外による限定（「別紙○記載事項を除き……」）

　②　重要性による限定（「重要な点において……」）

　③　認識による限定（「知る限りにおいて……」「知り得る限りにおいて……」）

第3章 表明及び保証

第7条（甲の表明及び保証）
　甲は、乙に対し、本契約締結日及びクロージング日において、別紙1に記載の各事項が真実かつ正確であることを表明し保証する。

第8条（乙の表明及び保証）
　乙は、甲に対し、本契約締結日及びクロージング日において、別紙2に記載の各事項が真実かつ正確であることを表明し保証する。

（別紙1）甲が表明及び保証する事項
（1）　甲に関する表明及び保証
　①　自然人
　甲は、日本国籍を有し日本国に居住する自然人であること。
　②　本契約の締結及び履行
　甲は、本契約を適法かつ有効に締結し、これを履行するために必要な権限及び権能を全て有しており、法令等上の制限及び制約を受けていないこと。
　③　強制執行可能性
　本契約は、甲により適法かつ有効に締結されており、かつ乙により適法かつ有効に締結された場合には、甲の適法、有効かつ法的拘束力のある義務を構成し、

かかる義務は、本契約の各条項に従い、甲に対して執行可能であること。

④　法令等との抵触の不存在

甲による本契約の締結及び履行は、（i）甲に適用ある法令等又は司法・行政機関等の判断等に違反するものではなく、（ii）甲が当事者である契約等について、債務不履行事由等を構成するものではないこと。また、甲による本契約の締結又は履行に重大な影響を及ぼす、甲を当事者とする訴訟等は係属しておらず、かつ、将来かかる訴訟等が係属するおそれもないこと。

⑤　反社会的勢力との関係の不存在

甲は、反社会的勢力ではなく、反社会的勢力との間に取引、資金の提供、便宜の供与、経営への関与その他一切の関係又は交流がないこと。

なお、反社会的勢力とは、以下の者のことを指し、本契約において以下同じとする。

　　i　暴力団（その団体の構成員（その団体の構成団体の構成員を含む。）が集団的に又は常習的に暴力的不法行為等を行うことを助長するおそれがある団体をいう。）

　　ii　暴力団員（暴力団の構成員をいう。）

　　iii　暴力団準構成員（暴力団員以外の暴力団と関係を有する者であって、暴力団の威力を背景に暴力的不法行為等を行うおそれがある者、又は暴力団若しくは暴力団員に対し資金、武器等の供給を行う等、暴力団の維持若しくは運営に協力し若しくは関与する者をいう。）

　　iv　暴力団関係企業（暴力団員が実質的にその経営に関与している企業、暴力団準構成員若しくは元暴力団員が経営する企業で暴力団に資金提供を行う等、暴力団の維持若しくは運営に積極的に協力し若しくは関与する企業又は業務の遂行等において積極的に暴力団を利用し暴力団の維持若しくは運営に協力している企業をいう。）

　　v　総会屋等（総会屋、会社ゴロ等企業等を対象に不正な利益を求めて暴力的不法行為等を行うおそれがあり、市民生活の安全に脅威を与える者をいう。）

　　vi　社会運動等標ぼうゴロ（社会運動若しくは政治活動を仮装し、又は標ぼうして、不正な利益を求めて暴力的不法行為等を行うおそれがあり、市民生活の安全に脅威を与える者をいう。）

　　vii　特殊知能暴力集団等（上記 i ないし vi に掲げる者以外の、暴力団との関係を背景に、その威力を用い、又は暴力団と資金的なつながりを有し、構造的な不正の中核となっている集団又は個人をいう。）

　　viii　その他上記 i ないし vii に準ずる者

⑥　倒産手続等の不存在

　甲について、支払停止、手形不渡、銀行取引停止等の事由は生じておらず、かつ、破産、民事再生等の倒産手続開始の申立てはされておらず、それらの申立て事由も生じておらず、私的整理も行われていないこと。

⑦　対象会社との取引の不存在

　クロージング日において、甲と対象会社の間には、甲が対象会社の役員として提供する役務及びそれに対する報酬等の支払を除き、役務、便益の提供その他の取引（契約書の有無を問わない。）は存在しないこと。ただし、本契約において記載がある事項については、この限りではない。

（２）　対象会社に関する表明及び保証

①　対象会社の設立及び存続

　対象会社は、日本法に基づき適法かつ有効に設立され、かつ存続する株式会社であり、現在行っている事業に必要な権限及び権能を有していること。

②　対象会社の株式

　ⅰ　対象会社の発行済株式は本株式が全てであること。本株式は、その全てが適法かつ有効に発行され、全額払込済みの普通株式であること。

　ⅱ　甲は、本株式の全てを何らの負担、制限及び制約のない状態で、適法かつ有効に所有していること。

　ⅲ　本株式について、訴訟等、クレーム等、司法・行政機関等の判断等は存在しないこと。

　ⅳ　対象会社は、転換社債、新株引受権付社債、新株引受権、新株予約権、新株予約権付社債その他対象会社の株式を取得できる権利を発行又は付与していないこと。

③　子会社及び関連会社の不存在

　対象会社は、子会社及び関連会社を有していないこと。

④　倒産手続等の不存在

　対象会社について、支払停止、手形不渡、銀行取引停止等の事由は生じておらず、かつ、破産、民事再生、会社更生、特別清算等の倒産手続開始の申立てはされておらず、それらの申立て事由も生じておらず、私的整理も行われていないこと。

⑤　計算書類等

　○○年○○月○○日を終期とする事業年度に係る対象会社の計算書類その他の甲が乙に開示した計算書類等（以下「本計算書類等」という。）は、適用ある法令等及び日本において一般に公正妥当と認められる企業会計の基準に従って作成さ

第3章　法務デュー・ディリジェンスと各種契約書作成のポイント

れており、その作成基準日及び対象期間における対象会社の財政状態及び経営成績を、重要な点において正確に示していること。

⑥　資産

対象会社は、その事業の遂行のために使用している有形又は無形資産につき、有効かつ対抗要件を具備した所有権、賃借権又は使用権を保有しており、かかる資産上には対象会社以外の者に対する債権を被担保債権とする担保権は存在しないこと。また、対象会社の所有に係る不動産は、良好な状態に維持されており、重要な変更を加えられていないこと。

⑦　知的財産権

対象会社は、その事業を遂行するにあたり必要な全ての特許権、実用新案権、意匠権、商標権、著作権その他の知的財産権（以下「知的財産権」という。）について、自ら保有するか又は知的財産権を使用する権利を有しており、第三者の知的財産権を侵害しておらず、過去に侵害した事実もなく、侵害しているとのクレームを受けたこともないこと。また、第三者が対象会社の知的財産権を侵害している事実もないこと。

⑧　負債

対象会社は、保証契約、保証予約、経営指導念書、損失補填契約、損害担保契約その他第三者の債務を負担し若しくは保証し、又は第三者の損失を補填し若しくは担保する契約の当事者ではないこと。対象会社は、○○年○○月○○日以降、通常の業務過程で生じる債務及び負債、本計算書類等に記載された負債、第11条に従い甲に支払われる役員に係る役員退職慰労金債務を除き、一切の債務及び負債を負担していないこと。

⑨　重要な契約

対象会社が締結する重要な契約は全て有効に成立・存続し、それぞれ各契約の全当事者を拘束し、かつ執行可能な義務を構成すること。全ての重要な契約に関し、これらの内容を変更若しくは修正し、又は契約の効果を減ずるような約束は、口頭又は文書を問わず一切存在しないこと。全ての重要な契約について、本契約の締結及び履行は解除事由又は債務不履行を構成せず、また、当該契約の相手方による理由なき解除を認める規定は存在しないこと。全ての重要な契約について、対象会社の債務不履行の事実は存在せず、また、今後債務不履行が発生するおそれもないこと。

⑩　競業避止義務の不存在

対象会社は、取引先等との契約において、競業避止義務等の義務のうち、その事業の遂行に重大な影響を与える制限を内容とする義務を負っていないこと。

Ⅲ　最終契約書（株式譲渡契約書）作成のポイント

⑪　労働関係

対象会社は、その従業員に対し法令等上支払義務を負っている全ての賃金を支払っていること。対象会社には、以下に記載されたもの以外にストライキ、ピケッティング、業務停止、怠業その他従業員との間での労働紛争は存在しないこと。対象会社は、いかなる従業員に対しても、退職金等の経済的利益を提供する義務を負っていないこと。対象会社においては、以下の一又は複数の労働組合が組織されており、対象会社と当該労働組合との間で以下の労働協約が締結されていること及び以下に記載されたもの以外に組織された労働組合はなく、締結されている労働協約も存在しないこと。

（略）

⑫　税務申告等の適正

対象会社は、過去 7 年間、国内外において、法人税をはじめとする各種課税項目及び社会保険料等の公租公課について適法かつ適正な申告を行っており、適時にその支払を完了していること。また、クロージング日以前の事業に関して、対象会社に対する課税処分がなされるおそれは存在しないこと。

⑬　法令遵守

対象会社は、過去〇年間において、適用ある法令等（労働関連の各法令等を含む。）及び司法・行政機関等の判断等を、重要な点において、遵守しており、重要な点において、これらに違反したことはないこと。対象会社は、過去〇年間において、事業停止等の一切の行政処分を受けていないこと。

⑭　反社会的勢力との関係の不存在

対象会社及びその役員は反社会的勢力ではなく、反社会的勢力との間に取引、資金の提供、便宜の供与、経営への関与その他一切の関係又は交流がないこと。対象会社の従業員は、甲の知る限り、反社会的勢力ではなく、反社会的勢力との間に取引、資金の提供、便宜の供与、経営への関与その他一切の関係又は交流がないこと。

⑮　情報開示

本契約の締結及び履行に関連して、甲又は対象会社が、乙に開示した本株式又は対象会社に関する一切の情報（本契約締結日前後を問わず、また、書面等の記録媒体によると口頭によるとを問わない。）は、重要な点において、全て真実かつ正確であること。

（別紙 2）　乙が表明及び保証する事項

①　設立及び存続

147

第3章　法務デュー・ディリジェンスと各種契約書作成のポイント

乙は、日本法に基づき適法かつ有効に設立され、かつ存続する株式会社であり現在行っている事業に必要な権限及び権能を全て有しており、法令等上の制限及び制約を受けていないこと。

② 本契約の締結及び履行

乙は、本契約を適法かつ有効に締結し、これを履行するために必要な権限及び権能を有していること。乙による本契約の締結及び履行は、その目的の範囲内の行為であり、乙は、本契約の締結及び履行に関し、法令等又は乙の定款その他内部規則において必要とされる手続を全て適法に履践していること。

③ 強制執行可能性

本契約は、乙により適法かつ有効に締結されており、かつ甲により適法かつ有効に締結された場合には、乙の適法、有効かつ法的拘束力のある義務を構成し、かかる義務は、本契約の各条項に従い、乙に対して執行可能であること。

④ 法令等との抵触の不存在

乙による本契約の締結及び履行は、(i) 乙に適用ある法令等又は司法・行政機関等の判断等に違反するものではなく、(ii) 乙の定款その他内部規則に違反するものではなく、(iii) 乙が当事者である契約等について、債務不履行事由等を構成するものではないこと。また、乙による本契約の締結又は履行に重大な影響を及ぼす、乙を当事者とする訴訟等は係属しておらず、かつ、将来かかる訴訟等が係属するおそれもないこと。

⑤ 反社会的勢力との関係の不存在

乙及びその役員は反社会的勢力ではなく、反社会的勢力との間に取引、資金の提供、便宜の供与、経営への関与その他一切の関係又は交流がないこと。乙の従業員は、乙の知る限り、反社会的勢力ではなく、反社会的勢力との間に取引、資金の提供、便宜の供与、経営への関与その他一切の関係又は交流がないこと。

⑥ 倒産手続等の不存在

乙について、支払停止、手形不渡、銀行取引停止等の事由は生じておらず、かつ、破産、民事再生、会社更生、特別清算等の倒産手続開始の申立てはされておらず、それらの申立て事由も生じておらず、私的整理も行われていないこと。

4　誓約事項

誓約事項は、当該M&A取引において、各契約当事者が相手方当事者に対して、一定の作為または不作為を約する合意のことである。こうした誓約事項のことを、コベナンツ（Covenants）とよぶこともある。

Ⅲ　最終契約書（株式譲渡契約書）作成のポイント

　誓約事項（コベナンツ）には、クロージング前の誓約事項（プレ・クロージング・コベナンツ）とクロージング後の誓約事項（ポスト・クロージング・コベナンツ）の２種類がある。

　クロージング前の誓約事項（プレ・クロージング・コベナンツ）の典型例としては、売主側では、株式の譲渡承認の取得やCOC条項への対応、許認可等の取得・届出等があげられる。法務DDにより発見された問題点についてクロージングまでに解消し、また、当該M&A取引の実行に必要な手続を履践させることを目的とする。買主側では、取引実行のために必要な事項（取締役会決議等）等があげられる。

　クロージング後の誓約事項（ポスト・クロージング・コベナンツ）の典型例としては、売主側では競業避止義務や引継ぎ等、買主側では役員退職慰労金の支給、従業員の継続雇用等があげられる。

　クロージング前の誓約事項（プレ・クロージング・コベナンツ）は、クロージングの前提条件として取り扱われる。クロージング後の誓約事項（ポスト・クロージング・コベナンツ）の違反があった場合、補償請求による救済が基本となる。

　ガイドライン書式では、「第４章　クロージング前の取扱い」（第９条〜第10条）としてクロージング前の誓約事項（プレ・クロージング・コベナンツ）が、「第５章　クロージング後の取扱い」（第11条〜第13条）としてクロージング後の誓約事項（ポスト・クロージング・コベナンツ）がそれぞれ規定されている。

第４章 クロージング前の取扱い

第９条（甲の義務）

　甲は、乙に対し、本契約締結日後クロージングまでの間に、次の各号に定める義務を履行するものとする。

　①　甲は、対象会社の取締役会をして、本株式譲渡を承認する旨の決議をさせなければならない。

　②　甲は、対象会社をして、対象会社の活動を通常の事業活動の範囲内で行わせなければならず、通常の事業活動の範囲外の活動については、事前に乙の同意を得なければ行わせてはならない。

　③　甲は、第７条に規定する表明保証に違反することとなる行為を行わず、違

第3章　法務デュー・ディリジェンスと各種契約書作成のポイント

反の事実又はそのおそれが生じた場合、直ちにその旨並びに当該事実又はそのおそれの詳細を乙に対して通知する。

第10条（乙の義務）

乙は、甲に対し、本契約締結日後クロージングまでの間に、次の各号に定める義務を履行するものとする。

① 乙は、対象会社の債務を対象会社の役職員が保証している契約（以下本条において「経営者保証」という。）につき、当該契約の相手方（金融機関等、以下本条において「相手方」という。）との間で、書面又は口頭による交渉の実施や、相手方から要請される書類の提出や必要な面談等を行い、経営者保証の解除又は新規差し入れに関し、相手方より意向表明を得た上で、当該意向表明の結果を甲に対して通知する。

② 乙は、前号の意向表明の結果、経営者保証の解除又は新規差し入れ手続を進めることができる場合は、相手方から保証契約書、保証差入書等その他手続を進めるために必要となる書面の交付を受け、必要事項を記載の上、これを相手方に差し入れる。

③ 乙は、クロージング後直ちに当該変更登記を完了するため、本株式譲渡に伴う対象会社の代表取締役及び取締役の変更登記に係る必要書類（就任承諾書・印鑑登録証書等）の作成を完了させ、当該書類を甲及び相手方に提出する。

④ 乙は、本契約締結日後クロージングまでの間に、第8条に規定する表明保証に違反することとなる行為を行わず、違反の事実又はそのおそれが生じた場合、直ちにその旨並びに当該事実又はそのおそれの詳細を甲に対して通知する。

第5章 クロージング後の取扱い

第11条（役員退職慰労金の支払）

1　乙は、対象会社をして、クロージング後速やかに、クロージングに際して対象会社の代表取締役を辞任する甲に対して金○○円の役員退職慰労金を支払う旨の承認決議を行わせ、甲に対して当該役員退職慰労金を支払わせるものとする。

2　乙は、対象会社をして、前項の金員を、下記の銀行口座に振込送金する方法により支払わせる。ただし、振込手数料は対象会社の負担とする。

150

記

銀行支店名　○○銀行　○○支店口座種別　普通預金

口座番号　○○口座名義人　甲

3　乙は、対象会社をして、本条に定める役員退職慰労金の支払について、法令
等に従い、所要の源泉徴収を行わせる。

第12条（対象会社の役員）

1　甲は、クロージング日付の辞任届を作成して対象会社に提出し、クロージン
グに際して対象会社の取締役及び代表取締役を辞任する。

2　甲は、対象会社の甲以外の全取締役及び全監査役をして、クロージング日付
の辞任届を作成させて対象会社に提出させ、クロージングに際して対象会社の
取締役ないし監査役を辞任させる。

3　甲は、乙がクロージング日においてクロージング後直ちに対象会社の株主総
会を開催して、乙が、（i）別途指定するとおり対象会社の定款を変更し、かつ、
（ii）別途指名する者を対象会社の役員に選任できるよう協力する。

第13条（甲の義務）

1　甲は、クロージング後、乙の合理的な求めに応じて、必要な引継ぎ（決算及
び税務申告に関するものを含む。）について、合理的な範囲で協力する。甲及び
乙は、別途協議して、引継ぎの詳細を取り決める。

2　甲は、本契約締結後○年間は、乙及び対象会社の書面による承諾がない限り、
対象会社と競業関係に立つ業務を行わず、又は第三者をしてこれを行わせない。

3　甲は、本契約締結後○年間、自ら又はその関係者を通じて、対象会社の従業
員を勧誘し、対象会社からの退職を促し、又はその他何らの働きかけも行わな
いことを約する。

4　甲は、乙又は対象会社が、甲の表明及び保証が正確若しくは真実でなかった
こと又は甲の本契約上の債務不履行に関し、第三者から損害賠償の請求その他
のクレームを受けた場合、乙からの求めに応じ、当該クレームの処理につき乙
又は対象会社に協力する。

5　甲は、本株式について、所有権、株主権その他の権利を主張する第三者の存
在が判明した場合には、甲の費用と責任において、当該第三者が主張する本株
式に関する一切の権利を消滅させる。

6　甲は、クロージング前の商取引等に関する税務調査を受けた乙から連絡を受
けた場合には、相互に協力して対応する。

第3章　法務デュー・ディリジェンスと各種契約書作成のポイント

第14条（乙の義務）

1　乙は、原則として、クロージング後、対象会社の従業員を全員継続雇用する。
2　乙は、クロージング前の商取引等に関する税務調査を受けた甲から連絡を受けた場合には、相互に協力して対応する。
3　乙は、対象会社をして、対象会社の債務を対象会社の役職員が保証している契約につき、当該契約の相手方と書面又は口頭による交渉を行い、当該保証の解除を合意させなければならない。乙は、当該保証が合意解除されたことを示す書類を甲に交付するよう最大限努力する。甲が対象会社のために保証している契約について、保証債務の履行その他の損害、損失又は費用が発生した場合には、乙は、甲の損害、損失又は費用を補償する。

5　解　除

　M&A取引における株式譲渡契約においては、解除事由が明確に定められていることが通常である。株式譲渡契約において解除ができる期間は、原則として、クロージング前までである。クロージング後は解除が原則できないため、補償請求による救済となる。

　ガイドライン書式では、「第6章　解除」（第15条）において、解除に関する条項が規定されている。

第6章　解除

第15条（本契約の解除）

1　甲及び乙は、相手方に本契約に定める表明保証、義務又は約束に違反があった場合、相当期間を定めて催告し、相手方が当該期間内にこれを是正しないときは、クロージング前に限り、本契約を解除することができる。
2　甲及び乙は、前項の定めにかかわらず、相手方が、別紙1の（1）⑤及び（2）⑭に規定する第7条に基づく甲の表明及び保証に違反した場合又は別紙2の⑤に規定する第8条に基づく乙の表明及び保証に違反した場合には、相手方に対して書面で通知することで、本契約を解除することができる。
3　本契約の解除後も、第7章の規定に基づく補償の請求は妨げられない。

152

Ⅲ　最終契約書（株式譲渡契約書）作成のポイント

6　補　償

　補償は、契約当事者に株式譲渡契約上の義務違反または表明保証違反があった場合に、当該違反により相手方当事者が被った損害をてん補する旨の合意である。

　補償期間については、実務上は１～５年の範囲で定められる例が多いと思われる。また、補償金額についても、その上限（CAP）を譲渡価格とする例や、「譲渡価格の○パーセント」と定める例等がある。

　ガイドライン書式では、「第７章　補償」（第16条～第17条）において、補償に関する条項が規定されている。

第７章　補償

第16条（甲による補償）

1　甲は、乙に対し、第７条に定める甲の表明保証の違反又は本契約に基づく甲の義務の違反に起因又は関連して乙が被った損害、損失又は費用（合理的な弁護士費用を含む。以下「損害等」という。）を補償する。

2　前項の補償のうち、甲の表明保証の違反に基づく補償責任は、乙が、クロージング日から○年経過するまでに書面により甲に請求した場合に限り生じるものとし、合計損害額○○円を上限とする。

3　甲は、乙が第１項に基づく補償の請求の対象となる自らの損害等の拡大を防止するための措置を執らなかったことにより拡大した損害等については、第１項に基づく補償責任を条理上合理的な範囲で免れるものとする。

4　本契約に商法第526条の規定は適用されないものとする。

第17条（乙による補償）

1　乙は、甲に対し、第８条に定める乙の表明保証の違反又は本契約に基づく乙の義務の違反に起因又は関連して甲が被った損害等を補償する。

2　前項の補償のうち、乙の表明保証の違反に基づく補償責任は、甲が、クロージング日から○年経過するまでに書面により乙に請求した場合に限り生じるものとし、合計損害額○○円を上限とする。

3　乙は、甲が第１項に基づく補償の請求の対象となる自らの損害等の拡大を防止するための措置を執らなかったことにより拡大した損害等については、第１項に基づく補償責任を条理上合理的な範囲で免れるものとする。

第3章　法務デュー・ディリジェンスと各種契約書作成のポイント

　なお、通常の補償とは別に、特定の事項について「特別補償」の条項が規定されることがある。というのも、表明保証違反について買主が当該違反について悪意・重過失といった場合には、損害賠償請求は認められないと判断された裁判例が存在するため、例えば法務DDの結果、一定の未払賃金（潜在債務）の存在が明らかであるような場合には、これについて表明保証違反を問えない可能性がある。

　こうした事情から、法務DDによって発見された特別な事情によるリスク等について、通常の補償とは別に（補償を確実なものとして）、特別補償の条項が規定されることがある。

　ガイドライン書式では、特別補償に関する条項例は掲載されていないが、以下、特別補償の条項例（法務DDにおいて一定の未払賃金の存在等が明らかとなったケース）を示しておく。

第○条　（特別補償）
1　甲は、次の各号に掲げる事項が生じた場合に関して、それに起因又は関連して乙又は対象会社に生じた一切の損害等について補償等をする。
　(1)　クロージング日において、対象会社が法令上従業員に対して支払義務を負っている賃金を支払っておらず、かかる未払いを原因として、クロージング日から3年後の応当日（当日を含む。）までに、対象会社の従業員が対象会社に対して賃金の支払いを請求してきた場合。
　(2)　（略）
2　甲は、前項に基づく補償等の請求の対象となる自らの損害等を軽減するための実務上合理的に可能な措置を講じなければならない。

7　一般条項

　その他、株式譲渡契約書においては、秘密保持義務、通知等、準拠法・管轄、誠実協議等の一般条項が規定されることが多い。

　この点、ガイドライン書式では、「第8章　一般条項」（第18条～第27条）において、各種一般条項が規定されている。

第8章　一般条項

154

Ⅲ　最終契約書（株式譲渡契約書）作成のポイント

第18条（秘密保持義務）

1　甲及び乙は、本契約締結日から○年間、(i) 本契約の検討又は交渉に関連して相手方から開示を受けた情報、(ii) 本契約の締結の事実並びに本契約の存在及び内容、並びに (iii) 本契約に係る交渉の経緯及び内容に関する事実（以下「秘密情報」と総称する。）を、相手方の事前の書面による承諾なくして第三者に対して開示してはならず、また、本契約の目的以外の目的で使用してはならない。ただし、上記 (i) の秘密情報のうち、以下の各号のいずれかに該当する情報は、秘密情報に該当しない。

①　開示を受けた時点において、既に公知の情報

②　開示を受けた時点において、情報受領者が既に正当に保有していた情報

③　開示を受けた後に、情報受領者の責に帰すべき事由によらずに公知となった情報

④　開示を受けた後に、情報受領者が正当な権限を有する第三者から秘密保持義務を負うことなく正当に入手した情報

⑤　情報受領者が秘密情報を利用することなく独自に開発した情報

2　甲及び乙は、前項の規定にかかわらず、以下の各号のいずれかに該当する場合には、秘密情報を第三者に開示することができる。

①　自己（甲においては対象会社を含む。）の役員及び従業員並びに弁護士、公認会計士、税理士、司法書士及びフィナンシャル・アドバイザーその他のアドバイザーに対し、本契約に基づく取引のために合理的に必要とされる範囲内で秘密情報を開示する場合。ただし、開示を受ける者が少なくとも本条に定める秘密保持義務と同様の秘密保持義務を法令又は契約に基づき負担する場合に限るものとし、かかる義務の違反については、その違反した者に対して秘密情報を開示した当事者が自ら責任を負う。

②　法令等の規定に基づき、裁判所、政府、規制当局、所轄官庁その他これらに準じる公的機関・団体（事業承継・引継ぎ支援センターを含む。）等により秘密情報の開示を要求又は要請される場合に、合理的に必要な範囲内で当該秘密情報を開示する場合。なお、かかる場合、相手方に対し、かかる開示の内容を事前に（それが法令等上困難である場合は、開示後可能な限り速やかに）通知しなければならない。

第19条（第三者への公表日）

1　本契約締結及びこれに関する一切の事実の対外的公表の日（以下「公表日」という。）は、○○年○○月○○日とする。当該対外的公表の方法等について

155

第3章　法務デュー・ディリジェンスと各種契約書作成のポイント

は、甲及び乙が協議の上決定する。

2　各当事者は、公表日まで、本契約締結及びこれに関する一切の事実について
秘密保持に努めるものとする。

第20条（公租公課及び費用）

甲及び乙は、原則として、本契約及び本契約が予定する取引に関連して発生す
る公租公課、アドバイザーに対する費用・報酬、その他一切の費用については、
各自これを負担する。

第21条（通知等）

本契約に関する相手方に対する通知等は、後記当事者欄記載の住所ないし所在
地に対して行われる。ただし、甲及び乙は、本契約締結後、書面により相手方に
通知することにより、連絡先の変更を行うことができる。本条に従い通知等がさ
れたにもかかわらず、当該通知等が延着し又は未着となった場合、通常到達すべ
き日に到達したものとみなされ、その効力が発生する。

第22条（残存効）

本契約が終了した場合であっても、第7章及び第8章（第19条を除く。）の規定
は引き続き効力を有する。

第23条（完全合意）

本契約は、本株式譲渡に関する当事者の完全な合意であり、これ以前に本株式
譲渡に関して甲乙間で交わされた文書、口頭を問わず、いかなる取決め（秘密保
持に関する契約を含む。）も全て失効する。

第24条（契約上の地位又は権利義務の譲渡等）

甲及び乙は、相手方の書面による事前の承諾を得ない限り、本契約上の地位又
は本契約に基づく権利義務につき、直接又は間接を問わず、第三者に譲渡、移転、
承継又は担保権の設定その他の処分をしてはならない。

第25条（条項の可分性）

本契約の一部の条項が無効、違法又は執行不能となった場合においても、その
他の条項の有効性、適法性及び執行可能性はいかなる意味においても損なわれる
ことなく、また、影響を受けない。

156

Ⅲ　最終契約書（株式譲渡契約書）作成のポイント

第26条（準拠法・管轄）
1　本契約は、日本法に準拠し、これに従って解釈される。
2　本契約に関する一切の紛争（調停を含む。）については、○○地方裁判所を第
　一審の専属的合意管轄裁判所とする。

第27条（誠実協議）
　甲及び乙は、本契約に定めのない事項及び本契約の条項に関して疑義が生じた
場合には、信義誠実の原則に従い、誠実に協議の上解決する。

Chapter

4

クロージング後の
PMI

第4章　クロージング後のPMI

I　PMI総論

1　PMIとは

　PMIとは「Post Merger Integration」の頭文字をとった名称であり、主として、M&A成立後に実施される統合作業をいう。

　PMIの目的は、M&Aを実施した目的を実現させ、統合の効果を最大化することにある。

　言い換えれば、特に譲受側企業にとっては、M&Aの成立はあくまでスタートラインにすぎないのであって、M&Aを真に成功させるためには、その後のPMIこそが重要といえる。

　PMIの取組みとしては、大きく①経営統合、②信頼関係構築、③業務統合、の3つの領域に分類することができる（後記Ⅲ）。

　また、PMIとは、主に、M&Aの成立後1年程度の間に行われる取組みを指すことが多いが、その後も継続してPMIの取組みを実施したり、あるいはM&A成立前からPMIを見据えた検討や取組みを行うことも、M&Aを成功させるために重要なことと考えられる（後記Ⅱ）。

2　PMIの重要性

　上述したとおり、PMIは、M&Aの目的を実現させて当該M&Aを成功に導くための重要な取組みである。PMIを意識せずにM&Aを進めることは、M&A成立後の経営統合がうまくいかず事業の継続に支障が生じた、想定していたシナジー効果が得られなかったなどM&Aの失敗要因ともなり得る。

　したがって、後述するとおり、M&A初期段階からPMIを意識してM&A手続を進めていくことが肝要である。

（1）　M&Aにおける当事者の関心事項

　PMIの話に入る前に、M&Aの実施にあたって当事者が関心を寄せている事項について確認する。

　〈図表4-1〉、〈図表4-2〉の調査結果によれば、譲受側の関心事項としては、①相手先従業員等の理解が得られるか、②期待する効果（シナジー効果）が得ら

160

Ⅰ　PMI総論

〈図表4-1〉　譲受側等の心配事項（M&Aを実施した企業）

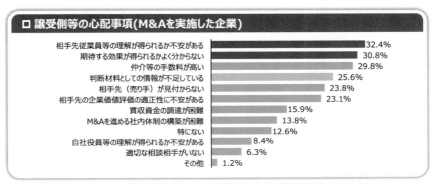

（中小PMIガイドライン11頁）

〈図表4-2〉　譲渡側の重視事項

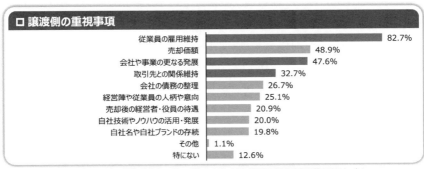

（中小PMIガイドライン11頁）

れるか、を心配する回答が多い。

　他方、譲渡側の関心事項としては、①従業員の雇用維持、②会社や事業の更なる発展、③取引先との関係維持、を重視するという回答が多い。

　M&Aの成否の判断にあたり、当事者がM&A実施前に関心を寄せている事項を満たすことができるかは当該M&Aの成功・失敗の判断の一要素となると考えられる。

　実際に、M&Aの満足度が期待を下回った理由としては、①相乗効果が出な

161

〈図表4-3〉　M&Aの満足度が期待を下回った理由

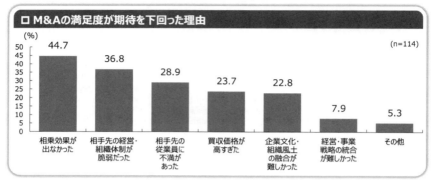

（中小PMIガイドライン12頁）

かった、②相手先の経営・組織体制が脆弱だった、③相手先の従業員に不満があった、という回答が多い。

そして、関心事項や期待を下回った理由についての調査結果は、いずれもPMIの取組みによって実施される内容である。

すなわち、PMIの取組みを成功させることは、当該M&Aを成功に導くための重要な要素といえる。

(2) 不適切なPMIに起因する失敗事例

上述したように、PMIはM&Aの成功にかかわる重要な取組みである。逆にいえば、PMIを意識しなかったあるいは不適切なPMIを行ったことで、当該M&Aが失敗に至ってしまうこともある。

以下、いくつか想定される失敗例をあげる。

ア　経営統合に関する失敗事例

例えば、M&Aの実施にあたり経営の方向性を明確に定めていなかった結果、M&Aの成立後、特に譲渡側従業員の中で将来への不安等が募り、モチベーション低下や離職などを招いてしまうことなどが考えられる。

ほかにも、M&A成立後の譲渡側の経営を、派遣した役員一人に任せたまま放置してしまったため、譲渡側の経営が安定せず、譲渡側役員や従業員からの信頼を失ってしまうことなども考えられる。

イ　信頼関係構築に関する失敗事例

　例えば、譲受側が譲渡側のこれまでの経営や事業への取組みなどを否定するような発言や態度をとったり、譲渡側従業員等に理解を得るための説明などを全くしないまま一方的に譲受側の制度を導入した結果、譲渡側の経営者や従業員との間で軋轢が生じて関係が悪化し、事業継続に必要な協力を得られなくなってしまうことなどが考えられる。

　ほかにも、譲渡側経営者との間で、M&A後の経営引継ぎのための在籍期間や引継方法などを明確に定めていなかったために、譲渡側経営者が早期に引退してしまい十分な引継ぎを受けられなかったということや、逆に長期にわたって譲渡側経営者の影響力が残ってしまい計画していた改革の支障となってしまったなどということも考えられる。

　また、譲渡側の主要な取引先に対して事前に十分な説明や相談をしなかったことで不信感を招いて取引が停止されたり、譲渡側経営者との個人的な関係により継続していた取引先を失ってしまうなどということも考えられる。

ウ　業務統合に関する失敗事例

　例えば、営業や生産等に関する意思決定のすべてについて譲渡側経営者の承認が必要であったが譲渡側経営者が退任した後に現場での判断ができずに業務が停滞してしまった、資金管理業務を一手に担っていた従業員や事業において重要な知識や技術、ノウハウをもっていた従業員がM&Aを受けて退職してしまったため、その後の事業継続に支障が生じるなどといったことが考えられる。

　このように事業の継続にあたって重要な従業員の雇用確保はM&Aの成功には極めて重要な事項である。

　ほかにも、そもそも期待していたシナジー効果が得られなかったということも考えられるし、M&A成立後に、譲渡側が事業を行ううえで必要な許認可の要件を満たしていないことが判明したり、前記重要な従業員の退職により要件を満たさなくなってしまったなどにより、事業の継続そのものが困難となってしまうことなども考えられる。

（3）　PMIの必要性

　以上のような失敗を避けるためには、適切なPMIの実施だけでなく、PMIを

163

意識した取組みをM&Aの過程全体を通じて行うことが重要である。

　例えば、M&A初期検討段階から経営方針について譲渡側と譲受側との間で十分な協議を行いM&A後の経営方針を明確にし、経営体制をあらかじめ定めておき、それらを譲渡側従業員らに対して示すことで譲渡側従業員らの不安を払拭させるだけでなく、モチベーションを増加させ、積極的に改革を推進する機運が高まる可能性もある。

　同様に、譲渡側のこれまでの慣習や風土などについて理解を示し、対話を重ねるなどして新しい制度への理解を得ながら変革を行うことで、従業員の協力も得ることができる。特に、事業継続にあたって重要な技術やノウハウを有する従業員に対しては不安や不満などを取り除き、M&A成立後も引き続き譲渡側において業務に携わってもらうことが重要である。

　事業継続のための許認可の要否やその要件、事業に必要なライセンス契約の存続の可否など（いわゆるチェンジ・オブ・コントロール条項の有無など）については、それらを意識した適切なDDを実施したり最終契約においてクロージングの前提条件としたり表明保証をさせることなどで対応することが考えられる。

　以上のように、適切なPMIあるいはそれを意識した取組みをM&Aの過程全体を通じて実施することは、M&Aを成功に導くために重要なことである。

（4）　PMIの検討時期

　〈図表4-4〉によれば期待を上回る成果が得られている、ほぼ期待どおりの成果が得られていると回答している企業の約6割が基本合意締結前またはDD実施期間中にPMIの検討を開始していることが見受けられる。

　他方、PMIを検討していないまたはクロージング完了後にPMIの検討を開始している割合が高いほど、当該M&Aに関して期待した成果を得られていないという回答となっている。

　以上の結果からすると、早期からPMIを意識した検討に着手している譲受側ほど、M&Aの成果を感じているといえる。

　すなわち、M&Aプロセスの早期の段階からPMIについても検討を開始することが、当該M&Aの成功に大きな影響を与えると考えられる。

164

Ⅰ　PMI総論

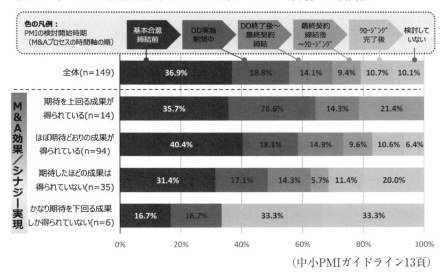

〈図表4-4〉　PMIの検討開始時期とM&A効果／シナジー実現との相関性

（中小PMIガイドライン13頁）

3　弁護士業務とPMI

　以上述べてきたとおり、PMIにおける取組みは当該M&Aの成否にかかわる重要な事項といえる。

　この点、PMIにおける取組み内容は、まさに経営や事業執行に関する内容が多く（詳細は後記Ⅲ）、いわゆる弁護士の専門的知見の及ぶ領域とはいえず、これに弁護士が関与するというのは容易なことではないし、適切ではないという意見も考えられる。

　そのため、M&Aの手法選択や基本合意の締結、DDについては弁護士が関与することは多くあるが、PMIに関して弁護士が関与することはそう多くないと推測される。

　しかし、上述した当事者の関心事項や不満事項には、相手先の経営・組織体制の脆弱性、相手先の従業員への不満などがあげられているところ、これらの解消には、人事制度の統合手続の実施（譲渡側従業員にとっては人事制度や待遇が変更されることも多いと思われる）、コーポレートガバナンスやコンプライアンスの視点などを踏まえた体制整備を行うことなどが考えられる。その際に

165

は、法的に要求される手続規定や法的リスクの分析のために弁護士の専門的知見が重要となる場面もある。

さらに、例えば、人事制度の変更手続や人事制度の統合がうまくいかなかった場合などにはいわゆる労働問題に発展する可能性もあり、その場合の法的手続や見通しなどを踏まえたアドバイスが可能な弁護士が紛争となる前の制度変更等の手続段階から関与していくことは有意義であろう。

また、これらの事項については、M&Aの手続選択やDDによってリスクを低減したり解決したりすることが可能な場合もある。そのため、弁護士が早期からPMIについても関与し、M&AやDDの実施の過程においてそれを意識して取り組むことは、当該M&Aを成功させるための一要素となり得る。

そのため、弁護士が知見を身に付けPMIにも関与できるようになることは、M&A支援やDD業務の質を充実させて他の弁護士との差別化を図り、さらにはM&A実施後のPMI支援業務という新たな業務領域の拡大につながることが考えられる。

4 中小PMIガイドライン

PMIの実施にあたっては、中小企業庁が策定した中小PMIガイドラインが参考となる。本書も中小PMIガイドラインの内容に基づき整理を行っている。

中小PMIガイドラインは、M&Aの案件規模に応じて、以下のとおり小規模案件と中規模・大規模案件とに分けて、その企業実態等を踏まえ、PMIの取組み内容についても基礎編と発展編とに分けて整理を行っている。

〈図表4-5〉 中小PMIガイドラインにおける小規模案件、中規模・大規模案件

（中小PMIガイドライン29頁）

Ⅱ 検討時期別の視点

1 中小PMIの全体像

　PMIは一般的にはM&A成立後の一定期間に集中的に行われる作業を指すことが多いが、M&Aが成立するより以前の早期の段階からその検討や準備を開始することがM&Aを成功させるための一要素となり得る。

　したがって、ここでは検討時期別の視点からどのような取組みや準備を行うことが考えられるかを概説する。

　PMIの取組みは、企業ごとその目的に応じて、適切な実施時期も実施すべき事項も異なるところであるが、本書では便宜上、中小PMIガイドラインに基づいて以下の4つの時期に分けることとする。

〈図表4-6〉　PMIのステップと実施時期

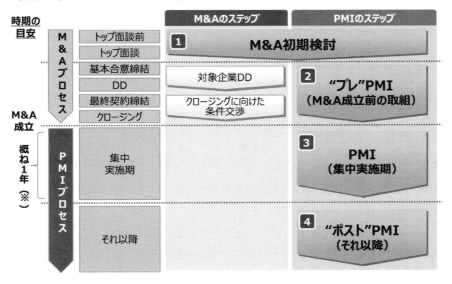

※　特に、PMI推進体制の確立、関係者との信頼関係の構築、M&A成立後の現状把握等は、100日までを目途に集中的に実施。

（中小PMIガイドライン18頁）

　中小PMIガイドラインは、M&Aの実施プロセスの段階に応じて、以下の4

第4章　クロージング後のPMI

つの時期に整理し定義づけている。

　すなわち、①M&Aのトップ面談の時期に実施するものを「M&A初期検討」、②基本合意締結からクロージングまでの間に実施するものを「プレPMI」、③クロージングから約1年間に集中的に実施するものを「PMI」、④その後も行われるものを「ポストPMI」、と整理している。

2　各検討時期における検討事項

（1）　M&A初期検討

　この時期に実施すべきことは、M&Aを実施する目的を明確化し、何をもって当該M&Aの成功とするかを定義することである。

　また、この時期に、目的の実現に向けて必要な事項、例えば、期待するシナジー効果の内容や、それが実際に得られるのか、そのために必要なプロセスとは何かなどを具体的に精査しておくことも重要である。

　これは、その後のM&A手続を進めていく中で、判断を要する様々な場面において、その判断の指針となるものであり、M&Aをその目的に沿った内容にし、成功に導くために最も重要な事項といえる。言い換えれば、この初期検討において、目的達成のための具体的なシナジー効果を得ることが難しいことが懸念される場合や相当なコストがかかることが想定された場合などには、そもそもM&Aをこのまま進めるべきなのかといった判断の材料にもなり得る。

　さらに、M&A成立後のPMIの過程においても、あらかじめ成功について定義しておくことで、各過程において取り組むべき事項の明確化やその達成度や効果の評価、場合によっては今後取り組むべき内容の変更や改善などにも役立つ。

　M&Aの成功の定義は、必ずしも売上げや利益等に縛られる必要はないし、時間軸としても短期的な成果だけでなく中長期的な観点における成果を成功と評価することも考えられ、各当事者が自由に設定すべき事項である。

　ただし、M&Aは、譲渡側および譲受側の双方並びにその従業員など多くの関係者にとって重大な影響を与えるものである以上、その成功は、一方当事者にとっての成功という視点だけではなく、双方の当事者にとっての成功とは何かという視点をもって定めるべきと考えられる。

168

(2) プレPMI

ア 概 要

　この時期に実施すべきことは、M&A初期検討で定めた成功の定義に基づき、当該M&Aを成功に導くために実施すべき事項、すなわち、クロージング後に行うべきPMIを意識した事前準備を行うことである。

　具体的には、M&Aの目的達成に必要なPMIの取組みにあたって必要な譲渡側に関する情報等を精査し、それをDD等を通じて調査、取得することが重要である。

　逆に、目的実現の支障になりそうな事項の有無についても、同じくDD等を通じて調査を行い、懸念材料がある場合にはDDや最終契約において、クロージング条件や表明保証事項に加えるなどしてリスクの低減や排除をして、目的実現の支障になりそうな事項の解消を行うことが考えられる。また、それらのリスクを代金額の調整要素とすることも考えられる。

イ PMI実施計画の立案

　DD等により取得した情報などを踏まえて、M&A成立後のPMIにおいて実施すべき事項を明確にし、PMIを円滑に開始するための計画を立てることになる。

　他方で、譲渡側の事業のすべてをDDなどの事前調査手続で把握することは極めて困難である。実際には、クロージング後の統合作業の過程において、譲渡側従業員を通じて初めて判明する事情も少なくない。

　そのため、プレPMIにおいては、どのような事情が把握できていないか、それを把握するためにはクロージング後にどのような対応が必要かについても、あらかじめPMIの実施計画の中に盛り込んで計画しておくことが重要である。

　これらの準備作業を丁寧に実施しておくことで、後のPMIに円滑に取り組むことが可能となる。

ウ PMI推進体制の検討

　この時期には、実際にPMIを推進するための体制として、どのような体制整備、人員配置、役割分担をするかを検討しておくことも有用である。

　PMI実施期間中に実施項目ごとの達成状況などを管理するための体制についてもあらかじめ計画しておくとよい。

169

第4章　クロージング後のPMI

　例えば、今後のPMIの実施にあたり、キーパーソンとなり得る人物について
選定し、当該人物に、M&A実施の背景事情や目的、今後の経営の方向性、
キーパーソンに期待する事項を伝え協力を求める、当該キーパーソンの不安や
疑問等の解消をしておくことも考えられる。

　ただし、その場合には、情報漏えいを防ぐために、当該人物と秘密保持契約
を締結したうえで、情報を把握している人物の範囲などについても説明をして
おくべきである。

エ　M&Aプロセスにおける検討事項やDD等の調査結果などの管理

　M&A成立後、PMIに円滑に移行するために、M&Aプロセスにおける検討
事項やDD等の調査結果などの情報を後述するPMI推進チームや弁護士などの
専門家やその他支援機関に引き継げるように、適切に保管・管理しておくべき
である。

　引継ぎの対象となる情報としては、例えば、企業概要書、DD調査報告書や
譲渡側へのQAシート、その他譲渡側からの提供資料などが考えられる。

(3)　PMI

ア　概　　要

　この時期に行われる事項が、まさに一般的にPMIとよばれるものであり、
PMIの中核をなすものである。この時期に実施される取組みの成果によって、
M&Aの成功の判断は大きく影響を受ける。

　この時期に実施することは、大きく分けて、①PMI推進体制を構築すること
と、②実際にPMIの取組みを具体的に実行すること、である。

　M&A初期検討およびプレPMIにおいて定めた目的、取組み事項、実施計画
に基づいてそれを実行していくことになる。

イ　PMI推進体制の構築

　推進体制の構築に関する具体的内容については後記3で述べるが、中小
M&Aにおける特徴としては、譲受側・譲渡側ともに人員に余裕がない状況で
あることが多いという点があげられる。

　すなわち、PMIを推進するための専任人材を配置することは容易ではなく、
多くの場合、担当者は、通常の業務に加えてPMIの取組みを実施することにな
る。

170

そのため、あらかじめPMIの推進にあたり必要な役割を整理し、譲受側だけでなく譲渡側の従業員も含めて、適切な人材を配置してチームを組成し、役割分担しながら進めていく必要がある。

特に、譲渡側の従業員をPMIの推進体制チームに参加させることは、譲受側と譲渡側の間の企業文化や慣習の差を埋め、新たな制度の導入や譲渡側従業員との信頼関係構築など、両企業の円滑な融和を実現するためにも有益なことと思われる。

また、PMIにおける検討事項は多岐にわたるため、専門的な知見等を有する人材がおらず適切な判断ができない場合もある。そのような場合には、弁護士などの専門家や支援機関の支援を得るなどの外部リソースを活用することも考えられる。

　　ウ　具体的取組みの実行
　　　（A）　現状把握

具体的な取組みの内容については後記Ⅲで述べるが、M&Aの直後は譲渡側の経営や事業が不安定な状況となることが想定されるから、事業の円滑な継続ないしさらなる発展のために、できるだけ速やかにPMIに取り組むことが重要である。

具体的には、プレPMIにおいて整理したDDなどの事前調査で把握しきれなかった事情など譲渡側の事業に関する詳細な現状把握を進めることが第一歩で

〈図表4-7〉　現状把握のサイクル表

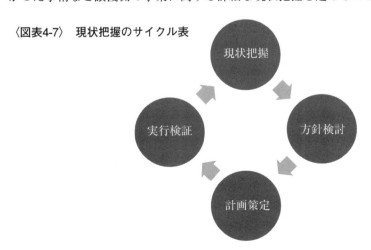

ある。この作業を円滑に行うためにもプレPMIにおいて把握が必要な事項の整理やPMI実施計画などをあらかじめ立てておく。

そして、新たに把握した事情や判明した課題への対応も含めて取組み方針を検討し、計画的な実行と効果検証を行う。

この作業を繰り返すことで、適切なPMIの実現を目指すこととなる。

（B）　優先順位をつける

他方、中小企業においては、人員や資金といった経営資源に制約があることから、すべての課題やリスクに対して等しく対応するということは必ずしも容易なことではない。

そのため、M&A成立後おおむね1年間という期間を目途に、M&Aの目的を実現するために解決すべき課題について、優先順位をつけて取り組む必要がある。

これについてもプレPMIにおいてあらかじめ実施事項や順序について整理ないし検討して計画を立てておくことで、円滑なスタートを切ることができる。

優先順位のつけ方については、いろいろな考え方があり個々の目的や事例・事情によって様々であるが、一つの考え方として、最終契約においてクロージング条件とされた事項の監視や各種DDにおいて指摘された課題から検討をしていく。

そのほか、それぞれの課題について①重要度、②緊急度、③実行可能性の各観点を総合的に考慮して優先順位をつけていくことが考えられる。

例えば、①重要度の判断においては、M&Aの目的や戦略との適合度合い、実行した場合・しなかった場合の経営へのプラス・マイナスの影響とその大きさを、②緊急度の判断においては、リスクが顕在化するまでに想定される期間、実行しなかった場合のリスク要因の発生確率を、③実行可能性の判断においては、実行にかかるコストの大きさ（人員、資金等）、効果が出るまでの時間、実行において必要な人材や協力を得るべき関係者の有無などを、それぞれ考慮して判断していく。

（C）　従業員のモチベーションの向上・維持——クイック・ヒット

また、M&A成立直後は、特に譲渡側の従業員に、M&Aの成果がなかなか出ないことによるモチベーションの低下が生じる可能性が高い。

そのため、従業員等にM&Aの意義を感じてもらうために、実施すべきPMIの項目のほかにも、早期に成果を得られる取組みを優先して行うことも併せて検討する必要がある。

このような取組みは「クイック・ヒット」とよばれ、短期的に成果が上がることが期待され、比較的簡単に実行できる。

クイック・ヒットを行うことで、従業員等に、M&Aによるメリットを早期に実感してもらい、モチベーションを向上させ、結果としてPMIの実現につなげていく。

クイック・ヒットの主な例としては、即効性のある就労環境の改善が考えられる。例えば、賃金引上げ等の処遇改善を行う、旧式のオフィス機器を高機能のものに入れ替える、古くなっている従業員の制服・作業服を新調する、従業員が使用するトイレを改修する、社長賞など従業員を表彰する制度を導入する、などが考えられる。

その実施過程にあたっては、譲渡側従業員に対してアンケートや面談等を実施して普段不便に思っていることや改善してほしいことを聴取・把握し、施策の実現性やコスト、想定される効果、譲渡側従業員の希望などを踏まえて、実施する具体的な施策を選定していく。

(4) ポストPMI

この時期に実施することは、上記M&A後のPMIの取組み結果を踏まえて、次の目標（例えば次期会計年度など）に向けてPMI取組み方針の見直しを行うとともに、継続的にPDCA（Plan Do Check Action）を実行することである。

PMIの取組みは、数年単位の長期にわたることもあり、M&A後の一定期間における取組みとして終わらせるのではなく、中長期的な目標も視野に入れ、継続していくことが重要である。

その過程においては、M&A当初の目的に対して実際の成果はどの程度実現できているのか、M&Aの目的を達成する見通しはどうかなど、これまでのPMIの取組みを振り返って評価を行う必要がある。

M&Aの目的やPMIの進行状況等によっては、譲受側・譲渡側のさらなる統合を行うなど、グループ組織体制の見直しも検討していく場合もある。

第4章　クロージング後のPMI

3　体制整備

(1)　推進体制
ア　概要

中小企業のM&Aにおいては、譲受側・譲渡側ともにPMI推進に関与させることのできる人員に限りがあることが多い。

〈図表4-8〉　PMI推進体制

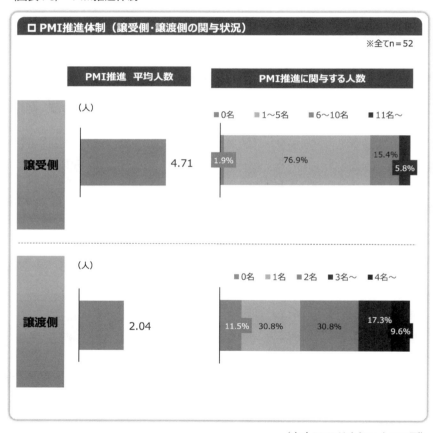

（中小PMIガイドライン34頁）

中規模・大規模案件においても、PMI推進体制に関与する平均人数は、譲受側が4.71人、譲渡側は2.04人と、その数は決して多いとはいえない。

Ⅱ　検討時期別の視点

　そのような状況において、円滑にPMIを推進するためには、PMIを推進するチームを組成して、役割を定めて取り組むことが有効である。

　PMIの推進において必要な役割は、主に、①重要意思決定、②企画・推進、③実務作業、の3つが想定される（詳細は後述する）。

　それぞれ適切な人材で役割分担をすることが望ましいが、中小企業同士のPMIにおいては、人員に限りがあることから、実際には、譲受側の経営者や役員等が、重要意思決定やPMIの企画・推進等の複数の役割を兼務することが多く、実務作業については、譲受側・譲渡側双方の役職員の協力を得ながら推進することが多い。

　　イ　小規模案件において想定される推進体制

　小規模案件では、特に人員に余裕がないことが多く、基本的に譲受側経営者がほぼすべてのPMIの取組みに対応せざるを得ない場合が多い。

　そのため、小規模案件におけるPMIにあたっては、譲渡側のPMIと譲受側の経営等の両立がポイントになる。

　両立のためには、例えば、譲受側経営者をサポートする人材を、譲受側企業から派遣したり、譲渡側企業から選任する、あるいは外部の専門家や支援機関の援助を受けるなど、社内外の関係者から必要な協力を得ることが考えられ、それができるよう特に譲渡側従業員との信頼関係を構築することが重要である。

　ただし、これらの従業員がPMIを熟知しているとは限らないため、譲受側経営者がPMIの進捗状況などを管理していくことが大切である。

　　ウ　中規模・大規模案件において想定される推進体制

　中規模以上の中小企業においても、人員や資金面での経営資源について制約はあるものの、小規模案件における企業に比べれば、相応数の役職員を抱えていることが多い。

　他方で、中規模・大規模案件におけるPMIの取組みは、小規模案件と比べて広範囲かつ複雑になることから、譲受側経営者が複数の役割を兼任することは容易ではない。

　そのため、中規模以上の案件においては、①重要意思決定、②企画・推進、③実務作業、を分担して効率的に行うことが重要となる。

175

第4章　クロージング後のPMI

①重要意思決定の役割は、PMIに関する重要な意思決定を行うことであり、PMIプロセス全般における責任を負う立場となる。

重要意思決定のメンバーとしては、譲受側経営者がその中心となる。さらには、譲受側の人員の状況等に応じて、譲受側から譲渡側に派遣した役員なども含め譲受側の他の役員等を関与させることも考えられる。

また、譲受側の経営者や役員等だけでPMIに関する重要な意思決定を行うと、譲渡側の役職員の納得感や理解を得ることができず、PMIの円滑な進行を阻害する要因となるおそれもある。それを防ぐため、譲渡側の先代経営者や役員等も意思決定に関与させることについても検討する必要がある。他方で、譲受側と譲渡側の関係や譲渡側の前経営者の性格等によっては、意思決定に関与させることで逆に変革の妨げとなるおそれもあるので、両者の関係や関与させた場合とさせなかった場合それぞれのメリット・デメリットを丁寧に分析し、慎重に判断するべきである。

②企画・推進の役割は、PMIの取組み全体を把握し、重要な意思決定を円滑に行えるようにサポートするとともに、意思決定に基づくPMIに関する実務作業を的確に実施できるように、各取組みの企画や推進を行い、進捗状況や課題などについて管理することである。企画・推進の役割は適切なPMIの実施にあたって重要であり、その実施にあたっては推進チームを組成することも有用である。

企画・推進メンバーとしては、譲受側の役職員が中心となることが考えられ、さらには両者の関係性等によっては譲渡側の役職員を加えることも有益である。

とはいえ、人員等が不足する場合などには、例えば、譲受側経営者が直接実務作業の責任者などとやり取りを行ったり、重要意思決定を行うメンバーと実務作業の責任者などが参加する会議体を設置して定期的に進捗状況の報告および必要な作業方針を指示する場を設ける方法などにより、企画・推進等の役割を省略することもあり得る。

③実務作業の役割は、PMIに関する具体的な実務作業を行うことである。

ここには、業務領域の各機能や具体的なPMIの取組み内容に応じて、当該事項に関する実務作業を行うのに適切な役職員を配置することになる。

その際には、各業務領域において経験や知見を有する譲受側の役職員を譲渡側の当該部門に派遣（転籍を含む）して実務作業を行わせることも考えられる。

また、必要に応じて取組み項目ごとにチームを組成し、特に、重点的に取り組む必要があると判断される事業領域や取組み事項に関しては、譲渡側と譲受側が協力して実務作業を行うチームを設置することが望ましい。

エ　専門家や支援機関の活用

（A）　各分野における専門家および支援機関

中小企業の多くはM&AやPMIに精通した役職員がいないことも多い。そのため、必要に応じて中小M&AやPMIに精通した弁護士等の専門家や支援機関に相談し、その知見や経験を踏まえたアドバイスを受けながら取組みを進めることも有効である。

各分野における具体的な専門家や支援機関の例としては、〈図表4-9〉のとおりである。

〈図表4-9〉　各分野における具体的な支援機関の例

			想定される主な支援機関
経営統合			中小企業診断士、経営コンサルタント　等
業務統合	事業機能		中小企業診断士、経営コンサルタント　等
	管理機能	人事・労務分野	社会保険労務士、弁護士　等
		会計・財務分野	公認会計士、税理士　等
		法務分野	弁護士、司法書士　等
		ITシステム分野	ITベンダー、スマートSMEサポーター　等

（中小PMIガイドライン36頁）

法務・人事分野における支援は、弁護士が専門的知見を有する分野であるし、実際にDDなどのM&A手続に関与した弁護士がその後のPMIにもかかわることは、企業の細かい事情や実態などの把握もしていることから、より個別事情に沿ったきめ細かな支援ができるものと考えられる。

（B）　経営力再構築伴走支援モデル

M&AやPMIにかかわる支援機関は、経営力再構築伴走支援モデルも踏まえた支援を行うことが期待されている。

第4章　クロージング後のPMI

　経営力再構築伴走支援モデルとは、令和4（2022）年3月に「伴走支援の在り方検討会」（中小企業庁長官の私的検討会）報告書において提示されたもので、経営環境が激変する今の時代においてあるべき中小企業伴走支援の姿を整理したものである[1]。

　伴走支援ガイドラインでは、伴走支援とは、経営者等との「対話と傾聴」を通じて、事業者の「本質的課題」に対する経営者の「気づき・腹落ち」を促すことにより「内発的動機づけ」を行い、事業者の「能動的行動・潜在力」を引き出し、事業者の「自己変革・自走化」を目指す支援方法、とされている[2]。

　その根底には、経営力そのものが問われる不確実性が高まる現代においては、何を課題として認識・把握し、その解決に向けて経営者自らが自走化できるようになる必要があるという考えがある。

　そのためには、従来の課題「解決」型の支援ではなく、課題「設定」型の伴走支援が重要であり、さらにその「設定」に際しては、経営者との対話によって経営者にとっての本質的課題を掘り下げ、経営者自らが腹落ちすることが重要であるとされている。

　経営者が腹落ちすれば、それが経営者の内部的動機付けとなり、経営者自らが課題解決に向かい自走化する力が生まれ、経営者がこのような状態に達すれば、経営課題の解決に向けて自走化できるようになったと評価でき、「自己変革力」を身に付けたといえる、とする。

　そのためには、支援者と経営者との間の信頼関係に基づく対話が重要である。

　さらに、この支援の大きな目的は、支援期間中の企業の一連の取組みを一過性の取組みとして終わらせることがないようにし、企業が事業環境の変化に合わせて今後は自ら変革を続けていける力を付けることにある。

（2）　管理体制

　PMIを成功させるためには、上記で述べた推進体制に基づきPMIを実施する

1　中小企業庁＝独立行政法人中小企業基盤整備機構＝経営力再構築伴走支援推進協議会「経営力再構築伴走支援ガイドライン」〈https://www.smrj.go.jp/sme/consulting/hands-on/fbrion0000004i8q-att/guideline.pdf〉（以下「伴走支援ガイドライン」という）。経営力再構築伴走支援モデルについては、第2章以下で説明されている。

2　伴走支援ガイドライン13頁。

〈図表4-10〉 経営力再構築伴走支援モデルのフレームワーク

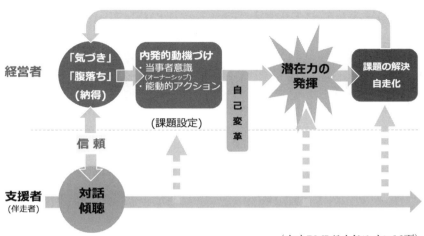

（中小PMIガイドライン16頁）

だけでなく、実施されているPMIの状況について、課題の優先度や具体的な取組み、進捗状況を把握できるように、それを共有するためのツールを整備することが重要である。

取組み状況を共有するための方法としては、例えば、スプレッドシートなどを用いて、以下の4つの観点で整理した表を作成し、関係者が随時必要に応じて確認・更新・修正等ができる体制を整えることが考えられる。

① 方針検討に関する事項

これまでに判明した事情やそれに基づいて抽出された課題をリスト化した表を作成する。

ここでは、各課題への対応方針を定めるとともに、取組みの優先度、担当者、着手時期、完了時期を定め一覧化することが考えられる。

② 計画策定に関する事項

①で作成した表をもとに、リスト化した取組みごとに完了時期までに必要な作業を細分化して、スケジュールを可視化する。

ここでは、スケジュールが実際に実行可能なものかの確認も行うとともに、具体的な担当者を決める。

③ 実行・検証に関する事項

第4章　クロージング後のPMI

〈図表4-11〉　進捗報告のフォーマット（例）

（課題管理表例）

優先度	領域等	課題	具体的な取組	担当者	取組の着手	取組の完了期日
高	会計・財務分野	決算期の変更	・決算期の12月への変更手続 ・支援機関への支援依頼	A氏	即時着手	翌12月まで
高	法務分野	個人情報管理の徹底	・個人情報保護対応マニュアルの作成 ・社内研修実施	B氏	即時着手	5か月以内
中	ITシステム分野	社員全員へのPC導入	・共同利用PCを利用していた社員が1人1台所有できるようPCを調達、配布	C氏	2月	5か月後
低	事業機能	宣伝広告媒体の共通化	・譲渡側社名入りカレンダーを、譲受側B社グループの連名式のカレンダーとしてデザイン変更	D氏	6月	10月下旬

（スケジュール表例）

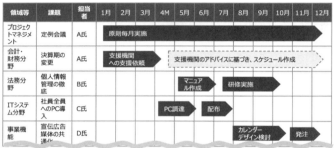

（進捗報告フォーマットの例）

優先度	領域等	課題	具体的な取組	担当者	進捗状況	遅延理由／リカバリ策	他部門への協力依頼
高	会計・財務分野	決算期の変更	・決算期の12月への変更手続 ・支援機関への支援依頼	A氏	予定通り	－	－
高	法務分野	個人情報管理の徹底	・個人情報保護対応マニュアルの作成 ・社内研修実施	B氏	遅延	担当者変更・引継ぎに伴いマニュアル作成が一時停滞。後任者は、個人情報保護に精通しているため、作業効率向上により完了期限までには完了する見込み。	IT部門への依頼 オンライン研修を検討中。新規購入予定のPCの仕様を共有いただきたい
中	ITシステム分野	社員全員へのPC導入	・共同利用PCを利用していた社員が1人1台所有できるようPCを調達、配布	C氏	予定通り	－	－
低	事業機能	宣伝広告媒体の共通化	・譲渡側社名入りカレンダーを、譲受側B社グループの連名式のカレンダーとしてデザイン変更	D氏	予定通り	－	－

（中小PMIガイドライン70頁・71頁）

ここでは、定例会等の会議を行い、進捗状況の報告・確認を行うことが考えられる。取組みを行うにあたって、他部門からの協力が必要な場合にはそのことに関する依頼等も行う。

他方で、取組みについて遅延や支障が生じている場合には、その理由や解消方法等についても明確にすべきである。

④　方針策定・見直しに関する事項

想定していなかった事象や環境の変化による取組みの遅れや、重要かつ緊急性の高い課題が新たに発生した場合などには、適宜、取組みの優先度の変更やスケジュールの見直しを行う必要がある。

また、それにあたっては、変更・承認等のプロセスを定めておき、実際に方針変更がなされたのかについて関係者間で共通認識をもてるようにしておくべきである。さらに、方針変更については直ちに関係者全員が把握できるようにする仕組みをつくっておくことも重要である。

Ⅲ　検討項目別の視点

ここまでPMIに関する総論や全体の流れ、時期別にみた検討事項について説明をしてきた。

上述したとおり、PMIにおける取組み内容は経営にかかわるものが多く、弁護士の専門知識が及ぶ領域ではない内容も多い。しかし、弁護士がPMIの実施事項や各概念について知っておくことが有益であることはいうまでもない。また、一定の知見を有しておくことで、PMIの遂行過程を見守る、適時適切なアドバイスをするなどといったM&A成立後の支援業務を、顧問業務の一つとしてクライアントに提供していくなど、新たな顧客獲得などの契機ともなり得ると考えられる。

その観点から、以下では、PMIにおける各検討項目（①経営統合、②信頼関係構築、③業務統合）における具体的な検討事項のうち、その基本的な内容について概説する。

1　経営統合

経営統合は、M&A後の新たな経営体制・経営方針等を定め、新体制の下、

181

第4章　クロージング後のPMI

新たな事業活動を実施していくための重要な事項である。経営統合がうまくいかないと、譲渡側の事業活動が不安定になり、場合によっては事業継続に支障が生じるおそれもある。

後述するとおり、経営統合は、人材配置を含めた適切な経営体制の構築を行うものであり、これはまさに企業経営の根幹であり、弁護士の専門的知見が及ぶ領域ではなく、ここに弁護士が関与するケースは少ないと思われる。

他方で、特に中小企業においては、代表者が経営統合について相談できる適切な相手が社内に存在しない場合もあり得る。

そのような場合に、経営統合を含めたPMIにおける取組みについて一定程度把握し知見を有しておけば、弁護士が、代表者の相談相手となって、時には意見を述べるなどして、PMIの過程全体の支援を行うことも十分考えられる。

さらに、経営統合にあたっては譲渡側の役員・従業員と譲受側の役員・従業員との間で摩擦が生じ得る場合などもあり、そのような徴候・事態を敏感に察知し、機微に応じた細やかな配慮や調整、それを回避するための段取りや手続の進め方などは、交渉や紛争の取扱い経験が豊富な弁護士のほうが的確な助言ができる場合もあろう。

これらのかかわりを弁護士が行うことができれば、代表者との信頼関係をより深いものとし、従来の法律顧問にとどまらない代表者の経営に関する相談相手という弁護士の新たな業務領域の拡大にも資すると思われる。

(1)　経営の方向性の確立

ア　M&A 実施目的の明確化

M&A後の事業活動を円滑かつ効果的に行うためには、譲受側および譲渡側が一体となって経営に取り組むことが重要であり、一体経営のための体制を構築する必要がある。

そのためには、まずM&Aを実行する目的やM&Aによって目指す姿、M&A後の経営目標を社内外の関係者に示し、その実現に向けた道筋を具体化する必要がある。

これにより、M&A 実施の目的を明確化し、シナジー効果等の実現可能性を向上させるとともに、従業員のモチベーションの維持・向上を図ることになる。

〈図表4-12〉　M&Aの目的・戦略の明確化別に見た、M&Aの満足度

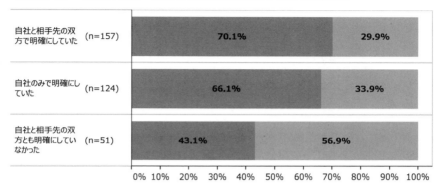

資料：（株）帝国データバンク「中小企業の事業承継・M&Aに関する調査」
（注）1. M&Aの目的・戦略の明確化状況及びM&Aの満足度については、M&Aを「実施した（買い手として）」と回答した企業を集計している。
2. ここでの「期待以上となった」とは、M&Aの満足度について、「期待を大きく上回っている」、「期待をやや上回っている」、「ほぼ期待通り」と回答した企業を指す。「期待を下回った」とは、M&Aの満足度について、「期待をやや下回っている」、「期待を大きく下回っている」、「分からない」と回答した企業を指す。

（「中小企業白書2023年版」Ⅱ-182頁）

　譲受側企業向けに実施したアンケートによれば、自社と相手先の双方でM&Aの目的・戦略を明確にしていた企業は、そうでない企業に比べて売上高成長率で大きな差をつけている。

　前記経営統合に関する失敗事例でも触れたように、経営の方向性が確立していないと、従業員のモチベーションが低下してしまったり、役員の信頼が失われたりして従業員が離職するなど経営の継続そのものに支障が生じるおそれもある。

　　イ　経営の方向性の具体化

　この点、中小PMIガイドラインでは、経営の方向性は、「経営理念」、「経営ビジョン」、「経営戦略・経営目標・事業計画」の三層構造で定まるとされている。

　企業の経営の方向性を具体化するための方法としては、企業の根本的な価値観である「経営理念」の下、企業の目指す将来像である「経営ビジョン」を示しながら、経営ビジョンの実現に向けた道筋としての「経営戦略・経営目標・

〈図表4-13〉 経営の方向性（経営理念・ビジョン・戦略の体系）

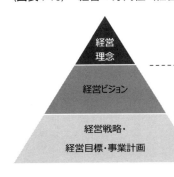

（中小PMIガイドライン60頁）

事業計画」を設定することで、将来像の実現に向けた具体的な取組みを策定していくことが考えられる。

また、その際には、弁護士などの専門家や各種支援機関の協力を得ることも極めて有効である。

経営の方向性はM&Aプロセスの初期に検討し、譲渡側の経営者等へのヒアリングなど、M&Aプロセスを経ていく中で適宜修正を重ねてブラッシュアップし、M&A成立直後に譲渡側従業員に示すことになる。

もっとも、M&A成立後においても、経営の方向性をブラッシュアップし続ける必要があることはいうまでもない。経営の方向性のブラッシュアップにあたっては、PMIのプロセスにおける事業の引継ぎをはじめとする各種取組みを通じて新たに把握した譲渡側の事情を踏まえたうえで具体的に進めていくことが重要である。

また、経営の方向性の検討にあたっては、ローカルベンチマーク[3]や経営デザインシート[4]などを活用することも有用である。

(2) 経営体制の確立

上場企業をはじめとする大企業では、株主等のステークホルダーの意思を経営に反映させていく仕組みを確保するためのコーポレートガバナンスの構築が

3　経済産業省ウェブサイト〈https://www.meti.go.jp/policy/economy/keiei_innovation/sangyokinyu/locaben〉。
4　首相官邸ウェブサイト〈https://www.kantei.go.jp/jp/singi/titeki2/keiei_design/index.html〉。

Ⅲ　検討項目別の視点

〈図表4-14〉　経営の方向性の検討プロセス

目的の明確化	・経営理念・ビジョン・事業計画を作成する目的を明確にする
推進チーム組成	・推進メンバーを選定し、目的を共有する
現状分析	・外部環境・内部環境を分析し、課題を抽出する　a
目標設定	・現状分析を踏まえ、経営の方向性を検討し目標を設定する　b
施策の検討	・目標達成に向けた施策の具体化を行い、アクションプランへ落とし込む
事業計画の策定	・経営目標・数値計画・行動計画を事業計画として取りまとめる
モニタリング	・事業計画に基づき予実管理を実行し、必要に応じて施策の見直しを行う

（中小PMIガイドライン62頁）

求められるが、一方で、中小企業においては、多くの場合は所有と経営の分離がないため、経営者としてふさわしい人材の選定や、経営者をサポートする人材の選定による経営チームの組成などが求められる。

　ア　譲渡側新経営者の選定

　M&A実施により譲渡側の前経営者が退任する場合、その後の新経営者の選定は極めて重要である。

　M&A実施直後は譲受側経営者が兼務することも多いが、譲受側経営者の負担が大きくなるため、中長期的に譲渡側の経営を担う人材を確保する必要がある。

　譲渡側の新経営者の候補となる人材としては、①譲受側の役員、②譲受側からの出向者、③譲渡側の従業員、④外部からの採用、などが考えられる。

　譲渡側の新経営者の選定にあたっては、①経営者としての資質（大局的な視点、決断・判断力、実務遂行力、関係構築力、主体性、熱意等）、②譲渡側の事業に対する理解度、③譲渡側の関係者（従業員、取引先等）との関係性といった観点から慎重に検討を行う必要がある。

　譲受側から経営者を派遣する場合には、当該人材をM&Aプロセスの過程から積極的に関与させることが特に効果的と考える。M&Aプロセスから関与させることで、当該人材の譲渡側の事業に対する理解度を高めるとともに、自ら

185

第4章　クロージング後のPMI

が経営を担うことに対する熱意や責任感等を醸成させる効果が期待できるだけでなく、譲渡側関係者との密な信頼関係の構築にもつながり、結果として、M&A実施後の業務の円滑な引継ぎや経営を実現する大きな要素となり得るからである。

イ　譲渡側の経営チームの組成

譲渡側の新経営者をサポートする役員等を選定し、経営チームを組成する。

短期的には、譲渡側の反発や大量離職等を回避するために譲渡側の基本的な経営体制を維持する場合も多いが、新経営者の下で大胆な改革を進めるためには、新経営者の改革を支える人員を新たに配置することも必要である。

最終的には、譲受側・譲渡側の関係性やM&Aの目的等を総合的に勘案したうえで新経営体制を決定することになるが、譲渡側の経営体制を大きく変更する場合、譲渡側の抵抗やモチベーション低下を招く可能性があるため、変更時期や程度については、それらも考慮したうえで段階的に実施するなど慎重に検討をする必要がある。

(3)　グループ経営のための仕組みの整備

ア　譲受側・譲渡側一体での経営を行う体制の確立

また、新経営体制の下での改革実現のためには、譲受側と譲渡側が一体となって経営の方向性実現に向けた施策や経営課題への対応を実行する体制、関係性を構築していくことは極めて重要である。

その方法はいろいろ考えられるところではあるが、例えば、上述した譲受側から譲渡側の役員を派遣するだけでなく、譲受側・譲渡側の双方の経営陣が密な意思疎通を図る議論の場を積極的に設けることなどが考えられる。

加えて、譲受側から譲渡側に派遣される人材に、M&A成立後の譲渡側の成長やM&Aの目的実現に向けた取組みにおける当事者意識をもたせる工夫なども大切である。

イ　意思決定プロセスの確立

意思決定プロセスのあり方は、各企業により異なることが多いため、この譲渡側の意思決定プロセスの変更がなされることは多く、また重要である。実際には譲受側の意思決定プロセスに沿った内容に変更されることが多いと思われる。

特に、中小企業においては職務権限規程等の職務上の意思決定に関する取決めがなく、経営者がすべての意思決定を行っていることも多い。また、規程が存在する場合でも実際の運用とはかい離しているケースも多い。

そのため、譲渡側の意思決定に関する規程の確認、取締役会や経営会議への参加、役職員や従業員へのヒアリング等を通じて、譲渡側における職務上の意思決定プロセスの実際の運用を把握する必要がある。

そのうえで、これまで譲渡側の前経営者に集中していた権限を適切に分散し、各階層における責任と権限の明確化等を行い、各種規程として整備し、周知徹底することで意思決定プロセスを変更していくことになる。

　ウ　会議体の見直し

譲渡側の経営状況を把握するため、譲渡側の取締役会や経営会議に参加することは不可欠である。

それ以外にも、事業の状況を正確に把握するために、譲渡側で定期的に実施されている会議体に関する情報を網羅的に把握し、必要に応じて参加することが望ましい。

その際、会議の名称、目的、開催の頻度、運営責任者、参加者といった会議の前提情報を確認しておき、必要に応じて新たな会議体を設置したり、他方で目的や意義が不明確な会議体や必要性の低い会議体などは廃止等をするなどの見直しを行うことが考えられる。

2　信頼関係の構築

M&A後の事業の継続や経営、改革の実現にあたっては、譲渡側従業員等の協力は必要不可欠であり、そのため譲渡側従業員等との適切な信頼関係の構築は大きな課題である。

〈図表4-15〉でも示されているように、過半数の回答が、譲受側従業員と譲渡側従業員の一体感の醸成と譲渡側従業員のモチベーション向上をPMI実施の際の課題として認識している。

そのためM&A成立前の段階から譲渡側従業員の人柄や価値観を確認しておくなど、信頼関係の構築にあたって対策を講じておくことが極めて重要である。

第4章 クロージング後のPMI

〈図表4-15〉 PMIを実施する際の課題

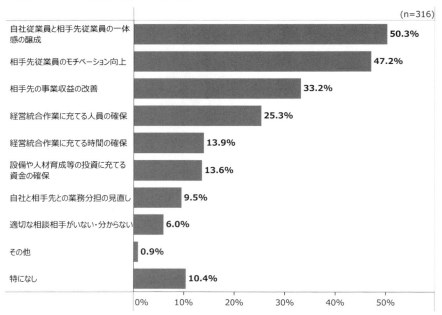

資料：(株)帝国データバンク「中小企業の事業承継・M&Aに関する調査」
(注) 1. M&Aを「実施した（買い手として）」と回答した企業を集計している。
2. 複数回答のため、合計は必ずしも100％にならない。

(「中小企業白書2023年版」Ⅱ-184頁)

　また、事業の継続にあたっては、そのほかにも取引先などの各関係者との適切な関係の構築・維持も必要となる。
　以下では関係者ごとに課題となる事項について説明する。
　各関係者との調整に関しても、例えば、旧経営者の引継業務や退任時期に関する合意、キーパーソンへの情報開示にあたっての注意事項や守秘義務契約の締結、全従業員への説明時期や説明方法に関する助言など、弁護士が関与することで将来のトラブルを事前に防ぐことができることも多いと思われる。
　弁護士としては、これらの取組みについても積極的に関与することができるように、PMIの全体像について知見を有しておくとよい。

(1) 譲渡側経営者への対応
　譲渡側経営者との関係においては、M&A実施後の業務引継ぎに関する協力

関係を構築するとともに、引継ぎ等のために譲渡側経営者が残る場合には、譲渡側経営者の役割や在籍期間等を明確にしておくことが必須である。

ア　M&A初期検討期（トップ面談まで）

譲渡側経営者とのトップ面談では、譲受側が譲渡側および譲渡側経営者に対して敬意をもって接するとともに、譲受側の率直な考えをしっかり伝え、相互理解を深め、信頼関係を構築していくことを目指すことになる。

その際には、譲渡側経営者のこれまでの経営方針や取組み等については傾聴するべきであるし、他方で、譲受側も過度に遠慮することはなく、譲渡側経営者の考え方をしっかりと把握したうえで、譲受側のM&Aの目的や、M&A成立後に譲受側が目指す姿など、伝えるべきことは率直に伝えることが必要である。

イ　プレPMI期（M&Aの最終契約時）

M&Aの最終契約時には、事業引継ぎ後の譲渡側経営者と処遇に関する争いが生じることを防ぐために、M&A成立後の譲渡側経営者の処遇（役職・役割、退任時期、報酬等）を書面上明確にするべきである。

例えば、退任時期に関しては、経営の引継ぎに必要な期間をあらかじめ見積もったうえで退任時期を決める、半年更新の契約として事後的に柔軟に対応できるようにしておくなどの取決めをすることが考えられる。

譲渡側経営者に顧問等としてこれまでどおりの勤務形態・報酬で勤務してもらう場合、M&A成立時に譲渡側経営者に役員退職金（退職慰労金）を支給してしまうと、税務上退任の事実が認められないとして役員退職金の損金性が否認されるおそれがある。そのため、譲渡側経営者に顧問として関与してもらう場合には、待遇（勤務形態含む）のみならず、役員退職金の支給時期についても税理士等に相談しながら慎重に検討する必要がある。

ウ　PMI期（M&A成立後）

M&A成立後も、譲渡側経営者とはコミュニケーションを継続的にとり、信頼関係の深化と譲渡側企業の情報把握に努めるべきである。

例えば、譲渡側の経営者や従業員のこれまでの努力や感情を損なわない形でのコミュニケーションを心掛けたり、譲渡側経営者と従業員の関係について把握し今後問題となりそうな関係がないかを洗い出しておくことなどが考えられ

第4章　クロージング後のPMI

る。

（2）　譲渡側従業員への対応

譲渡側の従業員は最も不安や不信感を感じやすい立場にある。

そのため、譲渡側従業員との関係においては、まずM&Aによる変化に起因する譲渡側従業員への影響等に関する各従業員の不安や不信感を払拭する必要がある。

そのうえで、M&Aについて譲渡側従業員の理解や共感を得て、譲渡側従業員の協力を得ていく。

ア　プレPMI期（M&Aの基本合意後）

前記Ⅱでも述べたとおり、この時期に、譲渡側従業員の中でも特に業務や他の従業員への影響力を大きくもつキーパーソンに先に情報を開示して協力を要請していくことが考えられる。

M&Aの基本合意後に、キーパーソンを対象に個別に丁寧な説明をし、情報の開示を行い、協力を要請していくことで、M&A成立後のPMIを円滑に行うための素地をつくる。

その際には、情報流出に備えた対策を講じるべきであることは前記Ⅱで述べたとおりである。

イ　PMI期（M&A成立後）

キーパーソン以外の従業員に対しては、情報を「遅滞なく」、「全員に」、「同時に／等しく／正確に」伝えることが極めて重要であるため、M&A成立後、遅滞なく全従業員に対する説明会を開催するべきである。

同説明会では、譲渡側経営者と譲受側経営者の双方が出席し、譲渡側経営者はM&Aに至った経緯や従業員に対する感謝などを、譲受側経営者はこれからの経営の方向性や目指す姿、従業員の処遇などについて説明することが考えられる。

その後も個別面談を実施するなどして、譲渡側従業員一人一人が感じている不安や不信感を個別具体的にできる限り把握していき、そのうえで個々の不安や不信感を払拭するように丁寧な説明を心掛けるべきである。

譲渡側の従業員に、「この会社は真摯に対応してくれるな。これなら安心できそうだ。」と思ってもらえるよう、誠意をもって対応していくことが譲受側

190

には求められる。

また、譲渡側の業務等について、変更や改善の必要性を感じた場合でも、従来の業務ややり方を頭ごなしに否定すべきではない。頭ごなしに否定することで譲渡側従業員の不信感を生む可能性があるからである。変更する必要性がある事項は変更していかなければならないが、最初から頭ごなしに否定せず、コミュニケーションを重ね、変更する必要性を丁寧に説明して、理解を得ながら進めていくべきである。

(3) 取引先への対応

取引先との関係においては、譲渡側が行っている取引（特に事業継続に重要な取引）について、取引先の信頼を得て取引を継続していくことが目標となる。継続する取引については、取引条件等を正確に把握することが重要である。

もっとも、M&Aが成立する前の時点では、なかなか取引先の情報までは明らかにされないことも多いため、実際には、M&A成立後に優先順位をつけて譲渡側経営者と共同して対応していくことになる。

ア　プレPMI期（M&A成立まで）

M&A成立前の段階では、譲渡側経営者等へのヒアリングを通じて、事業継続のために重要な取引先を把握していく。ほかにも企業概要書等の譲渡側について具体的な情報が記載されている資料から譲渡側の売上を把握し、売上が集中している特定の取引先などがある場合には、トップ面談時など早期の段階でこれを確認することが考えられる。

チェンジ・オブ・コントロール条項の有無は、譲受側のM&A成立後の事業継続に極めて重要であるため、通知することで足りるのか、同意まで必要かといった条項の内容を確認しておく必要がある。

また、後述するとおり、取引先にはM&A成立後に訪問することが一般的ではあるが、M&Aによって主要な取引先との継続取引が解消されるおそれがある場合など、M&A成立後の譲受側の事業継続に影響を与える可能性があるような場合には、譲渡側経営者と相談のうえ、M&A成立前に当該取引先に訪問して、事前に説明等をすることも考えられる。

イ　PMI期（M&A成立後）

191

第4章　クロージング後のPMI

（A）　主要な取引先への対応

M&A成立後の段階では、なるべく早期に譲渡側の主要な取引先を訪問し、M&Aの目的や経緯を説明するとともに、譲受側に関する情報等を提供することで、信頼関係の構築を図っていく。その際には、譲渡側経営者にも帯同してもらったほうが、スムーズな関係構築が進めやすい。

また、当該取引先と深い関係を有する人物（譲渡側経営者など）と緊密なコミュニケーションをとり、明文化されているような取引内容や条件の把握だけでなく、口頭での合意や暗黙の取決め、経緯や背景なども含めて、網羅的に当該取引先との関係を把握しておく必要がある。

（B）　主要な取引先以外への対応

主要な取引先以外についても、M&A成立直後、速やかに挨拶文を送付する、担当者が挨拶に訪問するなどして、取引先の不安を解消するとともに、混乱が生じるのを抑止する。

さらに、取引先とはM&Aの成立直後にとどまらず、継続的にコミュニケーションを図り、信頼関係を構築していくことで、取引関係の安定化を図ることが求められる。

取引条件面で不利になっている取引先については、譲受側がM&A成立直後に直ちに是正を依頼すると、取引先との信頼関係が破壊されるおそれもあるため、当該取引先との関係を見極めながら慎重に交渉を行い、適切な取引条件に変更してもらえるよう粘り強く説得することが肝要である。

価格交渉の方法に関しては、「中小企業・小規模事業者のための価格交渉ハンドブック」[5]が参考になる。

（4）　取引先以外の外部関係者（ステークホルダー）への対応

企業活動にあたっては、取引先以外にも長年経営を続けてきた中で形成されてきた多様なステークホルダーが存在する。

例えば、外注先や人材派遣会社といった協力事業者や金融機関、各種組合や業界団体、許認可等の所轄官庁などがあげられる。

これらのステークホルダーの中で、事業を継続するうえで特に関係性の維

5　中小企業庁「【改訂版】中小企業・小規模事業者のための価格交渉ハンドブック」〈https://www.chusho.meti.go.jp/keiei/torihiki/pamflet/kakaku_kosho_handbook.pdf〉。

持・継続が必要な相手について、譲渡側経営者や従業員へのヒアリングを通じて適宜把握する必要がある。

そのうえで、個別の関係性などを踏まえて適切な対応を行っていくこととなる。この際には、譲渡側経営者や従業員の協力が必要不可欠なので、その協力を求めるとともに、必要に応じて支援機関にも相談していくこととなる。

3　業務統合①（事業機能・シナジー効果）

業務統合の内容については、一般的には弁護士は知見を有しておらず、またかかわりの薄い分野であると思われる。

しかし、業務統合は、M&A実施の動機であることが通常であり、言い換えれば、M&Aは業務統合によるシナジー効果の獲得等のために実施しているといっても過言ではない。

そのため、M&Aにかかわる弁護士として業務統合の内容について把握しておくことは重要であるし、PMIには直接関与しないとしてもDDや最終契約書作成にあたって、業務統合で期待しているシナジー効果の獲得の支障となる事実の調査やその排除など、当該業務の質を高めるのにも資する。

他方で、特に中小企業においては、経営者が必ずしも厳密にシナジー効果が得られるかについて検討できていないという場合もあると思われる。

そのため、M&Aにかかわる弁護士が、期待するシナジー効果について経営者とともに詳細な検討を行ったり、DDの過程などを通じてシナジー効果獲得に支障が生じる事実の有無について調査し、その実現が難しい印象を抱いた場合には、率直にその旨を告げ、場合によってはM&Aの中止を提案するなどのかかわり方もあり得る。

（1）　総　論

ア　事業機能と管理機能

中小PMIガイドラインでは、業務統合について、①事業機能の統合と②管理機能の統合、に大別し、それぞれ以下のように定義している[6]。

すなわち、「事業機能」とは、企業の組織において直接売上に結びつく機能

6　中小PMIガイドライン8頁。

(営業や製造・開発等)を指すものとし、「管理機能」とは、事業機能を支える人事・総務・経理・法務等の機能を指すものとしている。

事業機能に係る業務統合については、事業ごとに多種多様であって一般化することが難しく、様々な整理の仕方が考えられるものの、同ガイドラインでは、シナジー効果を軸として整理している。

   イ　シナジー効果

シナジーという言葉の意味は広く多義的であるため様々な整理の仕方があるが、中小PMIガイドラインは「2つ以上の企業又は事業が統合することで、それぞれが単独で運営されるよりも、生み出される価値が大きくなる(「1+1」以上の価値が生じる)相乗効果」と定義し、その内容については大きく「売上シナジー」と「コストシナジー」に分類している[7]。

これらのシナジー効果により、売上アップによる収入の増加、コスト削減による支出の減少、それによる収益性の向上とキャッシュフローの改善を行い、それによって生み出された資金をもとに新たな事業設備投資を行い、企業の持続的な成長を目指すことになる。

〈図表4-16〉「売上シナジー」と「コストシナジー」

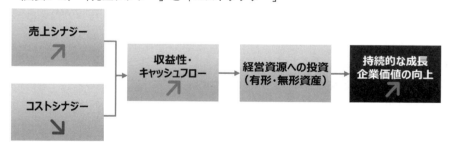

(中小PMIガイドライン65頁)

   ウ　「売上シナジー」と「コストシナジー」

「売上シナジー」とは、主に売上拡大につながる効果をいい、「コストシナジー」とは、売上原価や販管費といったコストの削減につながる効果をいう。

中小企業同士のM&AにおけるPMIの代表的なシナジー効果としては、譲受

7　中小PMIガイドライン8頁。

Ⅲ　検討項目別の視点

〈図表4-17〉　代表的なシナジー効果

凡例：　■ 相対的に取り組みやすい項目
　　　　■ 相対的に難易度が高い項目

売上シナジー	① 経営資源の相互活用	1	クロスセル
		2	販売チャネルの拡大
	② 経営資源の組合せ	3	製品・サービスの高付加価値化
		4	新製品・サービスの開発
コストシナジー	売上原価	③ 改善	5	生産現場の改善
			6	サプライヤーの見直し
			7	在庫管理方法の見直し
		④ 共通化・統廃合	8	共同調達
			9	生産体制の見直し
	販管費	⑤ 改善	10	広告宣伝・販促活動の見直し
			11	間接業務の見直し
		⑥ 共通化・統廃合	12	共同配送
			13	管理機能の集約
			14	販売拠点の統廃合

（中小PMIガイドライン66頁）

側・譲渡側の顧客や製品・サービス等の経営資源を相互に活用、組み合わせることによる売上拡大（売上シナジーの一種）や、譲受側・譲渡側で重複する業務・機能等の集約・統廃合によるコスト削減等（コストシナジーの一種）があげられる。

　加えて、譲受側のノウハウを活用して譲渡側の経営や業務の改善を行うことにより、譲渡側の収益改善につながるケースも想定される。

　もっとも、シナジー効果等の実現に向けた取組みのすべてに対応することは実際のところ容易ではないため、目的等に応じて統合範囲や優先順位等を決めて取り組む必要がある。

（2）　取組みのステップ

ア　M&A初期検討期およびプレPMI期

　前記Ⅱでも述べたとおり、M&Aの初期検討やプレPMIの段階で譲渡側の事業内容や課題等に関し、可能な限り必要な情報を取得するように努めることが望ましい。

　そのためには、M&Aを実施する目的や成立後目指す姿を明確化し、その目

195

第4章　クロージング後のPMI

的の実現に向けて期待されるシナジー効果等を得られるのか、企業としての戦略を策定し、精査する必要がある。

そして、M&Aプロセスにおける譲渡側へのヒアリングやDD等の手続や過程を通して譲渡側の事業活動に関する情報を可能な限り取得するように工夫すべきである。特に、譲渡側の事業内容（事業計画、組織図、主要顧客とその取引状況、主要製品・サービスとその特徴、商流、従業員の状況等）と譲渡側の事業における課題認識についての詳細を把握することで、譲渡側事業に対する理解を深めておくべきである。

当該プロセスの過程で得た情報をもとに、M&Aの目的の実現の前提となるシナジー効果等を想定して、M&Aが成立した後の取組み事項についてこの段階で検証・計画を立てておくことで、成立後の取組みをスムーズに実行できるようにしておく。

　イ　PMI期

　　（A）　現状の把握

M&A成立後は、成立前の段階では把握できなかった、譲渡側の事業内容や課題について、より詳細に把握し、検討する。

具体的には、譲渡側の各種経営管理資料（事業別損益管理表、営業管理資料等）の確認、従業員（特にキーパーソン）へのヒアリング、主要な事業所や工場への視察などを通じて、譲渡側の事業活動の実態を正確に把握する。

その際には、例えば、譲渡側の業績に関する数値情報について、売上高は顧客別に、コストは変動費・固定費別、支払先別等に整理しておき、想定するシナジー効果等ごとの取組みが業績に与える影響を可視化できるようにしておくとよい。

特に中小企業の場合、譲渡側において事業活動に関する情報が整備・管理されていない場合もあり、その場合には、新たに管理帳票を作成するなどして情報の可視化を進めることになる。

　　（B）　統合方針の策定

上記により把握した現状を踏まえ、M&Aプロセスにおいて想定したシナジー効果等ごとに、実現に向けた取組みの具体化を行う。各取組みについて、その①想定効果や②実現可能性等の観点から評価を行い、取組みの範囲と優先

196

順位を決定していく。

　想定効果については、各取組みの売上高やコストへの影響を定量的に把握しておくとよいが、定量的な効果の大小だけで判断するのではなく、従業員の納得感を得るために、まずは目に見えて効果がわかりやすい取組みから優先して行うなど、柔軟に判断していく必要がある。

　また、実現可能性については、取組みにおける難易度や人的リソースの制約等から総合的に判断することになる。

（C）　行動計画の策定

　各シナジー効果等の実現に向けた取組みごとに、誰が、いつまでに、何を実施するかを明確化し、行動計画を策定する。

　また、取組みの成果を測定して検証できるように、目標（売上高、販売数量等）やKPI（重要業績評価指標）[8]等の定量的な指標を設定しておくとよい。

（D）　行動計画の実行・検証

　策定した行動計画に従って具体的な取組みを実行する。

　また、各種管理帳票や会議等を通じて、定期的に各担当による取組みの進捗状況を把握し、必要に応じて取組みの見直し（方針変更、新たな取組みの検討）を実施する。

　さらに、取組みの結果を踏まえ、次の目標（次期会計年度等）に向けてPMI取組み方針の見直しを行うなど、継続的にPDCAを実行していく。

　効果検証にあたっては、結果としての売上高や削減コストの数値ばかりに着目するのでなく、行動計画が実行に移されたか、顧客の反応はどうであったか、障害となっている問題はないか等の観点も確認すべきである。

（3）　売上シナジー

　売上シナジーとしては、①お互いの商品・サービス等を相互に活用して既存顧客にアプローチすることにより売上拡大を実現する「経営資源の相互活用による売上シナジー」と、②お互いの商品・サービスや技術・ノウハウ等の経営資源を組み合わせることで顧客に新たな価値を提供することにより売上拡大を実現する「経営資源の組み合わせによる売上シナジー」に分類することができ

8　Key Performance Indicatorの頭文字をとったもの。会社の目標を達成するための重要な活動や成果を定量的に評価するための指標。

第4章　クロージング後のPMI

る。

　以下では、各分類における代表的な取組みを紹介する。

　　ア　経営資源の相互活用による売上シナジー

　　　（A）　クロスセル

　クロスセルとは、譲渡側と譲受側のそれぞれの既存顧客への提案に際し、関連する製品・サービスを併せて提案することによって、既存顧客から追加的な売上を獲得する取組みである。

　既存顧客に対する販売数量が増加することで、顧客あたりの売上高が増加する効果が見込まれる。

　譲渡側と譲受側の既存顧客のニーズの類似性が高い場合や、譲渡側と譲受側が提供する製品・サービスが相互に補完的な場合にはクロスセルの効果は高くなる。

　もっとも、クロスセルは、譲渡側と譲受側にとって重要な自社の既存顧客を相手に行うものであるため、顧客からの信用を失うことのないように、追加販売しようとする製品・サービスが顧客にとって真に有用かどうか等を慎重に検討したうえで実施する必要がある。

　また、クロスセルを実施するにあたっては、双方の製品・サービスについて

〈図表4-18〉　クロスセル

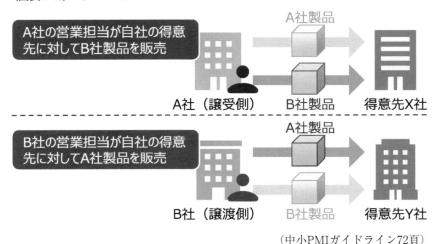

（中小PMIガイドライン72頁）

の勉強会などを開催するなどして、紹介を行う相手方の製品・サービスに関する各営業担当者の知識や理解を十分に深めさせることが重要である。

そのほかクロスセルの実施に対するインセンティブを導入することなども考えられる。

　　（B）　販売チャネルの拡大

販売チャネルとは、自社の製品・サービスを販売するための流通経路をいう。

そして、販売チャネルの拡大とは、主に同業種間での水平的統合のように、提供する製品・サービスの類似性が高い一方で、譲渡側と譲受側の顧客の既存顧客が相互に重複しない場合に、それぞれの既存顧客に対して販売することで新たなチャネルの開拓、顧客の獲得、営業エリアを拡大し、新たな流通経路の獲得を実現する活動である。

販売チャネルを相互に共有することで、譲受側と譲渡側のいずれにとっても少ない営業リソースで新たな顧客を獲得することが可能になる。

特に、譲渡側と譲受側の既存顧客層が異なる場合や営業エリアが地理的に重複しない場合には大きな効果を発揮する。

また、自社とは異なる業種や業界につながる販売チャネルをもつ企業との統

〈図表4-19〉　販売チャネルの拡大

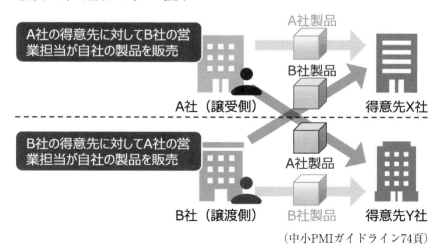

（中小PMIガイドライン74頁）

合では、獲得した新たなチャネルを通じて、自社がこれまでアクセスできなかった市場との接点をもつことが可能となる。自社の既存顧客とは異なるニーズに対応するために、製品の改良や開発につながることもあり得る。

販売チャネルの拡大も、双方の既存顧客に対して行うものであるため、不信感を抱かれないように注意すべきである。例えば、営業担当者同士で情報交換や提案内容等の事前確認をしておいたり、相手方の営業担当者から事前に趣旨を説明して紹介することについて当該顧客から承諾を得ておいてもらうなどの方法が考えられる。

販売チャネルの拡大にあたっては、顧客情報を共有することになるため、共有や管理の方法について細心の注意をし、特にそれが一般消費者の場合には個人情報保護法に抵触しないようにする（目的外利用や第三者提供等）など、各種関係法令等に留意しながら進める必要がある。

　イ　経営資源の組み合わせによる売上シナジー
　　（A）　製品・サービスの高付加価値化

高付加価値化の取組みとは、M&Aにより獲得した譲渡側の製品・サービスや、その前提となる技術等の経営資源を活用して譲受側の既存製品・サービスの付加価値を向上させ、顧客に対する提案力の強化による売上の拡大や、製

〈図表4-20〉　製品・サービスの高付加価値化

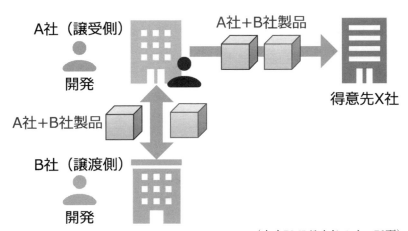

（中小PMIガイドライン76頁）

品・サービスの収益性の向上を実現する活動である。

高付加価値化の例としては、既存製品にM&Aの相手企業の技術を活かして機能追加をして高機能化するような場合（製品自体の価値向上）や、製品・商品とアフターサービス、メンテナンスサービス等を組み合わせて提供する場合（提案全体の価値向上）などが考えられる。

特に、譲渡側と譲受側の製品・サービスが相互補完的であり、組み合わせて提供することで顧客にとっての利便性や付加価値が増す場合に有効である。

製品・サービスの高付加価値化の取組みには、現在提供している製品・サービスに関する十分な知識や理解、同製品・サービスでは満たされていない既存顧客のニーズについての理解が必要になる。

そのうえで、双方の製品・サービスを組み合わせることで、いかに当該ニーズを満たすかを理解してもらうための営業手法についても併せて検討していくことになる。

（B）　新製品・サービスの開発

譲渡側と譲受側がそれぞれ保有する経営資源や組織能力を活用し、新製品・サービスの企画・開発を行う活動である。

既存顧客の新たな需要を開拓することによって、既存顧客内でのシェアアップによる取引拡大や、従来の製品・サービスとは異なる収益構造による新たな売上の獲得といった効果が期待できる。

特に、既存顧客において、自社がこれまで対応できていなかった潜在的なニーズが存在することが想定されている場合に効果が期待できる。

この取組みにあたっては、既存顧客のニーズについての深い理解と洞察、双方の経営資源（技術、人材等）における強みについての理解が必要である。そのため、双方の営業分野・技術分野の担当者らが自由に意見交換できる環境をあらかじめ整備しておくことが有効である。

（4）　コストシナジー

コストシナジーとしては、主に、①売上原価の削減を目指す「売上原価シナジー」と②販管費の削減を目指す「販管費シナジー」がある。

また、各シナジーを実現するための方法という視点からみて、③既存の業務を「改善」することによりその削減を実現する方法と④双方の「経営資源を共

201

第4章　クロージング後のPMI

通化・統廃合」することによりその削減を実現する方法がある。

　　ア　売上原価シナジー

　　　（A）　改善による売上減価シナジー

　（ⅰ）　生産現場の改善

　例えば、譲渡側の生産現場において、過剰生産をしていたり、滞留在庫の存在等による無駄な保管・運搬・管理費用が生じていたり、不良品の発生による廃棄や手直し等による材料、工数等の無駄が生じていることがある。

　こうした譲渡側の生産現場における非効率な部分について、5S（整理、整頓、清掃、清潔、躾）の実施状況の改善等を通じて、生産現場におけるミスの撲滅や作業効率の改善等を実現し生産性の向上を図る活動である。

　これは現場レベルで早期に着手可能な改善活動が中心となるため、M&Aの成果を比較的早期に期待できる面もある。

　（ⅱ）　サプライヤーの見直し

　製造業や卸業・小売業などにおいては、原材料の仕入れ先や販売商品のサプライヤーなどとの契約において、不利な取引条件となっている場合もある。

　そこで、M&Aを契機に、各サプライヤーとの取引条件を確認し、譲受側企業の価格交渉力等を背景に条件変更の取組みをしたり、互いにサプライヤーを紹介するなどして、より良い条件のサプライヤーに切り替えることで売上原価を減らし、結果として売上利益を増加させる。

〈図表4-21〉　5Sとは

主に製造業やサービス業において、職場環境を整えるための活動。多数の従業員が働く職場で作業のミスや無駄を減らし、業務効率化を図るために効果的な取組を整理したフレームワークである。

整理 (Seiri)	必要なものと不要なものを区別し、不要なものを捨てること
整頓 (Seiton)	必要なものをすぐに取り出せるように、置き場所、置き方を決めておくこと
清掃 (Seiso)	掃除をして、ゴミ、汚れのない綺麗な状態にすると同時に、細部まで点検すること
清潔 (Seiketsu)	整理・整頓・掃除を徹底して実行し、汚れのない綺麗な状態を維持すること
躾 (Shitsuke)	決められたことを決められた通りに実行できるよう、習慣化すること

（中小PMIガイドライン80頁）

202

（ⅲ）　在庫管理方法の見直し

　中小企業などの場合、定期的な実地棚卸をしていないことで帳簿と会計上の在庫の不一致が生じている場合などもある。

　そのような場合、在庫管理方法を見直すことで、過剰在庫や滞留在庫を減らし、資金繰りの改善が図れる場合がある。

（B）　経営資源の共通化・統廃合によるシナジー

（ⅰ）　共同調達

　譲受側・譲渡側で重複して仕入・購買を行っている品目を共同で調達することで、価格交渉力の強化やボリュームディスカウントにより、仕入・購買先に対して調達単価の引下げ等の交渉を実施する活動である。

　例えば、〈図表4-22〉のような資材の共同化が考えられる。

　また、併せて共同調達のためのルール・体制整備をする必要がある。具体的には、社内規程やマニュアル等を策定して、発注に関する決裁権限や承認プロセスを定めることが考えられる。その際には、双方の発注担当の窓口を一本化しておくなどの工夫も考えられる。

（ⅱ）　生産体制の見直し

　例えば、譲渡側において生産設備に起因する不良、遅延、キャパシティの制約等が生じている場合や、譲受側と譲渡側において同じ工程で生産可能な製品を手掛けている場合がある。

　このような場合に、譲受側の資金力を背景に新たな設備投資や設備改善等を実施したり、双方の生産拠点を統合するなどして、その生産性の向上を実現する。

〈図表4-22〉　資材の共同化

直接材	間接材
● 原材料（製造業等） ● 部材（建設業等） ● 商品（卸業・小売業等）	● 製造副資材（製造業等） ● 施設関連費 ● 物流費

（中小PMIガイドライン85頁）

第4章　クロージング後のPMI

　生産体制の見直しとしては、①双方で重複する生産工程や生産設備の合理化を進めることによって生産性改善や製造コスト削減を実現する「生産設備の見直し」と、②生産拠点に係る施設の賃料や光熱費、メンテナンス費といったランニングコスト等の固定費（売上原価）の削減効果を得るために生産拠点を集約させる「生産拠点の統廃合」の取組みがある。生産拠点の統廃合にあたっては、両社の生産機能の集約と併せて工場の拡張を図るなど、生産能力の増強を狙って行われることもある。

　また、生産機能を統合する以上、両社の生産管理・工程管理を統一するとともに、作業レベルの標準化をする必要がある。そのために、生産管理体制に関する社内規程や作業方法・検査水準等に関するマニュアルなどを策定することも考えられる。

　ただし、生産拠点の統廃合を実施する場合においては、工場に勤務する従業員の勤務地の変更や異動などが生じることも多いため、あらかじめ対象従業員の承諾を得るなど労使関係の問題に発展しないよう配慮・注意する必要がある。

　　イ　販管費シナジー

　　　（A）　改善による販管費シナジー

　　（ⅰ）　広告宣伝・販促活動の見直し

　譲渡側の広告宣伝や販促活動に関し、費用対効果が出ているのか、過剰な広告宣伝となっていないかなどを検証し、各種宣伝活動を合理化してそれに要する費用の最適化を図る活動である。

　　（ⅱ）　間接業務の見直し

　また、譲渡側の業務内容を見直し、間接業務のミスの低減や改善を行う。

　報告や決裁の過程における重複業務を削減したり、報告フォーマットを適切なものに統一化するなどして各従業員の間接業務の負担を減らし、作業効率を改善するとともに、残業時間等の減少等を図る。

　　　（B）　経営資源の共通化・統廃合による販管費シナジー

　　（ⅰ）　共同配送

　譲渡側と譲受側で同一または近接エリアへの既存顧客に対して配送を行っている場合等に、物流事業者を共通化して荷物を集約することによって荷物一つ

204

あたりの物流費の低減を実現するための活動である。

（ⅱ）　管理機能の集約

譲渡側においては、人員不足その他の理由により適切な管理体制をとれていない場合がある。

このような場合、当該管理業務を譲受側に集約したり、不足している管理機能を譲受側が補完・支援するなどにより、適切な管理機能を実現し、譲渡側と譲受側全体で業務効率を改善し、管理機能の生産性の向上を図ることができる。

そのほか、譲渡側が、経理や労務などの管理業務の一部を外部に委託している場合などには、当該業務委託費等の削減につながる可能性もある。

管理機能の集約にあたっては、譲渡側の業務内容や業務プロセス、必要情報・使用ツール等、業務遂行における基本的な情報を把握することが必要となる。

また、ITツール等の活用による標準化可能な定型業務の自動化や、アウトソース等について検討することも有効である。

（ⅲ）　販売拠点の統廃合

同一エリア内に譲渡側および譲受側双方の販売拠点がある場合などには、営業体制の重複等の非効率が生じるため、販売拠点を統廃合してこれを改善することが考えられる。これにより、過剰な人員配置による人材コストや販売拠点維持のための賃料等の固定費コストの削減を図る。

また、拠点廃止により過剰となった人員をリソースが不足している拠点へ移転させることも可能となる。

ただし、販売拠点の統廃合の場合も、従業員の勤務地の変更や異動が生じるため、上述したとおり、当該従業員への対応は適切に実施する必要がある。

また、M&A実施前から拠点統廃合を予定している場合には、賃貸借契約書において解除制限や違約金など、拠点統廃合の妨げとなる条項がないかをM&A成立前のDDにおいて調査しておくべきである。

205

第4章　クロージング後のPMI

4　業務統合②（管理機能）

（1）　総　論

　譲渡側の安定した継続経営を実現するためには、譲渡側の経営基盤を確立する必要がある。

　特に、中小企業においては、人材等のリソースやノウハウ等が不足していたり、社内ルールが整備・徹底されていない場合がある。

　そこで、譲受側のリソースやノウハウ等を用いて、その支援を行いながら、譲渡側の安定した経営基盤を確立していくことになる。

　そして、譲渡側・譲受側の双方の管理機能の連携を図り、最終的には、グループ全体の経営体制・ガバナンス体制の構築を行うことになる。

　管理機能としては、大きく、①人事・労務、②財務・会計、③法務、④ITシステム、に分類することができる。

　分野ごとに専門的知見を要する場面も多いため、弁護士や税理士などの専門家の支援を受けることは有益である。

　例えば、人事労務分野や法務分野は、まさに弁護士の専門領域であるから、ここに弁護士が積極的に支援者として関与していくことは、上記の新たな業務領域の開拓につながるものと考えられる。

　取組み内容は多岐にわたるため、前記Ⅱなどで述べてきたとおり、プレPMIにおいて、それぞれのリスクの大きさや課題の重要性、緊急性などを考慮して優先順位をつけておき、速やかに適切な取組みができるようにしておく必要がある。

　また、M&A成立後のこれらの事項への対応を見据えてDDや最終契約書の作成をすることは、M&Aにかかわる弁護士として重要なことである。

（2）　人事労務分野

ア　法令遵守への対応

（A）　労働条件通知書や労使協定等に関する不備への対応

　法定の雇用条件を記載した労働条件通知書または雇用契約書の未交付等の事実がある場合には、労働基準法15条1項違反等のおそれがあるため、労働条件通知書の交付等を速やかに行う。

206

また、時間外・休日労働に関する労使協定（いわゆる36協定）をはじめとする労使協定等について、内容や締結手続が法令に違反する等の不備がある場合には、所轄の労働基準監督署への照会や、譲渡側の担当者がこれまで行ってきた手続の確認を行いながら、適正な労使協定の締結や所轄労働基準監督署への届出等の手続を速やかに行う。

　労働時間等、労働の実態が労働条件通知書や労使協定、就業規則等の記載内容と異なり、違反したものとなっている場合には、労働時間の削減、労働時間の管理・把握体制の是正等の措置を速やかに行う。

（B）　社会保険や労働保険に関する不備への対応

　譲渡側において法令上必要な社会保険や労働保険等各種保険への加入が未了であった場合には、健康保険や厚生年金、労働者災害補償保険や雇用保険など各種保険等について、新規加入を含めて速やかに対応する必要がある。

　また、譲渡側において個別の従業員について必要な被保険者資格取得届の所轄官公署への提出が未了の場合には、当該資格取得届の提出等必要な手続を速やかに行う。

（C）　労働組合との事前協議等に関する不備への対応

　譲渡側に労働組合がある場合、労働協約において労働組合への事前協議が必要とされている事項についての事前協議が未了である場合には、当該労働組合との協議に向けて速やかに対応する。

　個々の労働協約の内容によるが、代表的なものとしては、人事異動、懲戒処分、解雇や組織再編等に関する事項があげられる。

　譲渡側に労働組合がある場合には、複数の組合が併存することになるため、統合の要否等も検討する必要がある。

（D）　職場環境等に関する不備への対応

　譲渡側の安全衛生管理体制に不備がある場合には、安全衛生管理規程の策定や安全衛生委員会の設置など、適正な安全衛生管理体制の整備等に向けて速やかに対応する。

　労働災害や各種ハラスメント（パワハラ、セクハラ、マタハラ等）、解雇を含む退職、労働紛争等といった問題を抱えている場合には、内容を把握したうえで速やかに対応する必要がある。

207

（E）　人事・労務関係の法令遵守等に関する姿勢の徹底

上記（A）～（D）の人事・労務関係の法令遵守等に関する取組み等を踏まえつつ人事・労務関係の法令遵守等を徹底するよう、担当者の研修その他教育を実施し、社内でのノウハウの蓄積等を進めていく。

担当者だけでなく、他の従業員に対する教育も実施し、社内全体で人事・労務関係の法令遵守等を徹底できるような社風を形成するよう試みることも必要となるだろう。

この場合、弁護士が講師として社内研修を実施することなどもよくあると思われる。また、研修に関しても、一般従業員向けと管理職向けなどそれぞれの立場により対象者を分けて、異なった内容の研修をすることも効果的である。

イ　内部規程類の整備

（A）　内部規程類の見直し

中小企業においては、就業規則をはじめとする必要な内部規程類等が備えられていないことも少なくない。また、備えられていても、ひな型をそのまま流用したような内容となっており、企業実態に全く即していない例や昨今の法改正等に対応できていない内容となっていることも多い。

そのため、就業規則をはじめとする内部規程類等について見直し、賃金体制や労働時間管理、人事管理などの制度を整備ないし変更し、あるいは昨今の法改正等に即した内容の規定を整備する必要がある。

これらは主に譲受側が主導することが多いと思われるが、その際には、譲渡側従業員の労働条件の不利益変更を伴う場合も少なくないので、事前に説明して承諾を得るなど慎重に実施すべきである。また、急激な変化は従業員の離職につながるおそれもあるため注意を要する。

さらに、中小企業では、譲渡側の役員が経営者の親族その他の同族関係者で占められているような場合も多い。そのような場合に従前の役員の待遇（役員報酬を含む）が譲渡側の事業規模や業績に比して過大であるようなときには、従前の役員の待遇についても見直す必要がある。

（B）　内部規程類の徹底

整備された新しい人事・労務関係の内容や枠組みについて、説明会などを開き、譲渡側の役職員や従業員に周知・説明を行う。

また、人事・労務関係の内部規程類等を整備した後も、これらが確実に遵守されるよう、遵守状況の確認や、役職員への周知・教育等を継続的かつ定期的に行うべきである。

ウ　個別の労働契約関係への対応

（A）　残存する未払賃金や未消化の有給休暇に関する不備への対応

譲渡側の従業員との個別の労働契約関係等において、未払残業代をはじめとする未払賃金や未消化の有給休暇が残存している場合には、現状把握の時点までに認識した未払賃金を支払ったり、当該有給休暇の消化を促したりするなどの適切な対応を行う。

M&Aの成立に伴い清算する場合の手法としては、労働基準法39条の趣旨に反しない限りにおいて未消化の有給休暇を買い取る方法も考えられる。

（B）　長時間労働の改善

譲渡側の従業員の長時間労働が常態化している場合には、従業員の個別事情だけでなく構造的な原因も含めて探求し、業務のフローや配分・集中の見直し、人員補充といった構造的な観点からの長時間労働の緩和等に向けた対応を行う必要がある。

また、労働環境の改善にあたっては、その改善を担当管理職等に一任するのではなく、経営陣が取り組むべき課題として認識し、トップダウンで積極的に対応することが必要である。

（C）　キーパーソンである従業員の離職リスクへの対応

報酬や人事評価といった制度や仕組みを見直して、キーパーソンのモチベーションの維持・向上を図り、キーパーソンが離職することを防ぐことも事業継続には重要である。

他方、それと並行して、キーパーソン固有の知見やノウハウ、人脈が社内全体に共有されるように取り組み、経営資源の偏在を解消し、仮にキーパーソンが離職しても対応できるような方策も実施すべきである。

エ　人材配置の最適化

譲受側・譲渡側間で組織や人事配置の見直しを行い、譲受側・譲渡側のグループとしての一体性を強化するとともに、人材活用の観点からグループ全体での最適な人員配置を行う。

209

第4章　クロージング後のPMI

　また、グループ全体での人材交流を進め、双方の知見や技術・ノウハウなどの共有を行ったり、譲受側の経営人材が譲渡側に対して経営支援を行うことなども考えられる。

　ただし、これらの取組みは従業員にとって直接的な影響があり、特に労働条件の不利益変更を伴う場合もあるため、その実施や実施時期については慎重に検討する必要がある。

オ　M&A実施形態による留意点

（A）　株式譲渡

　株式譲渡の場合は、譲渡側の使用者と労働者の関係には変更はないため、原則として、従前の労働契約の内容のまま継続されることになる。

　しかし、実際には、これを変更することも少なくなく、またその場合に不利益変更となる場合もあるから、その実施内容や時期については慎重に検討し、必要な手続の履践などを行う必要がある。

（B）　事業譲渡

　事業譲渡の場合、労働契約の承継には従業員の個別の承諾が必要である（民法625条1項）。

　したがって、事前に十分な説明や労働条件の提示などを行い、個別の承諾を得て従業員を確保することが重要である。

（C）　会社分割

　会社分割の場合、「会社分割に伴う労働契約の承継等に関する法律」が定める手続やスケジュールを意識した対応を行う必要がある。

　当該手続に則り承継がなされた場合には、従前の労働契約の内容のまま継続されることになる。

　その後、労働条件を変更する場合の注意点などは株式譲渡の場合で述べたとおりである。

（D）　合　併

　合併の場合は、権利義務関係はすべて包括的に承継されるため、労働契約についても従前の内容のまま承継されることになる。

　そのため、労働条件の変更にあたっては株式譲渡の場合と同様の注意を要する。

210

Ⅲ　検討項目別の視点

(3)　財務・会計分野（税務を含む。以下同じ）

適切な財務・会計を実現するための体制整備は、企業全体の業績を適切に評価し、経営を管理していくためにも極めて重要であるため、速やかに行われる必要がある。

例えば、財務・会計に関する規程やそれを管理するための体制を整備し、勘定科目や会計処理方針、主要な収益・費用の計上基準、在庫の棚卸方法や頻度、経理精算方法等のルールを定めることも必要である。

また、過去に不適切な会計・財務処理があればそれを是正することも必要になる。過去の会計処理に不適切と思われる内容が判明した場合には、前経営者や経理担当者などから見解を聴取し、税理士などの専門家の意見を聞いて適切に処理すべきである。

過去の処理に是正すべき点があり、その是正のために追加納税等の費用が発生する場合には、表明保証条項や損害賠償条項などによりその負担を求めることもあり得る。

グループファイナンスを導入することで、有利な条件で資金調達を行ったり、グループ内で資金融通を行うことで有利子負債等の抑制によるコストシナジーも期待できる。

(4)　法務分野

ア　法令遵守への対応

（A）　許認可等に係る手続に関する不備への対応

M&Aの手法として、事業譲渡や合併、会社分割等の手法を用いた場合、譲渡側とは別人格である譲受側において承継された事業が継続することになるため、譲渡側の許認可等は当然には譲受側には承継されず、個別の根拠法の定めがあるとき[9]に限り、譲受側において承継が可能となる。

したがって、承継ができない場合には、譲受側においてあらためて許認可等を取得する必要がある。

他方、株式譲渡等の手法を用いる場合には、譲渡側の許認可等は同一人格である譲渡側において原則として継続するため承継の問題は生じない。ただし、

9　特定の許認可等を対象に、相続、合併または会社分割の際に承継を認める形式や、これらに加え事業譲渡の際にも承継を認める形式等がある。

211

第4章　クロージング後のPMI

前記Ⅱで述べたとおり、その場合でもキーパーソンの離職などにより人的要件を満たさなくなる場合などもあるので注意を要する。

許認可等については、事業継続に必要不可欠であるので、プレPMIの段階から意識して調査確認し、再取得が必要な場合には事前に行政機関にも相談しておくなど万全の準備をしておくべきである。

（B）　実態と整合しない登記に関する不備への対応

必要な役員重任登記や氏名住所の変更などの登記手続がなされないまま数年間が経過しているなど、登記が実態と整合していない場合がある。

必要な登記手続を長期間怠っていたことにより取締役等に100万円以下の過料が課される（会社法976条以下を参照）こともあるため注意が必要である。

登記が実態と整合していないことを発見した場合は、速やかに、実態と整合した内容の登記手続等を行う。

（C）　個人情報の管理に関する不備への対応

「個人情報」とは、生存する個人に関する情報であって、当該情報に含まれる氏名、生年月日その他の記述等により特定の個人を識別することができるもの等をいう（個人情報の保護に関する法律（以下「個人情報保護法」という）2条1項各号）。

譲渡側において個人情報が適切に管理されていない場合には、個人情報保護法に従い、個人情報保護についての基本方針や規程、マニュアルの制定、管理方法の周知徹底など、適切な管理体制の整備等に向けた対応を行う。

個人番号をその内容に含む個人情報である「特定個人情報」（行政手続における特定の個人を識別するための番号の利用等に関する法律2条8項）についても同様に、適切な管理体制の整備等に向けた対応を進める必要がある。

個人情報の管理については、個人情報保護委員会が公開している「法令・ガイドライン等」[10]や「特定個人情報の適正な取扱いに関するガイドライン」[11]などの各種ガイドラインが参考になる。

10　個人情報保護委員会のウェブサイト「法令・ガイドライン等」〈https://www.ppc.go.jp/personalinfo/legal/〉参照。
11　個人情報保護委員会のウェブサイト「特定個人情報の適正な取扱いに関するガイドライン」〈https://www.ppc.go.jp/legal/policy/〉参照。

Ⅲ　検討項目別の視点

（D）　営業秘密の管理に関する不備への対応

「営業秘密」とは、顧客名簿、販売マニュアルや新規事業計画、製造方法・ノウハウや設計図面等の秘密として管理されている事業活動に有用な技術上または営業上の情報であって、公然と知られていないものをいう（不正競争防止法2条6項）。

譲渡側において営業秘密が適切に管理されていないような場合には、適切な管理体制の整備等に向けた対応を行う[12]。

（E）　表示等に関する不備への対応

譲渡側の商品パッケージやホームページ上の表示等に関し、不正競争防止法や不当景品類及び不当表示防止法（景品表示法）、特定商取引に関する法律（特定商取引法）等に照らして問題がないかを検討し、不適切な表示がなされている場合には、当該表示等の是正等の措置を講じる[13]。

（F）　知的財産権に関する不備への対応

譲渡側が第三者との間で知的財産権の利用許諾（ライセンス契約）を行っている、またはそのような可能性がある場合には、譲受側は当該利用許諾の内容をなるべく早期に確認し、把握する必要がある。

譲渡側において知的財産権に関して必要な登録等がなされていない場合には、速やかに必要な登録をする等の適切な対応をとる。

また、譲渡側が第三者の知的財産権を侵害しているおそれがある場合（海賊版の使用などソフトウェアの不正利用による著作権侵害が生じているケースなど）

12　管理体制の整備等の対応にあたっては、経済産業省のウェブサイトで公開されている。「不正競争防止法テキスト」〈https://www.meti.go.jp/policy/economy/chizai/chiteki/pdf/unfaircompetition_textbook.pdf〉や「不正競争防止法逐条解説（令和6年4月1日施行版）」〈https://www.meti.go.jp/policy/economy/chizai/chiteki/pdf/Chikujo.pdf〉、「営業秘密管理指針（最終改訂：平成31年1月23日）」〈https://www.meti.go.jp/policy/economy/chizai/chiteki/guideline/h31ts.pdf〉や「秘密情報の保護ハンドブック〜企業価値向上に向けて〜（令和6年2月改訂版）」〈https://www.meti.go.jp/policy/economy/chizai/chiteki/pdf/1706blueppt.pdf〉が参考になる。

13　表示に関しては、前掲（注12）経済産業省ウェブサイト掲載の「不正競争防止法テキスト」や「不正競争防止法逐条解説（令和6年4月1日版）」のほか、消費者庁のウェブサイト掲載の「景品表示法関係ガイドライン等」〈https://www.caa.go.jp/policies/policy/representation/fair_labeling/guideline/〉や「特定商取引法ガイド」〈https://www.no-trouble.caa.go.jp/〉、「特定商取引法逐条解説」〈https://www.no-trouble.caa.go.jp/law/r4.html〉が参考になる。

213

第4章　クロージング後のPMI

には、早急に権利侵害の回避等に向けた適切な対応をとる必要がある。

（G）　法令遵守等に関する姿勢の徹底

上記の各法令遵守等に関する取組みについて、担当従業員や役員に対して、社内研修などによりその意識づけや重要性[14]を説き、主体的に法令遵守等に取り組む姿勢を育むとともに、社内におけるノウハウの蓄積等を進めることが重要である。

このような研修にあたっては、実際の紛争時における訴訟リスク等に精通した弁護士が講師をすることが適任と思われる。

イ　会社組織等に関する内部規程類等の整備状況と内容の適正性

（A）　会社法上必要な決議・議事録、定款、内部規定の見直し

中小企業においては、会社法上必要な決議がとられていない場合や定款や規則等についてモデルひな型をそのまま用いていることがあるため、実態や各規程同士での矛盾抵触が生じていることもある。

そのため定款や各種規程類についての整合性や実態とのかい離などについて検討し、必要に応じて、改定や廃止、新規制定などをしてその体制を整備していく。

また、取締役会決議や株主総会決議など会社法上必要な決議については適切に決議をとり、その議事録を作成・保存する。

（B）　会社組織等に関する内部規程類等の徹底

新しく整備された内部規程類等の内容や枠組みについて、譲受側と譲渡側のそれぞれの役員や従業員に対し、説明会を開催するなどして周知・説明を行う。

また、その後の遵守状況について定期的に確認するために、内部監査体制を新たに構築することも考えられる。

ウ　契約関係を含む外部関係者との関係の適正性

（A）　譲渡側資産・負債についての事業運営上必要な対応

譲渡側の資産（特に事業用資産）について、所有権の所在や、担保権・賃借権の負担の有無等を確認し、事業運営に支障が生じないように適切に対処する

14　例えば、各種違反時に会社に生じる損害算定方法を説明することなども考えられる。

必要がある。

　また、譲渡側の負債（特に借入債務や保証債務）についても正確に把握したうえで、債権者との協議や調整を行うなど、事業運営に支障が生じないよう適切に対処する必要がある。

　この点、中小企業においては、会社と代表者の財産の分離が必ずしも適切になされていないことも多い。例えば、譲渡側企業と譲渡側経営者との間に債権債務（役員借入・役員貸付など）が存在するケースや、譲渡側経営者が譲渡側企業の金融機関に対する借入債務等を個人保証（経営者保証）しているケース、譲渡側企業が譲渡側経営者の非事業用資産（経営者の自宅不動産や自動車など）を所有しているといったケースは多々みられる。

　このような譲渡側経営者に関連する資産や負債等については、M&A成立の前後において清算する旨をM&Aの最終契約において合意しておくなど、あらかじめ解決しておくべきである。

（B）　チェンジ・オブ・コントロール（COC）条項への対応

　対外的な取引の相手方（賃貸借契約、取引基本契約、フランチャイザー等）との取引契約にCOC条項が存在する場合、M&Aの実行が契約の解除理由となってしまい、M&A成立後の事業活動に重大な支障が生じることがある。

　COC条項は事前の書面での通知をすれば足りる方式の場合もあるが、相手方の同意を要する場合や、株主の2分の1を超える変動がある場合には何らの催告なく本契約を解除する方式の条項など、緩めのものから厳しいものまで方式は多岐にわたる。

　そのため、COC条項の有無および内容についてはDDでの調査が必須である。

　事業の継続上必要なものであれば、通知や同意の取得などの手続を履践する必要があるが、その場合、最終契約においてCOC条項への対応・処理を譲渡側の義務として定めておくことなども考えられる。

　他方で、当該契約の重要性や代替可能性、取引の相手方との交渉コスト等の事情を総合的に考慮して、必ずしも必要なものでない場合には、あえて明示的な同意をとらないという選択も一つの選択肢としてあり得る。

（C）　不明確または不利な取引条件等に関する不備への対応

　中小企業において口頭や注文書・注文請書と請求書等に基づくだけの取引が

215

第4章　クロージング後のPMI

行われているケースは非常に多い。

　トラブルを防止し、事業運営を円滑に進めるためにも、譲渡側の事業の継続にとって重要な取引先を中心に、口頭や注文書・注文請書と請求書等に基づくだけの取引を改め、明文化した基本契約を締結するなど、譲渡側における契約関係を書面により明確化する必要がある。

　その場合には、譲受側から契約書のひな型などを提供してもらうことも考えられる。

　また、譲渡側における取引条件が不利な場合などは、譲受側の信用力も背景として取引条件の改善等を打診・交渉するほか、必要に応じて譲渡側に譲受側の既存取引先を紹介するといった対応をとることも考えられる。特に、私的独占の禁止及び公正取引の確保に関する法律（独占禁止法）や下請代金支払遅延等防止法（下請法）に違反していると考えられる場合には、早期の是正を要する。

　そのほか、譲受側における取引先に対する信用調査や反社会的勢力チェックの手法を譲渡側で取り入れることも有用である。

(5)　ITシステム分野

　ITシステムは、業務管理だけでなく、人事労務、財務・会計など企業経営の管理の基盤をなすものであり、これを適切かつ効率的に活用することで、事業活動における業務の効率化のみならず、経営や業務の状況を可視化し、企業が迅速な経営判断を可能とするための体制の構築にあたって極めて有用なツールである。

　昨今は大企業だけでなく、中小企業向けのITシステムやデジタルツールの普及も急速に進み、規模の大小こそあれ、多くの企業が何らかのITシステムやデジタルツールを利用している。

　ITシステムの採用にあたっては、①管理対象とする業務の把握、②費用対効果およびIT化することによるリスク検証を経ての導入判断、③実際の運用およびモニタリング、の順序で進められることが多いと思われる。

　導入方針については、譲渡側の業務に適した新しいITシステムを導入するだけでなく、譲受側のITシステムを譲渡側にも導入したり、譲受側・譲渡側が一体となって新規ITシステムを導入するなどのパターンも考えられる。

216

Ⅲ　検討項目別の視点

（A）　ライセンス違反等の抑止

　前記（4）においても述べたが、適切なライセンスを取得せずにソフトウェアを利用していないか、有料のソフトウェアのライセンスを関係会社や社内で不正に使いまわしたり、違法に複製したりなど、ソフトウェアの提供元が定めた方法を逸脱する利用等をしていないかを確認する。

　ライセンスの購入や更新については、各従業員に実施させるのではなく、管理部門で一元的に管理実施することとし、購入したライセンスに関する情報についても管理部門で一元的に管理する体制を整備することが考えられる。

　古いソフトウェアなどはセキュリティ対策が脆弱な場合などもあるため、管理部門でソフトウェアのバージョンについても定期的にチェックし、速やかに最新版にアップデートする。これは下記情報セキュリティ対策の観点からも非常に重要である。

（B）　情報セキュリティ対策

　ITの活用が進む中、サイバー攻撃の手段はAIの進歩に伴いさらに巧妙化、悪質化の一途をたどっており、昨今は大企業のみならず大企業に比してセキュリティ対策の脆弱な中小企業を狙ったサイバー攻撃が増加しているが、中小企業では情報セキュリティの確保が適切になされていないことが多い。

　しかし、個人情報保護法等法令への抵触だけでなく、各種契約上の問題として、機密保持義務違反を理由とした債務不履行責任、納品やサービスの提供が中断することによる履行遅滞や履行不能による債務不履行責任、適切なサイバーセキュリティを構築しなかったことによる任務懈怠に基づく損害賠償責任など、情報セキュリティの確保が適切になされていなかった場合には極めて重大な問題に発展することがあることから、適切な対策を実施すべきである。

　この点、中小企業の情報セキュリティに関する具体的な対策については、独立行政法人情報処理推進機構（Information-technology Promotion Agency, Japan、略称: IPA）が情報セキュリティ対策に取り組む際の、①経営者が認識し実施すべき指針、②社内において対策を実践する際の手順や手法をまとめたガイドラインを公開しており、参考になる[15]。

15　独立行政法人情報処理推進機構セキュリティセンター「中小企業の情報セキュリティ対

第4章　クロージング後のPMI

「情報セキュリティ対策ガイドライン」は経営者編と実践編から構成されており、中小企業の利用を想定して策定されたものである。

「情報セキュリティ対策ガイドライン」は、平成21（2009）年策定の第1版以降、デジタルテクノロジーの進化や普及に合わせて随時改訂されており、最新版である第3.1版では、新型コロナウィルス感染防止策によるテレワークの普及や、DX推進の両輪としての情報セキュリティ対策といった社会動向の変化などを踏まえ、具体的な対応策を盛り込むための改訂が行われた。例えば、実践編において、テレワークを安全に実施するためのポイントやセキュリティインシデント発生時の対応が具体的な方策として追加されている。

また、「情報セキュリティ対策ガイドライン」には「情報セキュリティ5か条」や「5分でできる！情報セキュリティ自社診断」「中小企業のためのクラウドサービス安全利用の手引き」「中小企業のためのセキュリティインシデント対応手引き」をはじめとする中小企業の情報セキュリティをチェックするための冊子や、規程のサンプルなどが掲載されており、中小企業が自社の情報セキュリティの現状を把握する際や、情報セキュリティを確保するために何をすべきかの指針として大変参考となる[16]。

（C）　ITシステム管理方針の明確化

中小企業では、ITシステムの調達、運用保守や情報セキュリティに対する責任者が不在であることも多い。

そのような場合には、経営や業務に関する情報が個人管理の表計算ソフトなどで保管されていて情報の項目や形式が統一されていない、紙媒体でのみ管理されている情報が多数存在している、そもそも適切に管理できていない、などといったケースが多い。

このような場合、譲受側や経営側が必要な情報を把握するために多大な時間と労力を割くこととなってしまうことから、ITシステムの管理責任者を定めるとともに、会社や従業員が適切かつ安全にITシステムを導入・活用するた

策ガイドライン（第3.1版）」〈https://www.ipa.go.jp/security/guide/sme/ug65p90000019cbk-att/000055520.pdf〉（以下「情報セキュリティ対策ガイドライン」という）。

16　これらは付録として、独立行政法人情報処理推進機構のウェブサイト〈https://www.ipa.go.jp/security/guide/sme/about.html〉に掲載されている。

めの利用基準やルール等をIT管理方針として定めておく必要がある。

　また、定めた基準やルールが遵守されるよう、企業内において、継続的な教育を実施するなど周知徹底するための仕組みづくりが求められる。

資　料　編

資料編

[資料①] 法務DD資料開示依頼リスト（例）

項　　目		対象年度等	優先度の高い資料	資料の有無	提出日
1　会社組織の基本的事項					
1	定款	全て	○		
2	内部規則（取締役会規則、個人情報管理・取扱に関する規則等）	最新	○		
3	株主総会議事録（添付資料、配布資料を含む）	直近3年	○		
4	取締役会議事録（添付資料、配布資料を含む）	直近3年	○		
5	監査役からの指摘事項	直近3年			
6	その他経営に関する各種会議体に関する議事録	直近3年			
7	会社組織図	最新	○		
8	拠点一覧	最新	○		
9	過去の増資・減資、合併、事業譲渡・譲受、株式交換、株式移転、会社分割その他これに類する組織再編行為等に関する資料	全て	○		
2　株式・株主					
1	株主名簿	全て	○		
2	過去の株式の異動履歴（増資、譲渡等）が分かる資料	全て	○		
3	過去の株式発行に関連する資料（発行要項、議事録等）	全て	○		
4	過去の自己株式の取得に関連する資料（議事	全て	○		

222

[資料①] 法務DD資料開示依頼リスト（例）

	録等）				
5	株式に付帯する権利、負担あるいは制限に関する資料	最新	○		
6	発行済株式の種類別内訳	最新			
7	新株引受権、新株予約権、株式への転換権、オプション権等がある場合はその詳細が分かる資料	最新			
8	株式の購入、買戻等に係る投資家その他の者との投資契約、株主間契約等に関する契約書	全て			
3	**許認可等**				
1	取得している許認可及び承認並びに貴社が行っている届出及び登録等の一覧	最新	○		
2	1の許認可等に関する許可証、承認証、届出書及び登録済証等	最新	○		
3	1の許認可等に関して、当局からの指導等を受けている場合はその指導等の内容が分かる資料	最新	○		
4	3の他、許認可等に関し違反している事実がある場合にはその内容が分かる資料	最新	○		
5	取得している許認可等のうち、取り消されるおそれがあるもの又は	最新	○		

223

資料編

	本件取引成立に伴い、官公庁等の承認・同意もしくは官公庁等への変更許可申請・届出・通知を要する許認可等の一覧				
4	**重要な契約**				
1	主要受注先・主要仕入先の一覧表（受注高・仕入高、取引内容及び契約書の有無を含む。）及び受注先・仕入先との間の取引に関する契約及びこれらに関する一切の書類	最新	○		
2	主要発注先・主要売上先の一覧表（受注高・売上高、取引内容及び契約書の有無を含む。）及び発注先・売上先との間の取引に関する契約及びこれらに関する一切の書類	最新	○		
3	業務提携契約、合弁事業契約等の事業提携に関する契約	最新			
4	競業避止義務及び独占的権利の付与その他これらに類する条項を含んだ契約及びこれらに関する一切の文書（もしあれば）	最新			
5	締結している保険契約の一覧表	最新			
	1～5の契約において、債務不履行が発生				

224

[資料①] 法務DD資料開示依頼リスト（例）

6	したものもしくは発生するおそれのあるもの又は近い将来解除・解約される予定の契約の一覧表及びそれぞれに関する一切の文書（その理由を記載した文書を含む。）	最新			
7	役員、株主、その他の会社関係者との取引に関する契約書	最新			
8	その他本取引に影響を与える重要な契約の契約書	最新			
5　資産					
1	所有又は使用する全ての土地・建物等の不動産の一覧表（種類、所在地、所有者、利用権、担保設定状況等を記載したもの。）	最新	○		
2	所有又は使用する不動産に係る売買契約、及び賃貸借契約・その他の不動産の使用権限を示す関連書類一式	最新	○		
3	事業経営上重要な動産の一覧表（種類、所有者、利用権、担保設定状況等を記載したもの。）	最新	○		
4	所有又は使用する事業経営上重要な動産に係る売買契約、賃貸借契約、リース契約その他の動産の使用権限を示	最新	○		

225

資料編

		す関連書類一式				
6 負債						
	1	返済未了の金銭消費貸借契約の一覧表	最新	○		
	2	保証契約、その他損失補償契約、損害担保契約等の一定の場合に負債が生じる可能性がある契約の一覧表	最新	○		
	3	金銭消費貸借契約書、保証契約書、損失補償契約書等一定の場合に負債が生じる可能性がある契約書等一式	最新	○		
7 知的財産権						
	1	保有する商標・特許等の知的財産権の一覧（出願中の権利を含む。）	最新	○		
	2	第三者から受けている知的財産権のライセンスの一覧と関連する契約	最新			
	3	第三者に対して行っている知的財産権のライセンスの一覧と関連する契約	最新			
	4	未契約特許の有無・一覧、係争・協議の内容（もしあれば）	最新			
8 人事労務						
	1	各拠点・部門別の従業員数及び各雇用形態毎の内訳（正社員、パートタイム、出向、契約、	最新	○		

226

[資料①] 法務DD資料開示依頼リスト（例）

	派遣等）				
2	就業規則、給与規程、育児介護休業規程、退職金規程、その他人事制度等に関する資料	最新	○		
3	従業員の各雇用形態ごとの契約書等（労働条件通知書、労働契約書、出向契約書、派遣契約書）の雛形	最新	○		
4	労働組合に関する説明・概要（歴史、現状、組合員の数、組合専従者の氏名及びその処遇を含む。）	最新			
5	労使協定（時間外、休日労働に関する労使協定（36協定）等）	最新	○		
6	労災事例に関する資料（労災給付申請に関する書類等）	直近3年			
7	懲戒事例に関する資料	直近3年			
8	過去に実行された、あるいは今後実行されることが決定されているリストラや人員削減の計画	直近3年			
9	減給・賃金カットその他従業員の労働条件の不利益変更に関する資料	直近3年			
10	不当労働行為又は申し立てられた苦情もしくは不服及びそれに対応	直近3年			

227

資料編

	した際の資料				
11	従業員や労働組合との間で係属している訴訟（解雇無効、賃金未払、ハラスメント等）の一覧	直近3年			
12	管理監督者の基準及び従業員における比率に関する資料	最新			
13	労働局、労働基準局、労働基準監督署又は社会保険事務所等から受けた指導、指摘等の一覧表（時期、指導・指摘等の内容、対応状況が記載されたもの）	全て			
14	特殊な雇用条件の内容及びそれが適用されている者に関する資料	最新			
9	**コンプライアンス等**				
1	行政処分もしくはこれに類する行政上の措置を受けたことがある場合には、その内容を説明した資料	最新			
2	反社会的勢力との関係で問題となった事項があれば、その内容が分かる資料	全て			
3	内部監査部署の議事録・報告書等（内部監査部署（内部監査室、コンプライアンス会議等、名称は問わない）の内部監査結果、指摘事項、改善勧告等に関	直近3年			

[資料①] 法務DD資料開示依頼リスト（例）

	する資料。法令遵守管理体制に関する資料を含む。）				
4	役員又は従業員による不祥事について、不祥事の内容、不祥事に対する貴社の対応、不祥事後の改善策の実施の有無及び内容が分かる資料	直近3年			
5	その他法令違反等が存在する場合は、その内容が分かる資料	最新			
10	**訴訟その他紛争**				
1	過去の争訟のリスト及びその概要が分かる資料	全て			
2	現在係争中の争訟の概要が分かる資料	最新			
3	司法、行政上の判決、決定、命令、和解の一覧表及びこれらに関する記録	全て			
4	監督官庁や行政機関等から指摘、勧告又は命令を受けた内容及びそれに対する是正措置の内容が分かる資料	直近3年			
5	クレーム処理体制に関連する資料（クレーム処理マニュアル等）	最新			
6	顧客・取引先その他の第三者から受けたクレーム等について記載された書類並びにそれ	直近3年			

229

資料編

	に関する検討及び対応の記録一式				
7	偶発債務又はその可能性があるものがあれば、その詳細が分かる資料	最新			

［資料②］　QA・追加資料依頼シート（例）

No.	日付	種類	項目 (関係資料)	内　容	回答／資料の 有無　等	回答日・提出日	ステータス
1	2024/7/10	追加資料依頼	定款	原始定款をご開示いただきましたが、他の手続の確認のために、その後変更があるようでしたら最新の定款まで全てご開示ください。	バーチャルデータルームで開示いたしました。	2024/7/12	済
2	2024/7/10	質　問	会社の基本的構造	貴社の本社、営業所における各業務内容や役割の分担等について、各所ごとにご教示いただきたく存じます。			
3	2024/7/10	質　問	株式	会社登記上、貴社は株券発行会社とされておりますが、実際に株券が発行されているかご教示ください。			
4	2024/7/10	質　問	契約	個人を被保険者とする保険に複数加入されておりますが、これらの加入趣旨をご教示ください。また、現時点で解約済のものがあれば、あわせてご教示ください。			
5	2024/7/10	質　問	負債	ご開示いただいた○年○月○日付け金銭消費貸借契約書の締結経緯をご教示ください。			
6	2024/7/10	質　問	許認可	ご開示いただいているもののほかに、貴社が取得している許認可及び承認並びに貴社が行っている届出及び登			

資料編

				録等はなく、申請中のものもないとの認識でよろしいでしょうか。			
7	2024/7/10	質　問	人事労務	貴社における労働時間の集計方法について、以下の点をご教示ください。①何分単位で集計しているか②一定単位で切り上げ又は切り捨て処理をしているか等			
8	2024/7/10	質　問	人事労務	貴社ではいわゆる固定残業手当の制度は導入されていないという理解でよろしいでしょうか。			
9	2024/7/10	質　問	コンプライアンス	念のための確認で恐縮ですが、反社会的勢力との間で取引を行ったことはなく、トラブル等も生じたことがないとの認識でよろしいでしょうか。また、役職員で反社会的勢力と関係性を有する方は存在しないとの認識でよろしいでしょうか。			
10	2024/7/10	質　問	訴訟紛争等	現在、訴訟に発展する可能性のある紛争もない、という理解でよろしいでしょうか。			

［資料③］　法務デュー・ディリジェンス報告書（例）

2024（令和6）年○月○日

株式会社○○　　御中

法務デュー・ディリジェンス報告書

〔調査対象会社：株式会社○○〕

○○法律事務所
弁護士　　○　○　○　○

資料編

添付別紙一覧

別紙1　　法務デュー・ディリジェンス資料請求リスト
別紙2　　履歴事項全部証明書
別紙3　　定款

（以下略）

目　　次

（以下略）

第1　本法務DDについて

1　本報告書について

　本法務デュー・ディリジェンス報告書（以下「本報告書」という。）は、株式会社○○（以下「貴社」という。）が、○○株式会社（以下「対象会社」という。）の株式を譲り受ける取引（以下「本取引」という。）を検討するにあたり、当職が実施した対象会社の法務デュー・ディリジェンス（以下「本法務DD」という。）の結果を報告するものです。

2　本法務DDの目的

　本法務DDは、対象会社を調査・分析の対象とし、下記①～③の法律上の問題点（以下「本取引上の問題点」という。）となりうる事項を把握した上で、本取引上の問題点を分析し、その結果を報告することを目的としています。

① 　本取引を断念せざるを得ないような重大な法律上の問題点
② 　本取引の条件・対象会社の企業価値に重大な影響を与えうる法律上の問題点
③ 　本取引実行後の貴社及び対象会社の事業運営（PMI（Post Merger Integration）、M&A成立後の一定期間内に行う経営統合作業）に重大な影響を与えうる法律上の

234

［資料③］　法務デュー・ディリジェンス報告書（例）

問題点

3　本法務DDの方法

　当職は、法務デュー・ディリジェンスの一般的な手順に従い、下記①及び②（以下、総称して「DD対象資料」という。）を基礎として、本取引上の問題点となりうる事項について検討しました。

①　開示資料…法務デュー・ディリジェンス資料請求リスト（別紙1）に基づき開示された資料（ただし、リスト掲載の資料のうち未開示のものが一部ある）
②　インタビュー結果…2024（令和6）年〇月〇日に実施した、対象会社代表取締役〇〇氏（以下「〇〇社長」という。）に対するインタビュー（以下「本インタビュー」という。）への回答

4　留意事項

・　本報告書における現在とは、本インタビュー実施日である2024（令和6）年〇月〇日をさします。
・　本報告書はDD対象資料を前提としており、DD対象資料に含まれない事実関係及び権利義務関係は調査・分析の対象外です。
・　本報告書は、DD対象資料から読み取ることができる範囲でそれらの法的効果を分析しており、DD対象資料以外の文書あるいは合意等が存在する場合には、分析結果が異なることがあります。
・　開示資料の裏付調査は行なっておらず、開示資料で確認できない事項についてはインタビュー結果に依拠しています。
・　本報告書は、会計、税務及び環境に関する事項については、調査・分析の対象外であり、これらの点について意見を述べるものではありません。
・　本報告書は、本取引の検討のためにのみ用いられることを目的としており、それ以外の目的に用いられることは予定していません。また、当職は、貴社以外の第三者に対しては本報告書に関して何ら責任を負うものではありません。当職の事前の書面による承諾なくして、本報告書を貴社以外の第三者に開示・交付することはお控えください。

第2　本法務DDの結果の要旨

　DD対象資料によれば、対象会社が本取引の対象として不適格であり、本取引を断念せざるを得ないような重大な法律上の問題点は認められないものと思料します。

資料編

　ただし、本取引の条件の決定、本取引の実行及び本取引実行後の対象会社の運営（PMI（Post Merger Integration）、M&A成立後の一定期間内に行う経営統合作業）にあたり、特に留意すべき項目は以下のとおりです。本法務DDの調査結果は**第3**以下の各項で詳述します。

項番号	項目	概要
1(5)	会社法上の機関	取締役の任期は、会社法上は原則として選任後2年であるところ、対象会社においては、定款により、選任後10年とされていますので、ご注意ください。
2(3)	株主名簿の未作成	対象会社では、会社法上要求される事項を記載した株主名簿が作成されていません。株主名簿の記載又は記録は株式譲渡を第三者に対抗するための要件であることから、本取引に際して、当該株式譲渡を対象会社その他の第三者に対抗することが困難となります。 　そこで、本取引に係る株式譲渡契約において、必要的記載事項を記載又は記録した株主名簿の作成及び備置が対象会社において行われることを本取引の実行の前提条件とすることが考えられます。
2(4)	株式の譲渡制限に関する規定	対象会社は取締役会非設置会社であり、株式譲渡の承認機関は株主総会であるのが会社法上の原則ですが、対象会社においては、定款により、承認機関を代表取締役としていますので、ご注意ください。
4(1)	○○社との間の委託契約	COC条項（事前の通知義務）が定められており、本取引は同条項に定める内容に該当します。 　そこで、本取引に係る株式譲渡契約において、対象会社をして契約継続のために必要な手続を履践し、契約継続が可能な状態を維持することにつき、本取引の前提条件又は実行前の誓約事項として設けることが考えられます。
4(2)	外注先との間の委託契約	開示を受けた外注先との間の業務委託契約書の中には、日付や当事者の捺印がないものがありました。また、契約書がなく請求書のみ開示を受けたものもありました。 　これらは、契約の成立やその内容について争いを生じさせるおそれがあることから、本取引後は、契約書の管理体制を整備することが望まれます。
4(4)	個人を被保険者とする	対象会社では、○○社長を被保険者とする生命保険及び医療保険に加入していますが、これらの保険は、対象会社

236

[資料③] 法務デュー・ディリジェンス報告書（例）

	生命保険等	の事業とは関連性がない○○社長個人のためのものであるため、本取引に際しては、解約等を行う必要があると考えます。 　そこで、本取引に係る株式譲渡契約において、売主に対し、対象会社をして同保険を解約することを義務付けることが考えられます。
7(5)	固定残業代	固定残業代制度が適法に運用されていません。その結果、固定残業代部分を割増賃金の基礎賃金に加えた上で未払割増賃金が算定され、相当額の未払賃金が生じている可能性があります。 　そこで、本取引に係る株式譲渡契約においては、過去の未払賃金の支払請求を受けるリスクを見越した譲渡価格の交渉を行うか、従業員又は退職者から未払賃金の支払請求がなされた場合に関する特別補償条項を設けることが考えられます。

第3　各調査・分析事項に関する本法務DDの結果

1　設立・組織

(1)　会社の基本事項

　履歴事項全部証明書及びインタビュー結果によれば、対象会社の基本事項は次のとおりです。

登記事項	登記の内容
商号	○○株式会社
本店	東京都○○区○○
公告方法	官報に掲載
設立	平成○年○月○日
事業目的	(1)　○○ (2)　○○
発行可能株式総数	○○株
発行済株式総数	○○株

237

資料編

株式の種類	普通株式
株券	発行しない
譲渡制限	代表取締役の承認が必要
設置機関	株主総会　取締役
役員	代表取締役　○○ 取締役　　　○○
事業年度	毎年○月1日から翌年○月末日までの1年

(2)　事業の概要

対象会社のウェブサイトによれば、対象会社の主たる事業は、次のとおりです。

事業	事業概要
○○業	（略）
○○業	（略）

(3)　定款

（略）

(4)　諸規則（社内規程）

（略）

(5)　会社法上の機関

定款上、対象会社の機関は、株主総会と取締役です。

取締役の任期は、原則として選任後2年であるところ（正確には、選任後2年以内に終了する事業年度のうち最終のものに関する定時総会の終結の時まで。会社法332条1項本文）、対象会社においては、定款により、選任後10年とされています（定款第○条）。

2　株式・株主

(1)　株式の発行状況等

対象会社の発行可能株式総数は○○株であり、発行済株式総数は○○株です。

履歴事項全部証明書及びインタビュー結果によると、対象会社においては普通株式のみが発行されています。また、新株予約権等の潜在株式はありません。

インタビュー結果によれば、対象会社の株式につき、質権その他担保権等の何らかの権利、負担又は制限は付されていません。

(2)　株主の状況

［資料③］　法務デュー・ディリジェンス報告書（例）

後記（3）に記載する法的問題点があることはさておき、対象会社の株主は、○○社長が100％の株式を保有しています。

(3)　株主名簿の未作成

対象会社に対して、株主名簿の開示を求めたところ、法人税申告時の同族会社等の判定に関する明細書（法人税申告書別表二）の開示を受けましたが、株主名簿の開示は受けられませんでした。インタビュー結果によれば、対象会社は、株主名簿を作成していないとのことです。

会社法上、株式会社は、株主名簿を作成して、次の4点を記載又は記録するとともに、これを本店に備え置かなければならないこととされています（同法121条、125条1項）。

① 　株主の氏名又は名称及び住所
② 　各株主の有する株式の数（種類株式発行会社の場合は、株式の種類及び種類ごとの数）
③ 　各株主が株式を取得した日
④ 　各株主の有する株券の番号（株券発行会社のみ）

株主名簿の作成又は備置を怠った場合、会社法上の罰則として、取締役等の役員は100万円以下の過料に処せられる可能性があります（同法976条第7号、8号）。

また、会社法上、株主が株式譲渡を会社その他の第三者に対抗するためには、株主名簿に株式取得者の氏名又は名称及び住所を記載又は記録する必要があります（同法130条1項）。そのため、株主名簿が未作成のままでは、本取引に際して、対象会社の株主名簿の名義書換を行うことができず、株式譲渡を対象会社その他の第三者に対抗することが困難となるという問題点があります。

そこで、本取引に係る株式譲渡契約においては、必要的記載事項を記載又は記録した株主名簿の作成及び備置が対象会社において行われることを本取引の実行の前提条件とすることが考えられます。

(4)　株式の譲渡制限に関する規定

対象会社のような取締役会非設置会社においては、譲渡の承認機関は株主総会であるのが原則です（会社法139条1項）。

この点、対象会社においては、上記原則とは異なり、定款第○条の定めにより、対象会社の株式を譲渡する場合には、代表取締役の承認を受けなければならないとされ、履歴事項全部証明書にもその旨の記載があります。

(5)　株券

履歴事項全部証明書及び定款によると、対象会社は株券不発行会社であり、株券は発行されていません。

239

資料編

(6) 投資契約・株主間協定

インタビュー結果によると、投資契約・株主間協定はありません。

3 許認可等

（略）

4 重要な契約

対象会社の業務フローは、委託者（発注者）から対象会社が業務の依頼を受け（**受託契約**）、対象会社において受託した業務を履行し、案件によっては、対象会社から外注・再委託するというものです（**委託契約**）。

そこで、受託契約と委託契約に分けて検討します。

(1) 受託契約

対象会社が受注先と締結している契約に関して、対象会社の○年○月期の受注先上位5社を対象として調査しました。なお、調査対象の抽出に関しては、受注先上位5社を調査対象とすることにより、売上高合計の90％以上に関する調査が可能であり、重要な受注先との契約を十分に調査できると判断しました。

対象会社より開示を受けた業務委託契約書によると、いずれも委託業務の内容、契約形態（準委任）、契約期間、月額報酬、報酬の支払方法、秘密保持、個人情報の保護、知的財産の帰属、反社会的勢力の排除、損害賠償、解除などの必要事項が記載されており、他方において、対象会社に過大な負担や不当な義務を負わせるような規定はありませんでした。

ただし、○○社との間の業務委託契約書においては、COC条項（事前の通知義務）が含まれており、本取引は同条項に定める内容に該当します。

そのため、本取引に係る株式譲渡契約において、対象会社をして契約継続のために必要な手続を履践し、契約継続が可能な状態を維持することにつき、本取引の前提条件又は実行前の誓約事項として設けることが考えられます。

(2) 委託契約

対象会社が外注先と締結している契約に関して、対象会社の○年○月期の外注先上位10社である下表の各社を対象として調査しました。なお、調査対象の抽出に関しては、対象会社の外注先は約50社に渡りますが、外注先上位10社を調査対象とすることにより、外注額合計の85％以上に関する調査が可能であり、重要な外注先との契約を十分に調査できると判断しました。

対象会社より開示を受けた業務委託契約書によると、対象会社から外注・再委託する主な内容は、○○です。

240

[資料③] 法務デュー・ディリジェンス報告書（例）

　これらに関する業務委託契約書は、契約期間、月額報酬、報酬の支払方法、秘密保持、個人情報の保護、知的財産の帰属、反社会的勢力の排除、損害賠償、解除などの必要事項が記載されており、他方において、対象会社に過大な負担や不当な義務を負わせるような規定はありませんでした。

　ただし、開示を受けた業務委託契約書の中には、日付が空欄のものや、当事者の捺印がないものがありました。また、契約書がなく請求書のみ開示を受けたものもありました。日付や当事者の捺印がない契約書や、そもそも契約書がなければ、契約の成立やその内容について争いが生じるおそれがあることから、本取引は、契約書の管理体制を整備することが望まれます。

　(3)　オフィス賃貸借契約

（略）

　(4)　個人を被保険者とする生命保険等

　対象会社は、別紙〇のとおり、〇〇社長について、個人を被保険者とする生命保険及び医療保険に加入しています。

　インタビュー結果によれば、これらの保険は、いずれも対象会社の事業との関連性がなく、個人の生命身体に関する疾病等への対応のため又は資産形成のために加入しているものとのことです。そのため、本来、対象会社ではなく、個人が契約当事者となって契約をすべきものといえます。

　そこで、本取引に係る株式譲渡契約においては、売主に対し、対象会社をして同保険を解約することを義務付けることが考えられます。

5　資産

（略）

6　負債

（略）

7　人事労務

　(1)　従業員構成等
　(2)　就業規則
　(3)　労使協定
　(4)　労働時間・休憩・休日

（以上略）

　(5)　固定残業代

241

資料編

　開示資料及びインタビュー結果によれば、対象会社では基本給の中に月45時間分の固定残業代を含んでおり、これについては口頭で従業員に説明し理解されているとのことです。他方、雇用契約書や就業規則には固定残業代に関する記載は一切なく、客観的には労働契約の内容となっているとは認められず、適法に固定残業代制度が運用されているとはいえない状況です。その結果、固定残業代部分を割増賃金の基礎賃金に加えた上で未払割増賃金が算定され、相当額の未払賃金が生じている可能性があります。

　本取引後は、対象会社における固定残業代制度の運用の見直しが必要と考えられます。加えて、本取引に係る株式譲渡契約では、過去の未払賃金の支払請求を受けるリスクを見越した譲渡価格の交渉を行う、又は、従業員や退職者から未払賃金の支払請求がなされた場合に関する特別補償条項を設けることが考えられます。

(6)　労働関連紛争

　インタビュー結果によれば、過去３年間における従業員との紛争事案はないとのことです。

(7)　強制加入保険の加入状況

　開示資料及びインタビュー結果によれば、対象会社では、強制加入保険への未加入者はいません。

8　コンプライアンス（法令遵守）

　インタビュー結果によれば、設立以来、対象会社でコンプライアンス上問題となる事案が発生した事実はありません。

　また、開示資料やインタビュー結果からすれば、現在そのような事案に発展する可能性のある事象もないと思われます。

9　紛争・訴訟

　インタビュー結果によれば、対象会社において、現在、紛争や訴訟は抱えていないとのことです。

以上

事項別索引

【英数字】

5S	202
Change Of Control条項	28
COC条項	28,119,215
FA	26,35,64
FA業務	92
FA契約	26,92
IT管理方針	219
ITシステム	216
M&A	2
——の手法	27
——の対価	31
M&A支援機関登録制度	89
M&A初期検討	168
NDA	73
PMI	4,19,160,170
QAシート	106

【あ行】

アーンアウト条項	88
安全衛生管理体制	207
意思決定プロセスのあり方	186
一般承継	45,46
一般条項	154
インタビュー	107
インフォメーション・メモランダム	85,103
売上シナジー	194,197
営業秘密	213

【か行】

会議体の見直し	187
解雇	133
会社分割	210

解除・解約条項	38
解除事由	152
価格決定メカニズム	89
価格調整	139
過去の組織再編、M&A	112
合併	45,210
株券の交付	62,113
株券発行会社	59
株式（株主）の整理	33
株式譲渡	27,44,62,63,210
株式譲渡価格	138
株式譲渡契約書	137
株式の譲渡	138
株式の発行状況	113
株式併合	61
株主構成	114
株主総会決議	59
株主名簿	59
完全成功報酬制	36
管理監督者該当性	132
管理機能	194,206
——の集約	205
管理体制	178
企画・推進	176
企業価値評価	38,85
期限の利益喪失条項	125
キックオフ・ミーティング	103
基本合意書	76,84
基本合意の締結	42
共同調達	203
共同配送	204
業法違反	135
業務期間	36
業務範囲	36
許認可	116,211

事項別索引

クイック・ヒット	173
グループファイナンス	211
クロージング	4, 46, 138
——の前提条件	140
クロージング後	47
クロージング条件	88
クロスセル	198
経営者保証	215
経営状況・経営課題等の把握	57
経営チーム	186
経営統合	181
経営の方向性	183
経営への継続関与	32
経営力再構築伴走支援モデル	178
経理書類	32
行動計画	197
高付加価値化の取組み	200
個人情報	212
個人保証	125
コストシナジー	194, 201
固定残業代	132
個別承継	45
コベナンツ	148

【さ行】

在庫管理方法の見直し	203
最終契約	137
——の締結	43
最終契約書	87
サプライヤーの見直し	202
産業財産権	126
事業機能	193
事業計画	85
事業場外みなし	132
事業承継・引継ぎ補助金	4, 89
事業承継ガイドライン	25
事業譲渡	28, 45, 63, 210

事業の磨き上げ	58
事業用資産	214
資金繰り	82
資産	121
——の整理	32
実務作業	176
私的整理手続	82
社会保険への加入	207
社会保険料・労働保険料の未納	133
社会保険料・労働保険料の未払	129
社内規程	111
従業員の承継	32, 42
就業規則	130, 208
重要意思決定	176
重要な会議体	111
重要な契約	119
守秘義務条項	36
準則型私的整理手続	82
承継対象資産の移転	46
譲渡制限株式の譲渡	62
譲渡対価の支払	46
情報開示促進機能	142
情報セキュリティ	217
ショートリスト	40
除外賃金	131
職務発明	127
所在不明株主	60
資料開示依頼	104
新経営者の選定	185
人材配置	209
人事労務	129
新設合併	45
新設分割	46
親族や従業員等への承継可能性	32
信頼関係の構築	187
スキームの選択	89
スクイーズ・アウト	61

244

事項別索引

成功報酬	93
生産拠点の統廃合	204
生産設備の見直し	204
生産体制の見直し	203
誓約事項	148
責任（免責）条項	38
全従業員に対する説明会	190
専任条項	37,94
専門家活用枠	90
相続人に対する株式売渡請求	61
想定効果	197

【た行】

タームシート	137
第三者の債務の保証契約	126
第二会社方式	82
チェンジ・オブ・コントロール条項	28,62,119,191,215
知的財産権	126
——の利用許諾	213
着手金	93
仲介業務	91
仲介契約	25,91
仲介者	25,34,91
仲介者・FAの選定	64
仲介者・FAの手数料	93
中間報告	108
中小M&A	2
中小M&Aガイドライン	25
中小PMIガイドライン	26
注文請書	215
注文書	215
調査報告書	106,108
長時間労働	209
直接交渉の制限条項	37,95
定額残業代	132
定款	111

テール期間	38
テール条項	38,95
デュー・ディリジェンス	4,43,86
登記	212
統合方針	196
動産	123
特定個人情報	212
特別決議	59
特別支配株主による株式等売渡請求	61
特別補償	154
土壌汚染	135
トップ面談	41
取引条件の改善	216

【な行】

内部規程	208

【は行】

バリュエーション	38,85
販管費シナジー	204
反社会的勢力の排除	135
伴走支援	178
販売拠点の統廃合	205
販売チャネル	199
——の拡大	199
秘密保持義務	36
秘密保持契約	73
表明保証	141
表明保証違反等があった場合の補償条項	88
表明保証条項	88
不適切な会計・財務処理	211
不適切な表示	213
不動産	121
プレ・クロージング・コベナンツ	149
プレPMI	169

245

事項別索引

フレックスタイム制	132
プレパッケージ型法的整理手続	83
変形労働時間制	132
包括承継	45,46
冒認出願	127
法務DD	51,102
法令遵守への対応	206
補償	153
保証および担保の承継	80
保証契約の解除	80
ポスト・クロージング・コベナンツ	149
ポストPMI	173

【ま行】

マッチング	39
マッチング支援	91
未払残業代	209
名義株	59,115

【や行】

役員貸付	215
役員借入	215
役員重任登記	212
雇止め	133
有給休暇	209

【ら行】

ライセンス違反	217
ライセンス契約	213
離職リスク	209
リスク情報の整理	33
リスク分配機能	142
両手仲介	25
レーマン方式	94
労使協定	206
労働組合との事前協議	207

労働時間	130
労働条件通知書	206
労働保険への加入	207
ロングリスト	40

【わ行】

割増賃金（残業代）の未払	129
割増賃金の単価の計算	131

執筆者一覧

上野　真裕（中野通り法律事務所）
担当　第1章I、II

上村　　剛（東京丸の内法律事務所・法友会第5部公正会）
担当　第1章III

大澤隆太郎（弁護士法人八丁堀法律事務所）
担当　第4章III

亀田　悠生（霞総合法律事務所）
担当　第4章I、II、III

関　　智之（東京中央総合法律事務所）
担当　第2章I、II、III

中村　仁恒（弁護士法人ロア・ユナイテッド法律事務所）
担当　第3章II

山本　勇介（霞総合法律事務所）
担当　第2章I、II、III

結城　　優（ATOZ法律事務所）
担当　第3章I、II、III、資料編

弁護士のための 実践 中小企業M&A
支援のあり方・契約書作成・法務DD・PMIまで

令和 6 年10月18日　第 1 刷発行

編　集　東京弁護士会至誠会

発　行　株式会社ぎょうせい

　　　　〒136-8575　東京都江東区新木場 1-18-11
　　　　URL：https://gyosei.jp

　　　　フリーコール　0120-953-431

　　　　ぎょうせい お問い合わせ 検索 https://gyosei.jp/inquiry/

〈検印省略〉

印刷　ぎょうせいデジタル株式会社　　　　　　©2024　Printed in Japan
※乱丁・落丁本はお取り替えいたします。
ISBN978-4-324-11412-4
(5108951-00-000)
〔略号：弁護士M&A〕

使用者側・労働者側双方に役立つ信頼のバイブル！

新労働事件実務マニュアル 第6版

東京弁護士会労働法制特別委員会【編著】

◆**最新の法令・裁判例などを全面反映！**
「労働者派遣法」「高年齢者雇用安定法」「育児介護休業法」等の改正のほか、最新の政省令・告示・裁判例にも全面的に対応！

◆**弁護士、企業の人事労務担当者必携の書**
2008年の初版以来、弁護士や企業の人事労務担当者から必携の書として支持されるロングセラー本の全面改訂版！

◆**紛争解決に向けた手続を書式とともに詳解**
労働関係紛争における個別の論点を徹底的に整理した上、紛争解決に向けた手続を書式とともに詳解するほか、集団的労働関係についても収録。

※本書収録の約55の書式をwebからダウンロードし、自由に加工して使用可能！

B5判・定価8,250円（税込）
電子版 価格8,250円（税込）

※電子版は ぎょうせいオンラインショップ 検索 からご注文ください。

目次

第1編 個別労働関係紛争の論点
- 第1章 労働契約・労働者
- 第2章 就業規則
- 第3章 採用・内定・試用期間
- 第4章 労働時間・休憩・休日・年次有給休暇
- 第5章 賃金・賞与・退職金
- 第6章 割増賃金請求
- 第7章 配転・出向・転籍
- 第8章 降格・賃金引下げ
- 第9章 差別(性、障害者、病気、セクシュアル・マイノリティー)
- 第10章 産前・産後休業、育児・介護休業
 ほか

第2編 個別労働関係紛争の解決手続
- 第1章 手続選択の考え方
- 第2章 訴訟
- 第3章 労働審判
- 第4章 仮処分
- 第5章 雇用関係に基づく一般先取特権の実行
- 第6章 その他の紛争解決機関

第3編 集団的労働関係
- 第1章 労働組合
- 第2章 団体交渉
- 第3章 労働協約
- 第4章 争議行為と組合活動―団体行動権の保障
- 第5章 不当労働行為の救済

 株式会社 ぎょうせい

フリーコール **TEL:0120-953-431** [平日9〜17時] **FAX:0120-953-495**

〒136-8575 東京都江東区新木場1-18-11　**https://shop.gyosei.jp**　ぎょうせいオンラインショップ 検索

「法律構成」に悩む実務家必携の1冊!

事例シミュレーション
新債権法の実務
―― 弁護士・裁判官の視点に基づく解釈と運用

江原健志（長野地方・家庭裁判所長）、**大坪和敏**（弁護士）〔編集代表〕
法曹フォーラム〔編著〕

A5判・定価5,940円（10％税込）　〔電子版〕価格5,940円（10％税込）
※電子版は ぎょうせいオンラインショップ 検索 からご注文ください。

◆令和2年4月に施行された平成29年改正民法下の実務について、弁護士と裁判官が実際に経験して悩ましいと感じた論点について実務指針を提示した1冊!

◆具体事例を基に「弁護士としての視点から」「裁判官としての視点から」を掲げた上で「ディスカッション」にて実際の研究会の白熱議論を再現!ここにしかない情報を豊富に掲載!

◆立案担当者による解説や法制審議会での議論では、法律構成が困難なケースにおける対応方法を徹底検証!

目次

第1章　債務不履行による損害賠償責任	第6章　相殺と差押え・債権譲渡
第2章　詐害行為取消権	第7章　契約不適合責任
第3章　連帯債務の絶対的効力（定型約款を含む。）	第8章　賃貸借（保証を含む。）
第4章　保証・併存的債務引受	第9章　請　負
第5章　免責的債務引受	第10章　経過措置

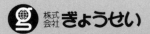

フリーコール
TEL：0120-953-431［平日9～17時］　FAX：0120-953-495
https://shop.gyosei.jp
ぎょうせいオンラインショップ 検索

〒136-8575 東京都江東区新木場1-18-11